캐디가 알아야 할 모든 것

캐디가 알아야 할 모든 것

초판 인쇄 2021년 6월 22일
초판 발행 2021년 6월 30일

발행인 김종상
책임편집 김종태

편집/표지 최주현
저 자 김대중 성창호 이동규 차예준 이정현 박규빈 성채리
발행처 ㈜조세금융신문

출판등록 제2018-000021호
주소 서울시 강서구 마곡중앙로 161-8(마곡동) 두산더랜드파크 B동 8층
전화 02)783-3636 | 팩스 02)3775-4461
홈페이지 www.tfmedia.co.kr

ISBN 979-11-970119-9-3
가격 49,000원

이 책의 어느 부분도 저작권자나 발행인의 승인 없이 무단 복제하여 이용할 수 없습니다.

캐디가 알아야 할 모든 것

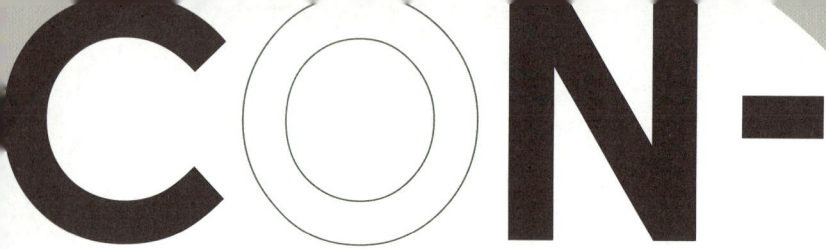

들어가면서　　　　　　　　　　08

Part 1

경기 준비

SECTION 1　경기 준비하기　　　14
SECTION 2　경기상황 파악하기　38

Part 2

경기 진행

SECTION 3	경기 대기하기 I	62
SECTION 4	경기 대기하기 II	80
SECTION 5	경기 대기하기 III	98
SECTION 6	경기 대기하기 IV	116
SECTION 7	경기 시간 적용하기 I	134
SECTION 8	경기 시간 적용하기 II	146
SECTION 9	경기 시간 적용하기 III	162
SECTION 10	코스별 경기 준비하기	176

고객 서비스

| SECTION 11 | 고객 응대하기 | 192 |
| SECTION 12 | 고객 특성 파악하기 | 206 |

Part 3

Part 4

경기 안전

SECTION 13	경기 안전 안내하기	218
SECTION 14	카트 안전 안내하기	234
SECTION 15	카트 및 안전사고 사례	248
SECTION 16	응급상황 대처하기	262

Part 5

카트 활용

SECTION 17	카트 상태 점검하기	280
SECTION 18	카트 운전하기	290
SECTION 19	카트 반납하기	304

클럽 서브

SECTION 20	티잉 구역 서브하기 I	318
SECTION 21	티잉 구역 서브하기 II	334
SECTION 22	일반 구역 서브하기 I	350
SECTION 23	일반 구역 서브하기 II	364
SECTION 24	페널티 구역 서브하기	378
SECTION 25	벙커 서브하기	394
SECTION 26	그린 서브하기 I	408
SECTION 27	그린 서브하기 II	418

Part 6

Part 7

경기 종료

SECTION 28	고객 골프용품 전달하기 I	434
SECTION 29	고객 골프용품 전달하기 II	448
SECTION 30	캐디 근무 용품 정리하기	460

들어가면서

골프장 캐디는 2007년 통계청 제7차 한국표준직업분류에 따라 새로 등재된 직업으로 43292로 분류되었다.

코드 번호 43292은 1206개의 세세분류 중 하나이며,

대분류 4 서비스 종사자에 해당되며,

중분류 43 운송 및 여가 서비스직,

소분류 432 여가 및 스포츠 관련 종사자,

세분류 4329 기타 여가 및 스포츠 관련 종사원에 속한다.

여기서 간단하게 통계청에서 말하는 대분류 4 서비스 종사자에 관해서 설명을 하자면, 공공안전이나 신변보호, 의료보조, 이미용, 혼례 및 장례, 운송, 여가, 조리와 관련된 공공 및 대인 서비스를 제공하는 업무를 주로 수행한다. 이 대분류에 포함되는 대부분의 직업은 제2수준의 직무능력을 필요로 한다.

2007년에 통계청에 골프장 캐디가 직업으로 등재된 이래 NCS에 정식 등재된 것이 2018년이다.

NCS는 National Competency Standards의 약자로 국가직무능력표준을 말하며, 산업현장에서 직무를 수행하기 위해 요구되는 지식 기술 태도 등의 내용을 국가가 체계화한 것이다.

NCS에서 말하는 능력이란 직업기초능력과 직무수행능력 2가지를 말하는데, 직업기초능력은 직업인으로서 기본적으로 갖추어야 할 공통능력을, 직무수행능력은 해당 직무를 수행하는데 필요한 역량인 지식과 기술, 태도에 관한 것이다.

즉, 캐디라는 직업을 국가에서 실무중심의 교육 훈련과정으로 만들어서 향후 국가 자격의 종목 신설, 산업현장 직무에 맞는 자격시험으로의 전면적인 개편, NCS채용을 통한 기업의 능력중심 인사관리 및 근로자 평생 경력 개발 관리를 지원하겠다는 의미이다.

캐디가 NCS에 포함되었다는 것은 캐디에게는 엄청난 사건이다.

캐디 교육에 대한 내용과 방향성이 없던 상태에서 국가가 국가직무능력표준을 만들어 시스템적으로 관리한다는 것으로 일과 교육 훈련 나아가 자격까지 연계한다는 의미이며, 고용과 평생직업능력개발을 연계해서 국가경쟁력을 향상시키겠다는 원대한 꿈을 만들어 가는 것이며, NCS를 활용해서 기업체는 현장 수요 기반의 인력 채용 및 인사관리 기준을 만들 수 있으며, 캐디의 경력 개발과 직무 기술서를 만들 수 있기 때문이다.

교육훈련기관은 캐디 교육 훈련과정을 개발하고 이에 따른 강의 계획 및 매체 및 교재를 개발하고 캐디 훈련 기준을 개발할 수 있으며, 자격시험기관은 자격종목의 신설통합폐지, 출제기준 개발 및 개정, 시험문항 및 평가방법을 만들 수 있다.

NCS에서 캐디는

대분류 12. 이용 숙박 여행 오락 스포츠,

중분류 04. 스포츠,

소분류 03. 스포츠 경기 지도,

세분류 09. 골프캐디에 속한다.

    NCS에 2018년 7가지의 능력단위를 만들어서 학습모듈이 공개되었지만, 이에 따른 연구가 본격적으로 진행되지 않던 상황에서 온라인 직무교육 전문기관인 한국기업교육진흥원에서 ㈜골프앤에 의뢰하여 NCS를 기반으로 한 캐디직무교육에 관한 강의 및 교재 개발에 매진하게 되었다.

본 서적은 캐디 직무 교육을 위한 첫 번째 책이라는 점에서 가장 큰 의미를 두고 있다.

    NCS의 7가지 능력단위를 30차시로 나누어서 캐디가 되고자 하는 사람이나 캐디 업무를 하고 있는 사람에게 직무로서 캐디가 어떤 업무를 하고, 어떤 자세로 업무를 해야 하며, 전문적인 스킬은 무엇인지에 관해서 기초적인 관점에서 기술하였다.

    이는 ㈜골프앤이 현장에서 교육하고 있는 캐디실무교육(8주 완성)과는 닮은 듯, 닮지 않은, 그런데 닮은 것 같은 책이다. 본 서적과 함께 '캐디실무교육'을 같이 읽는다면, 캐디를 직업으로 삼으려는 사람들에게 많은 도움이 될 것이다.

이 책을 만들면서 가장 안타까웠던 것은 골프에서 가장 중요한 요소 중에 하나인 골프 규칙이 33년 만인 2019년에 전면적으로 개정이 되었는데, NCS에서 캐디 직무에는 여전히 2018년 규칙에서 벗어나지 않고 있다는 점이다. 또한 NCS에 캐디 직무가 만들어진 지 벌써 3년이라는 시간이 흘렀음에도 캐디 직무에 관한 서적이나 연구가 지지부진한 점이다.

한국기업교육진흥원의 연구 의뢰에 의해서 만들어지게 된 책이지만, 이 책을 시작으로 캐디에 관한 연구가 더욱 활발하게 진행되었으면 한다.

끝으로 이 책을 만들기 위해서 많은 도움과 조언을 아끼지 않았던 ㈜골프앤전 직원들에게 감사의 인사를 하며, 이 책을 저술하는 동안 많은 희생을 감수해 준 사랑하는 가족분들에게도 감사의 말을 남깁니다.

2021년 봄
저자 일동

Part

1

경기 준비

SECTION 1　경기 준비하기
SECTION 2　경기상황 파악하기

SECTION 1

경기 준비하기

강의주제
1. 경기용품 준비하기
2. 골프 카트 출차
3. 카트 상차
4. 골프 백 셋팅
5. 골프용품 근무수첩에 기록

강의내용

캐디는 근무를 나가기 전에 필요한 경기용품을 준비해야 합니다. 경기용품에는 라운드 중에 고객이 필요할 것이라고 예상되는 고객을 위한 준비물품과 캐디 업무를 잘 진행할 수 있도록 필요한 근무용품이 있습니다.

준비물품에는 보온병, 볼 라이너, 칼라 펜(유성), 안면 타올, 비상약품(반창고, 에어 파스, 병충해 방지약품 등) 등 골프장 지정 물품과 개별 서비스 물품이 있습니다.

근무용품에는 근무일지, 스코어카드, 배토가방, 배토 삽, 클럽세척용 물통, 아이언 브러쉬, 볼 마크(5개 이상), 여분의 티, 그린 보수기, 볼 타올, 무전기, 이어폰, 카트 리모컨, 여분의 볼 등 근무에 필요한 물품이 있습니다.

캐디가 라운드를 나가기 위해서는 위에 언급한 것처럼 많은 경기용품들을 준비해서 나가게 됩니다. 하지만 자신의 경기용품들이 왜 필요하고 어떻게 사용하면 플레이어에게 도움을 주는지 또는 이상의 것들이 경기 진행시간에 많은 영향을 끼친다는 것을 잘 이해하지 못하고 있는 경우가 많습니다. 단지 고객이 필요하니까 챙겨 나가야 한다는 마인드보다는 근무 준비용품 각각의 필요성에 대해서 제대로 된 인식과 이 물품들이 고객에게 어떻게 영향을 미치고 경기 진행에 얼마나 많은 영향을 미치는 것에 대한 설명을 하고자 합니다.

경기용품 준비를 마쳤다면, 근무를 나가기 전 캐디와 고객의 이동수단이 골프 카트를 어떻게 배정받고 무엇을 준비해야 하며, 어떻게 출차(出車)할 것인가에 대해서 알아보겠습니다.

다음으로, 배치표를 받은 후 티오프 시간과 고객이름을 확인하고, 라운드를 같이 나갈 고객들의 골프 백을 자신의 카트에 상차하는 것에 대해서 알아볼 것입니다. 골프 백[1]을 상차한 후 광장으로 카트를 이동시키고 고객들의 골프백을 셋팅(setting)하는 과정에 대해서 설명한 후 끝으로 고객의 골프클럽 사진 촬영 및 클럽 보관 및 분실여부를 확인하는 방법을 설명하고자 합니다.

SECTION 1

1. 근무용품 준비하기

위에서 언급한 것처럼 골프에는 다양한 경기용품이 있습니다. 이 시간에 모든 것을 언급하는 것보다 캐디에게 정말 중요하고 경기에 많은 영향을 미치는 용품 위주로 설명하겠습니다.

첫째, 볼 타월(Ball towel)입니다.

라운드 중에 캐디가 고객의 볼을 들어 올려서 닦을 수 있는 구역은 한 곳 밖에 없습니다. 바로 퍼팅 그린(Putting Green) 위입니다. 고객이 티잉 구역에서 친 볼이 퍼팅 그린에 올라갔을 때부터 캐디가 고객을 위해서 하는 행위를 그린 서브(Green Serve)라고 하는데, 캐디가 해야 할 중요한 역할 중에 하나입니다.

그린 서브는 5가지 절차를 거치게 됩니다.

먼저, 마크하고, 볼을 집어 올리고, 볼을 닦고, 라인(Line)을 확인한 후에 라이(Lie)를 놓습니다. 이 때 세 번째 행위인 볼을 닦을 때 사용하는 것이 바로 볼 타월입니다.

볼 타월은 극세사로 만든 초록색 타월을 사용합니다.

볼 타월은 그린에 떨어진 볼이 그린까지 오는 과정에서 흙이나 나뭇잎 같은 이물질이 묻어서 고객의 퍼팅을 방해하기 때문에 고객의 퍼팅을 도와주기 위해서 볼 표면에 묻어 있는 이물질을 닦아주는데 사용합니다.

경기 준비하기

[그림 1-1] 샷과 퍼팅의 차이

[그림 1-2] 그린 위에서 캐디가 볼을 닦는 모습

    볼 타월은 그린에서 볼을 닦아 주는데 사용하는 동시에 티잉 구역(Teeing Area)과 페어웨이(Fairway)에서도 사용합니다. 고객을 위해서 라운드 중에 클럽을 전달하고, 핸들링하고, 청소하는 것을 클럽서브(Club Serve)라고 합니다.

    이 중 고객의 클럽이 더러워졌을 경우에 클럽 세척을 위해서 준비한 물통에 클럽을 한번 담근 후 클럽 세척 솔에 물을 묻혀 클럽에 묻은 더러운 이물질을 털어낸 후 준비한 볼 타월로 깨끗하게 닦은 후 클럽을 정렬하는 것이 좋습니다.

    이렇게 클럽을 닦아주는 행위는 고객이 샷을 한 후 캐디가 클럽을 받아 카트

17

SECTION 1

로 돌아온 후에 바로 세척하고 닦은 후 처음 놓여져 있던 곳에 다시 정렬해서 놓고 다음 지역으로 이동하는 것이 진행 속도를 높이는데 도움도 많이 되고, 고객들의 기분도 좋게 만들 수 있습니다. 경기 진행이라는 것은 이러한 조그마하고 섬세한 부분이 모여서 많은 도움을 줄 수 있습니다.

1 클럽 물에 담금
2 세척 솔로 닦음
3 타월로 물기 제거

둘째, 볼 마크입니다.

위에 설명한 그린 서브에서 첫 번째 단계에 사용하는 것이 볼 마크입니다.

그린에서 볼을 닦기 위해 고객의 볼을 집어 들기 전에 반드시 해야 하는 것이 바로 볼이 있던 자리를 표시하는 행위 즉, 마크를 해야 합니다. 캐디가 경기 중에 볼 마크를 하지 않고 볼을 집어 들면, 바로 자신이 서브하고 있는 고객에게 페널티(Penalty)가 부과됩니다. 캐디의 잘못이 바로 고객의 페널티로 연결되는 순간입니다.

볼 마크 위치는 볼의 바로 뒤에 해야 하며, 볼이 다른 고객의 볼이 홀 컵까지 가는 라인에 있어서 경기에 영향을 미치는 경우에 캐디는 해당 볼을 다른 고객의 라인에 영향을 미치지 않는 곳으로 빼 놓아야 하며, 그 고객이 볼을 퍼팅한 후에는 원래 자리에 리플레이스(Replace)해야 합니다. 즉, 처음에 볼이 있었던 곳에 다시 놓아야 합니다.

볼 마크의 종류는 다양하게 있지만, 주로 동전같이 생긴 것을 사용하며 모자 위에 고정시켜서 플레이할 때 사용하기도 합니다.

[그림 1-6] 볼 마크

SECTION 1

셋째, 티(Tee)입니다.

티는 골프에서 자주 쓰는 단어입니다.

매 홀에서 첫 번째 스트로크(Stroke)[2]할 때 사용하는 것을 티라고 하며, 티를 꽂는 행위를 티잉(Teeing)이라고 하며, 매 홀에서 첫 번째 스트로크를 하기 위해서 티잉을 하는 지역을 티잉 구역(Teeing Area), 티 위에 골프 공을 올려 놓는 것을 티업(Tee up), 라운드 첫 홀에서 첫 번째 골퍼가 티 위에 있는 공을 치는 것을 티오프(Tee off), 티 위에 있는 공을 치는 것을 티 샷(Tee Shot)이라고 합니다.

여기서 잠깐, 경기를 시작한다는 말은 티업이 맞을까요? 티오프가 맞을까요?

골프장에서도 종종 티업과 티오프를 혼용해서 사용하는 경우가 많습니다. 물론 고객들도 티업과 티오프를 혼용해서 사용하는 경우가 많죠. 경기를 시작한다는 의미, 예약시간, 라운드 시작 시간으로 사용해야 하는 정확한 용어는 티오프가 맞습니다.

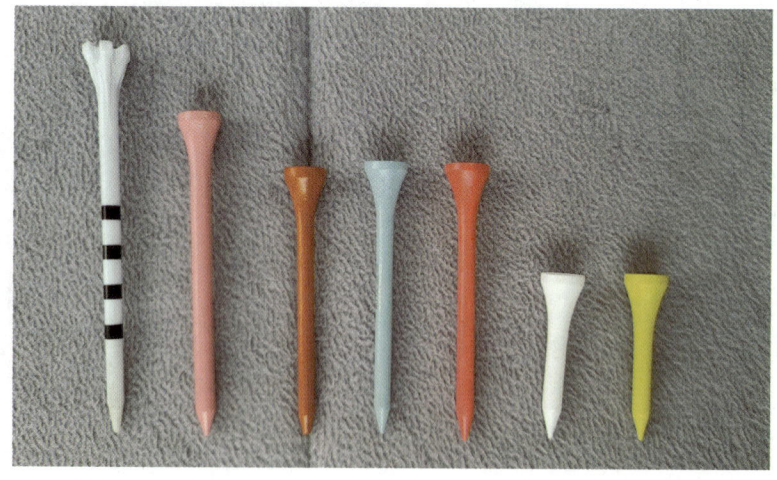

[그림 1-7]
롱, 미들, 숏,
고무 티 등

경기 준비하기

[그림 1-8] 티 샷하기 위해
티에 볼을 올려 놓은 모습

참, 티는 첫 번째 샷을 할 때만 사용하고 세컨(Second) 샷이나 써드(Third) 샷에서는 사용해서는 안 됩니다. 티의 종류는 언제 사용하는 가에 따라 롱 티(Long Tee), 미들 티(Middle Tee), 숏 티(Short Tee)가 있습니다. 파 4홀(미들 홀), 파 5홀(롱 홀)에서는 주로 롱 티를 사용하며, 파 3홀(숏 홀)에서는 숏 티를 사용합니다. 위에서 설명한 미들 티라는 것은 롱 티와 숏 티의 중간 길이로 주로 프로 골퍼들이 많이 사용합니다.

거리를 많이 내기 위해서 아주 긴 롱 티를 사용하기도 하며, 반대로 볼의 정확성을 위해 볼의 탄도를 낮게 보내기 위해서 미들 티를 사용하기도 합니다.

여기서 캐디 분들이 알아 두셔야 할 것은 롱 티와 미들 티는 대부분 골퍼들이 가지고 다니지만 숏 티 같은 경우에는 골퍼들이 잘 가지고 다니지 않기 때문에 캐디가 고객 서비스 차원에서 준비해야 하는 물품 중에 하나입니다.

참고로, 티는 주로 나무로 만들어진 소모품이지만, 겨울철 땅이 얼어붙을 경우에 티를 언 땅에 꽂기 힘듭니다. 이럴 경우 골프장에서 티잉 구역에 땅을 뚫을 수 있는 것을 준비해 두지만, 때로는 땅에 티를 꽂지 않고 고무 티를 사용하기도 합니다.

넷째, 오너(Honor) 봉입니다.

티잉 구역에 제일 먼저 올라가 티 샷하는 사람을 오너(Honor)라고 부릅니다. R&A와 USGA가 만든 골프 룰 6.4항에 보면, 오너란 '티잉 구역에서 첫 번째 플레이하는 플레이어의 권리(The right of a player to play first from The teeing area)'라고 정의하였습니다.

첫 번째 홀에서 오너를 정하는 방법은 특별한 규칙이 없으며, 어떤 방법으로 오너를 정해도 상관없습니다. 룰에 따르면 오너를 결정하는 데에 페널티가 없습니다. 대신, 두 번째 홀부터는 적은 타수를 기록한 사람이 먼저 치는 오너가 됩니다.

한국에서 오너를 정하는 가장 일반적인 방법은 일명 뽑기 통이라고 부르는 오너 봉을 이용해서 순서를 정하는 것입니다. 골프장에 뽑기 통이 비치된 곳도 있지만, 뽑기 통이 없는 경우에는 캐디들이 오너 봉을 준비해서 나가야 합니다. 오너 봉은 나무 막대기 같이 생긴 것이 통 안에 5개가 있는데 막대기 아랫부분에 1번부터 4번까지 번호가 표시되어 있고, 번호 순번대로 플레이 순서가 정해집니다.

경기 준비하기

참고로 오너 봉이 주인을 뜻하는 오너(Owner)에서 온 것이라고 생각하는 사람들도 있습니다.

오너 봉이 없을 때 첫 홀의 오너를 정하는 방법은 동전을 이용하거나, 클럽을 이용하거나, 연장자 순으로 하거나 다양한 방법을 사용해도 무방합니다. 또한 전 홀의 오너가 다음 홀에도 오너가 되었을 경우에는 캐리 오너(Carried honor)이라고 합니다.

[그림 1-9] 오너 봉

SECTION 1

다섯째, 볼 라이너(Ball Liner)입니다.

볼에 플레이 선(Line of Play)을 표시하기 위해 볼에 색칠을 하기 위한 도구가 볼 라이너입니다. 골프 볼에 플레이 선이 그려져 있을 경우에 퍼팅 시 방향 설정이 쉬우며 좀 더 정확하게 퍼팅을 할 수 있습니다.

골프 경기는 볼을 뒤에서 치는 것이 아니라 옆에서 옆으로 치는 게임입니다. 그러므로 퍼팅 시 플레이 선을 계산한 후 볼의 플레이선을 홀 컵에 맞추고 퍼팅을 하게 됩니다. 볼의 방향성은 뒤에서 보는 것이 가장 정확하므로 뒤에서 플레이 선을 맞추고 들어가 플레이를 하는 것이 좋은 스코어를 낼 가능성이 높습니다. 이러한 이유로 볼 라이너는 프로 및 아마추어 골퍼들의 필수 아이템이라고 할 수 있으며, 또한 캐디의 필수 용품이라고 할 수 있습니다.

볼 라이너는 플레이 선을 표시하는 것뿐만 아니라 하트, 별 등의 그림을 그릴 수도 있는데, 이는 자신의 볼과 다른 플레이어의 볼을 쉽게 구별하는데 도움이 됩니다. 참고로, 플레이 선(Line of Play)이란 플레이어가 스트로크를 하여 볼을 보내고자 하는 곳과 연결하는 가상의 선을 말하는데, 플레이선은 두 지점 사이의 직선일 수도 곡선일 수도 있습니다.

[그림 1-10] 볼 라이너

경기 준비하기

여섯째, 그린 보수기입니다.

골프장의 그린은 고급 잔디로 만들어져 있습니다. 고객들이 샷을 해서 그린에 볼을 올리는데, 이 때 볼이 떨어지면서 생기는 자국이나, 그린의 잔디가 훼손되었을 때 포크와 같이 생긴 부분으로 잔디를 눌러 보수하게 됩니다. 이를 그린 보수기라고 합니다.

그린 보수기를 사용하는 주된 이유는 다른 플레이어의 플레이선 상에 볼 자국이 있어서 퍼팅에 방해 요소가 될 경우 그린 보수기를 이용해서 플레이어가 원활한 플레이를 할 수 있도록 만들어 주기 위해서입니다. 대부분 그린 보수기는 플레이어가 가지고 다녀야 하지만 그렇지 않은 경우가 많기 때문에 캐디가 반드시 가지고 다녀야 하는 필수 아이템입니다.

프로 골퍼들처럼 경기 진행이 빠른 사람도 있지만, 아마추어 골퍼들의 경우 경기 진행이 빠르지 않기 때문에 캐디가 그린 보수기를 사용하여 플레이에 도움을 주는 것만으로도 많은 도움이 됩니다.

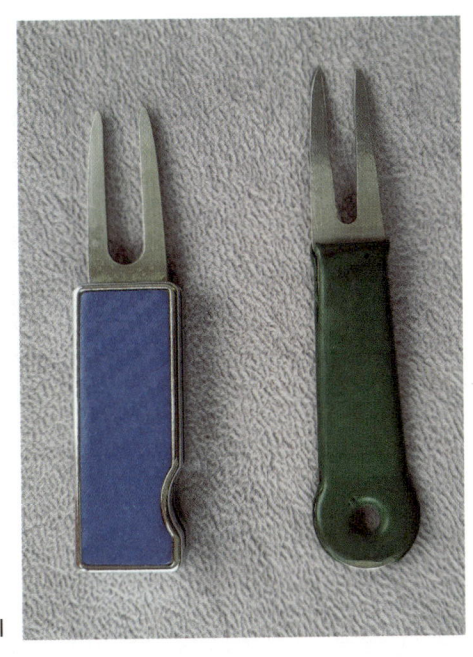

[그림 1-11] 다양한 그린 보수기

SECTION 1

일곱째, 버디(Birdie) 상품입니다.

골프 스코어는 새와 관련된 이름이 많습니다. 기준 타수보다 한 타수 적을 때는 작은 새란 뜻의 버디(Birdie), 기준 타수보다 두 타수 적을 때는 독수리란 뜻의 이글(Eagle), 기준 타수보다 세 타수 적을 때는 아주 긴 날개를 갖고 알바트로스(Albatross), 기준 타수보다 네 타수 적을 때에는 주로 남미에 서식하는 대형 독수리 콘도르(Condor)가 있습니다.

골프 스코어에 새의 이름을 사용한 유래는 1903년 에이비 스미스(Ab Smith)가 파4홀에서 세컨 샷이 홀 바로 옆에 붙은 것을 보고 "새와 같은 샷이다.(That was a bird of shot)"라고 표현한 것부터 시작했다고 하며 슬랭어로 버드(bird)는 뛰어난 것을 의미합니다.

미국을 상징하는 이글은 버디라는 용어가 만들어진 뒤에 바로 생겨난 용어로 이 단어도 에이비 스미스가 버디보다 뛰어난 점수를 언급할 때 사용했다고 합니다. 이 단어는 1919년에 캐나다에서 영국으로 소개되었고 1922년에는 공식 용어로 사용되었다고 합니다.

기준 타수보다 3타수 적은 것을 미국인 에이비 스미스는 더블 이글(Double eagle)이라고 칭했지만, 알바트로스는 영국에서 사용했던 용어입니다. 알바트로스라는 용어를 사용한 정확한 기원은 없지만 1929년에 처음으로 사용되었다고 합니다. 알바트로스가 처음 기록된 것은 1931년 여름 남아프리카의 울러(E E Wooler)가 파 4홀에서 홀인원을 한 기록입니다.

경기 준비하기

    프로 골퍼의 경우에는 버디와 이글을 어렵지 않게 하지만 아마추어 골퍼들에게는 라운드 중 버디나 이글을 한다는 것은 엄청나게 기분 좋은 일입니다. 그래서 캐디가 버디 상품이라고 해서 라운드 중 버디 및 이글을 했을 경우 플레이에게 잘 했다는 표현으로 비싸지 않지만 기분 좋은 골프 용품을 드리는 것을 버디 용품이라고 합니다.

캐디가 고객에게 버디 상품을 주면 고객 또한 감사의 표현으로 버디 팁을 주는 데, 이를 버디 피라고도 합니다.

[그림 1-12] 다양한 버디 상품

여덟째, 거리 측정기입니다.

2019년 개정된 골프 룰에는 거리 측정기를 사용할 수 있도록 했는데요. 골퍼들이 사용하고 있는 거리 측정기는 망원경형과 시계형으로 되어 있습니다.

캐디가 하는 주요한 역할이 고객에게 홀 컵까지 남은 거리에 대한 정보를 알려주게 되는데, 캐디는 코스에서 남은 거리를 거리 말뚝과 지형지물을 활용해서 측정하여 고객에게 알려주고 있습니다. 캐디는 미들 홀이나 롱 홀에서 거리 측정기를 사용하는 것보다 거리가 짧은 파 3홀에서 보다 정확한 거리를 고객에게 안내하기 위해서 거리 측정기를 사용합니다.

요즘에는 골퍼들에게 거리 측정기는 필수 아이템이지만, 여전히 가격이 비싸기 때문에 사용하지 않는 골퍼들도 많이 있습니다.

일반적으로 캐디는 거리 측정기를 잘 사용하지 않지만, 캐디가 거리를 아무리 잘 불러도 기계를 사용하는 것을 선호하기 고객이 있기 때문에 캐디도 자연스럽게 거리 측정기가 점차 필수 용품이 되고 있습니다. 즉, 필수 용품은 아니지만, 캐디에게도 많은 도움을 주는 장비이기 때문에 점차 많은 캐디들이 사용하고 있는 근무용품입니다.

[그림 1-13]
거리측정기

경기 준비하기

아홉째, 근무 가방입니다.

캐디는 근무 나가기 전에 필요한 준비용품을 모두 담을 수 있는 커다란 근무 가방을 사용합니다. 지금까지 위에 말한 용품들을 모두 담아서 간편하게 가지고 다닐 수 있는 근무 가방을 사용하게 되면 물품들의 보관 및 분실을 방지할 수 있는 장점이 있습니다.

[그림 1-14] 모든 근무 준비용품

2. 골프 카트 출차

지금부터는 골프 카드를 어떤 상태에서 출차하는지를 알아보겠습니다.

카트를 출차하기 위해서는 먼저, 경기과로부터 카트를 배정받아야 합니다. 보통 캐디는 근무를 나가기 전에 금일 사용할 카트를 경기과에서 배정을 받기도 하며, 지정 카트를 배정받아 한 카트만을 사용하기도 합니다. 캐디가 카트를 배정받았을 경우 이를 지정 카트라고 하며, 다른 의미에서 번호를 받는다고 표현하기도 합니다. 카트를 배정받으면 카트 번호와 일치하는 테블릿 피씨(PC)와 리모컨, 무전기 등을 카트에 배치해야 합니다.

[그림 1-15]
1 태블릿PC
2 무전기
3 리모컨

경기 준비하기

　카트를 배정받으면 가장 먼저 체크할 것이 배터리 잔여 용량입니다. 보통 눈금 게이지로 표시되는데, 카트 용량이 1라운드를 돌 수 있는지를 반드시 체크해야 합니다. 배터리 충전 여부를 확인하지 않고 근무를 나가게 되면 카트 배터리가 방전되었을 때, 카트는 중간에 멈추게 되고 카트를 교체해야 하는데, 이럴 경우 코스의 경기 진행이 방해되기도 하며, 이로 인해서 진행이 어렵게 될 수도 있기 때문에 캐디는 반드시 배터리 상태를 점검해서 중간에 카트가 멈추지 않도록 노력해야 합니다.

　특히 겨울철에는 배터리가 빨리 방전되는 경향이 있기 때문에 전반 라운드를 마치면 대기 시간에 카트 고로 들어와서 다시 배터리를 충전한 후 후반 라운드를 나가야 합니다.

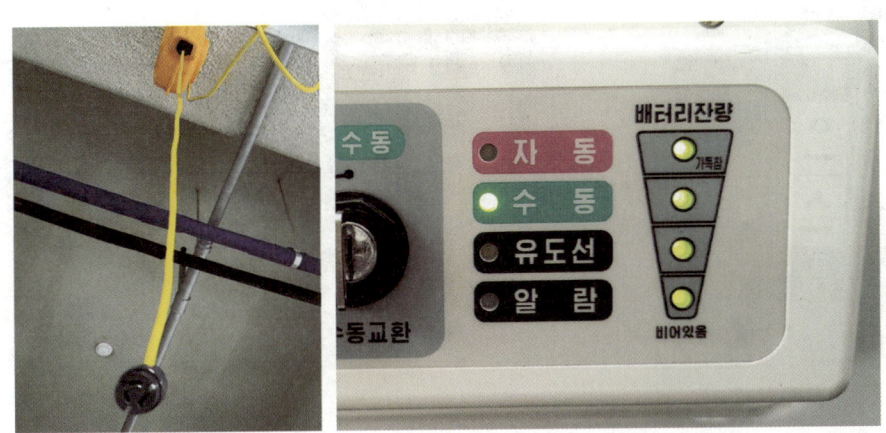

[그림 1-16] 카트 충전선 및 카트 배터리 게이지

　캐디는 그 날 운행할 카트의 배터리 충전 여부를 체크한 후 백 대기를 하게 됩니다. 백 대기는 보통 근무시간 40분 전부터 시작하게 되는데요. 고객들이 클럽하우스에 도착하면 현관에서 고객들의 백을 내려서 카트가 있는 곳으로 골프 백을 보내는데, 이 때 골프 백을 고객의 이름 순서, 일반적으로 가나다 순서로 해서 백을 정렬해서 모아 놓는 것을 백 대기한다고 합니다.

고객의 이름 순서로 백을 정리해 놓지 않으면, 나중에 배치표가 나와서 자신과 라운드를 함께할 고객의 백을 찾기가 너무 힘들기 때문에 미리 골프 백을 찾기 쉽도록 정렬해 놓습니다.

보통 백 대기 시간은 10분 정도라고 생각하시면 됩니다.

[그림 1-17] 백 대기 장

백 대기를 마치고 경기 대기를 하고 있으면 경기과에서 캐디 이름을 부르고 배치표를 줍니다. 이 배치표에는 티오프 타임과 라운드를 같이 할 고객 이름이 적혀 있는데, 배치표를 받고 백 대기 장으로 가서 자신이 담당할 고객의 골프 백을 카트에 상차하기 편하게 빼어 놓습니다.

배치표는 금일 캐디가 몇 시 몇 분 티오프를 했는지 기록을 남기는 것이기도 하며, 고객의 물품을 분실하여 찾을 때도 배치표에 있는 티오프 시간을 기록해 놓기 때문에 담당 캐디를 바로 찾을 수 있습니다.

[그림 1-18] 경기과에서 배치표 받는 모습

3. 카트 상차

이제부터는 카트 상차에 관해서 설명하겠습니다.

위에서 설명할 때, 캐디가 배치표를 받고 백 대기 장에서 고객의 골프 백을 빼 놓았으며, 배치표에 나와 있는 이름 순서대로 카트에 뒤 부분에 있는 일명 백 다이[3]에 왼쪽부터 오른쪽으로 순서대로 싣습니다. 순서대로 카트 백 다이에 골프 백을 실은 다음 백이 떨어지지 않도록 끈으로 확실히 묶어줘야 하는데, 제대로 묶어주지 않으면, 이동 중 골프 백이 떨어지는 사고가 발생할 수 있기 때문에 확실하게 골프 백을 묶어주어야 합니다.

[그림 1-19] 서포터 / 백 다이

4. 골프 백 셋팅

　고객의 골프 백을 상차한 후 티오프 20분 전에는 스타트 광장으로 나가서 카트를 티오프 순서대로 정차한 후 고객이 나올 때까지 대기해야 합니다.

　티오프 20분부터 광장 대기를 해야 하는 이유는 앞 팀과 뒤 팀의 간격을 유지하면서 고객들이 오기를 기다리면서 라운드에 나가서 적절한 서브를 하기 위해서 준비해야 할 시간적 여유가 필요하기 때문입니다.

[그림 1-20] 광장 대기

　캐디가 해야 할 중요한 역할 중에 하나가 라운드 중에 고객들의 클럽을 정확하게 전달하는 것입니다. 고객마다 서로 다른 클럽을 사용하는데, 광장 대기를 하면서 고객의 골프클럽을 고객에게 맞게 매칭해 놓아야 고객이 필요할 때 정확하게 그 고객이 원하는 클럽을 전달할 수 있습니다. 이를 클럽 매칭(Club Matching)이라고 하며, 캐디들은 광장에서 골프 백을 셋팅하면서 클럽 매칭을 해야 합니다.

광장 대기를 하고 있으면, 고객들이 클럽하우스에서 광장으로 나오기 시작합니다. 고객이 광장으로 나오게 되면 자신의 골프 백을 확인하고 카트로 오는데, 카트에 고객들이 다 오게 되면 자신의 티오프 시간에 티잉 구역으로 이동하게 됩니다.

광장에서 티잉 구역으로 이동하기 전에 고객들이 그린 및 그린 주변에서 사용하는 퍼터 및 어프로치를 (서포트) 백 다이에 있는 클럽 통 안에 4명 고객의 퍼터 및 어프로치를 순서대로 정렬하고 티잉 구역으로 이동하는 것이 진행 및 고객의 클럽을 빠르게 전달해 줄 수 있는 방법입니다.

[그림 1-21] 서포터 / 백 다이 클럽 통 안에 어프로치 및 퍼터를 정렬한 모습

5. 골프용품 근무수첩 기록

이렇게 고객의 골프 백과 퍼터, 어프로치 등을 정렬했다면, 라운드를 시작하기 전 고객의 골프클럽 사진을 촬영해야만 합니다. 사진촬영을 하는 이유는 고객의 클럽이나 커버 등의 분실 여부 등을 확인하기 위해서이며, 만약 분실했을 경우에도 사진을 찍어 놓으면 상호 간에 발생할 수 있는 분쟁을 미연에 방지할 수 있습니다.

캐디는 고객의 안전을 먼저 생각해야 하지만 고객의 소중한 골프클럽이 손상되지 않도록 또는 분실되지 않도록 관리를 해야 하는 의무도 있습니다. 그렇기 때문에 근무를 시작하기 전과 근무 종료 후에 고객의 골프클럽 사진촬영을 필수로 해야 합니다 사진촬영을 하지 않을 경우 캐디가 책임을 묻는 일이 생길 수도 있습니다.

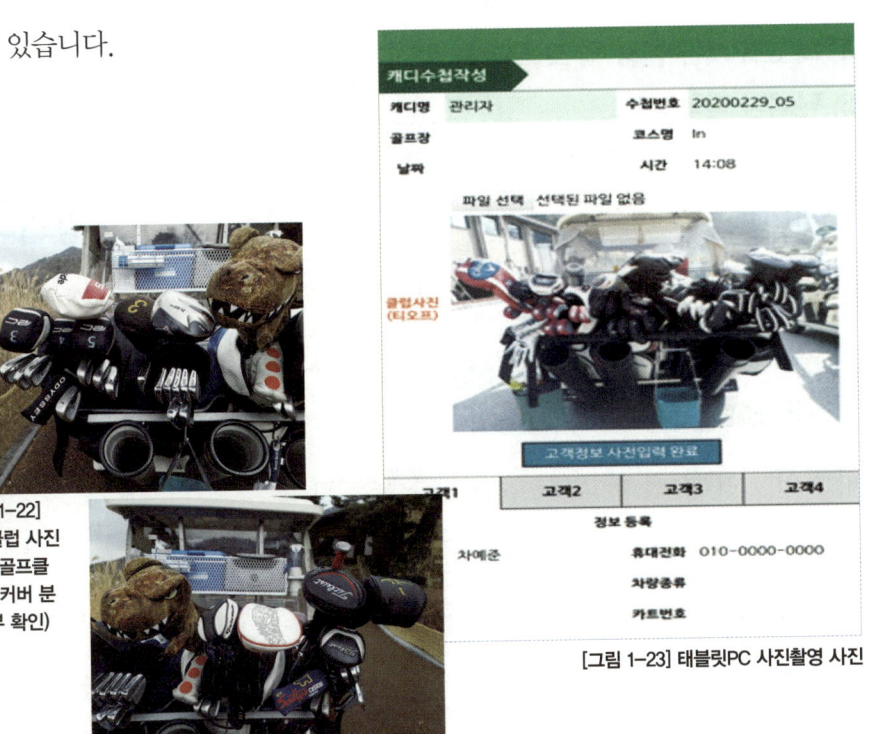

[그림 1-22] 골프클럽 사진 촬영 (골프클럽 및 커버 분실여부 확인)

[그림 1-23] 태블릿PC 사진촬영 사진

SECTION 02

경기 상황 파악하기

강의주제
1. 코스별 특이사항 유무 확인
2. 골프장 이벤트 및 프로모션 파악
3. 배치표를 통한 고객 특성 파악
4. 티오프 시간 변동 및 코스변동
5. 단체팀 파악하기

강의내용

골프 코스는 모두 다르게 설계되어 있습니다. 골프 코스는 자연환경의 변화에 따라 어떤 특이사항이 있는지를 먼저 살펴보고, 상황에 맞게 어떻게 대처할 것인가에 대해서 설명하고, 골프장에서 고객을 유치하기 위한 마케팅 방법의 하나로 어떤 이벤트를 하고 있는지 설명하겠습니다.

그리고 캐디들은 매일 같이 개성이 각기 다른 고객들을 만나기 때문에 고객들의 성향에 맞춰서 경기 진행을 하여야 합니다. 원활한 경기 진행을 위해서는 반드시 고객마다 서로 다른 특성을 파악해야 하기 때문에 고객 특성을 파악하는 방법과 그 이유에 대하여 설명하도록 하겠습니다. 일단 코스별 특이사항을 설명하고 어떻게 대처해야 할지에 대하여 설명하도록 하겠습니다.

1. 코스별 특이사항 유무 확인

캐디가 해야 할 중요한 역할 중에 하나가 원활한 경기 진행입니다. 그런데 코스에 안개가 자욱하게 끼었을 때는 코스가 보이지 않기 때문에 먼저 코스의 가시거리가 몇 m 정도 나오는지 확인한 후에 각 홀의 핀 위치를 확인하여야 합니다. 핀 위치를 확인하는 이유는 고객들에게 정확한 거리를 부르기 위해서입니다. 대부분의 거리 말뚝은 그린의 중앙을 기준으로 되어있는데요.

그린의 앞 핀, 뒤 핀은 중 핀에서 마이너스(-), 플러스(+) 10m로써 핀이 세워져 있기 때문에 안개로 인해 핀 위치가 확인이 되지 않을 경우에는 꼭 그린의 앞 핀, 중 핀, 뒤 핀 중 어느 곳에 핀이 있는지를 확인하고 거리를 불러야 하며, 핀 위치를 확인할 수 있는 방법은 첫째, 경기과에서 핀 위치를 확인하거나 둘째, 카트에 있는 태블릿PC를 통해서 현재 그린에 있는 깃대의 위치를 확인해야 합니다. 핀의 위치가 그린의 왼쪽, 중앙, 오른쪽 어디에 있는지도 확인하는 것이 좋습니다.

안개는 봄이나 가을에 일교차가 심할 때 생기는 현상이기 때문에 아침에 갑자기 안개가 끼는 경우도 있습니다. 경기과에서는 핀이 어느 쪽에 있는지 안개등이라는 것으로 빨간 불빛으로 확인할 수 있도록 세워 놓기도 합니다.

② SECTION

[그림 2-1] 안개가 심하게 낀 코스

　여름철에 라운드[4]를 돌면 너무 더운 경우 열사병으로 쓰러지는 사람도 생기게 됩니다. 하지만 골프장에서 덥다는 이유만으로 라운드를 중단한다고 해도 고객들에게 18홀 그린피[5](코스 사용료)를 모두 지불하고 홀아웃[6]하여야 합니다. 경기중단과 관련되어 컴플레인(complain)이 많이 걸릴 수 있는 상황이기에 경기과 직원에게 연락하여 직원이 해결할 수 있도록 해야 합니다. 골프장은 기온이 38도 이상이 되었을 때 각 1명씩 4개의 물을 지급하는 골프장도 있습니다. 얼음물을 지급하기도 하고, 차가운 물을 지급하기도 합니다.

　여름철 더운 날씨도 문제지만 비가 오는 날에도 홀아웃과 관련된 문의가 많습니다. 즉, 장마철이 시작되는 시기입니다. 장마로 비가 많이 오게 되면, 빗물이 낙엽으로 인해 하수구에 물이 들어가지 않아 범람하는 경우가 생겨서 그런 곳은 맨홀 뚜껑을 열어 놓고 물이 흘러 들어갈 수 있도록 하는 경우도 있습니다. 플레이하는 라운드 도중에 그런 곳이 보인다면 바로 신고하여 닫을 수 있도록 해야 합니다.

이렇게 해야 하는 이유는 고객이 아무 생각 없이 열린 맨홀 속으로 걸어 들어갈 수 있기 때문에 사고를 미연에 방지하기 위해 바로 신고해야 합니다. 꼭 열어 놓아야 한다면 그곳 근처에는 수리지[7](공사지역)로 줄을 쳐서 들어가지 못하도록 해야 합니다.

[그림 2-2] 수리지

겨울철에는 영하의 날씨로 인해 그린이나 티잉 구역에 관수를 해야 합니다. 양잔디는 물이 있어야 마르지 않고 자라기 때문에 관수를 해야 하며, 관수를 할 때 물이 카트 도로에도 뿌려지기 때문에 내리막 길이거나 커브 길에 결빙지역이 발생할 수 있어 위험할 수 있습니다. 미리 경기과에서 조심하라는 공지를 하기 때문에 이를 인지하고 코스 내 안전 운전을 해야 합니다.

② SECTION

　이 위험구간은 카트 운전을 하면서 인지를 하고 들어가지 않으면 위험하게 운전을 하게 되어 고객들이 위험에 처할 수 있는 상황이 될 수 있습니다. 결빙구간이 위험한 상황이라면 코스 관리자들이 이를 확인하여 대처할 수 있도록 미리 신고를 하여야 합니다.

　5시 이후 3부 라운드를 할 경우에는 밤이 되어 라이트가 켜지지만 상대적으로 어두워서 잘 보이지 않는 상황이 됩니다. 이 때 맨홀이 열려 있어서 사람이 빠지는 경우도 생기기 때문에 그것을 보는 즉시 코스 관리 직원들이 확인 조치할 수 있도록 신고를 하여야 하며, 이러한 사고 상황이 발생할 수 있기 때문에 캐디가 이를 인지하고 있어야 대처가 가능합니다.

　골프장에서 일어날 수 있는 특이사항과 대처하는 방법에 대하여 알아보았습니다. 지금부터는 골프장이 고객 유치를 위한 마케팅의 일환으로 주로 어떤 이벤트를 하고 있는지 알아보도록 하겠습니다.

경기 상황 파악하기

[그림 2-3] 잔디에 물을 뿌리는 모습

2. 골프장 이벤트 및 프로모션 파악

고객이 볼을 치기 위해서 대기해야 하는 골프장, 그린피를 많이 받아도 고객이 몰리는 골프장을 우리는 경쟁력이 있는 골프장이라고 말합니다.

골프장의 경쟁력은 가격 경쟁력과 비가격 경쟁력으로 나누어 볼 수 있습니다. 골프장의 가격 경쟁력은 그린피가 다른 골프장보다 싼 골프장을 말하는데, 이렇게 가격 경쟁력을 높이기 위해서 일시적 이벤트로 그린피 할인 행사를 하기도 합니다. 골프장의 비가격 경쟁력의 가장 중요한 것은 골프 코스의 상태, 골프장과 캐디의 서비스 마인드 그리고 다양한 마케팅 활동에서 찾아볼 수 있습니다.

그럼, 이제부터 골프장의 다양한 마케팅 활동 중에서 골프장에서 많이 하는 이벤트를 소개하려고 합니다.

첫째, 홀인원(Hole-in-one) 이벤트입니다.

홀인원 이벤트는 파3홀(숏 홀)에서만 합니다. 파3홀은 코스 중에 제일 짧은 홀인데, 티잉 구역[8]에서 그린까지 한번에 볼을 쳐서 올리는 홀입니다. 홀인원은 티잉 구역에서 한번에 볼을 쳐서 퍼팅 그린[9]에 있는 홀 컵이라는 구멍에 들어가는 것을 말합니다.

경기 상황 파악하기

다시 말해 티잉 구역에서 한 번(One shot)에 친 공이 바로 홀 컵에 들어가는 것을 말합니다. 홀인원을 하게 되면 상품이 걸려 있거나, 만원을 고객이 지불하고 이벤트 홀에서 샷을 하게 되는데요. 대부분 골프장에서 홀인원을 하게 되면, 홀인원 증서를 드리는데, 홀인원 증서를 받기 위해서는 홀인원 하신 분과 동반자 3명의 이름, 홀인원 볼의 브랜드 이름과 숫자, 홀인원 거리, 사용한 클럽의 브랜드와 숫자, 고객의 주소와 주민번호 이런 항목을 기입하여 경기과에 제출해야 홀인원 증서를 받을 수 있습니다.

골프장에서는 고객이 홀인원을 하면, 홀인원 축하로 4인 그린피를 무료로 해 주거나 이벤트로 상품을 지급하는 골프장도 있고 증서만 드리는 골프장도 있습니다. 홀인원 보험에 가입한 고객이라면, 홀인원 보험금을 받을 수 있습니다. 홀인원 보험이 가능한 거리는 120m 이상 되어야 합니다.

홀인원에 관한 기록을 알아보기 위해서 미국 피지에이(pga.com)의 자료[10]를 인용하였습니다.

위 자료에 보면, 일반 골퍼가 홀인원을 기록하게 될 확률은 1만 2천5백번의 라운드를 나가야 1번 할 수 있는 기록이라고 하며, 프로 골퍼의 경우에는 3천 라운드를 해야 1번을 기록하며, 핸디가 낮은 골퍼의 경우 5천번 라운드를 해야 1번의 홀인원을 기록한다고 합니다.

미국에서는 매년 4억 5천만번의 라운드가 기록되는데, 코스별로는 약 2만 5천번~3만번의 라운드를 합니다. 매 코스에서 1년에 10회~15회 홀인원(에이스라고도 함)이 기록되며, 이는 매 3천 5백번의 라운드마다 1번의 홀인원이 기록되다는 의미입니다.

1년에 골퍼 중에서 1~2%의 골퍼만이 홀인원을 기록하며, 홀인원을 기록하기 전에 골프를 친 평균 기간은 24년이라고 하니, 놀라울 따름입니다.

참고로, 파3홀에서 원샷에 볼을 넣는 것을 홀인원(에이스)라고 하였는데, 파4홀에서 원샷에 볼을 넣는 것을 알바트로스(Albatross 또는 더블 이글(Double Eagle))라고 합니다. 알바트로스는 파5홀에서는 2번 샷을 해서 홀에 넣는 것을 의미합니다. 알바트로스를 기록할 확률은 약 6백만번의 라운드를 하면 1번을 기록할 수 있다고 합니다.

파5홀에서 원샷에 볼을 넣는 것을 콘도르(Condor)라고 합니다.

콘도르는 역사상 딱 4번의 기록이 있습니다. 첫 번째가 1962년 미국에서 480 야드 도그 렉(Dogleg)홀에서 래리 브루스(Larry Bruce)가 기록했으며, 두 번째 기록은 약 30년 후인 1995년에 영국에서 496 야드 도그 렉 홀에서 숀 린치(Shaun Lynch)가 기록했습니다. 세 번째는 2002년에 미국의 마이크 크린(Mike Crean)이 기록한 것으로 이 기록이 지금까지 가장 긴 홀인원 기록으로 517 야드로 위에 있는 콘도르 기록과 달리 도그 렉 홀이 아닌 홀에서 기록한 것입니다.

마지막 네 번째 기록이 2007년 호주에서 16살 잭 바틀렛(Jack Bartlett)이 467 야드에서 기록한 것입니다. 역사적으로 처음이자 마지막 기록이 파6홀에서 기록된 콘도르인데, 이 기록은 가장 최근인 2020년 미국에서 케빈 폰(Kevin Pon)이 기록한 것입니다.

이렇게 희소성이 있는 기록이다 보니, 홀인원을 하는 사람은 3년간 모든 일이 잘 풀리고, 담당 캐디는 1년동안 만사 형통한다는 이야기도 있습니다. 그래서 예전에는 홀인원 의식이라고 해서 홀인원했던 홀의 홀 컵 앞에서 타월을 그린에 깔고 고객이 절도 하고 캐디는 홀인원한 볼을 깨끗한 타월로 집어 홀인원 주머니라는 곳에 넣어 주기도 했습니다. 현재는 이런 의식을 하기에는 진행에 문제가 있기 때문에 많이 없어지고 있는 추세입니다. 이런 홀인원 의식을 하게 되면 앞 팀을 따라갈 수가 없기 때문에 없어졌다고 볼 수 있습니다.

여기서 잠깐, 공식 기록에서 첫 번째 홀인원(Hole-in-one)을 기록한 사람과 장소가 어디일까요?
1868년 최초의 골프 대회인 디 오픈(The Open)에서 그 당시 슈퍼스타 영 톰 모리스(Young Tom Morris)가 첫 번째 홀인원을 기록했다고 합니다.

둘째, 이글(Eagle) 이벤트입니다.

홀인원 이벤트 이외에도 이글 이벤트를 하는 골프장도 있습니다. 이글은 파4홀(미들 홀)이나 파5홀(롱 홀)에서 기준 타수보다 두 타(-2) 적게 쳤을 때 나오는 타수인데 이글도 나오기 쉽지 않습니다. 그러나, 요즘은 비거리가 향상된 클럽들이 많이 나와서 한 골프장에서 1년에 200명 정도 이글이 나오고 있는 상황입니다. 여러분들도 캐디를 하게 되면 골프를 배우는 것이 좋은데요. 볼을 쳐 보시면 아시겠지만 정말 일생에 한번 본인이 홀인원이나 이글을 기록하기 쉽지 않다는 것을 아시게 될 것입니다.

이외에도 이벤트 홀에서 버디를 하게 되면 여름철에는 스타트 하우스[11]에서 맥주 4잔를 서비스로 주거나 상품을 놓고 이벤트를 시행하기도 합니다. 또는 그린피와 조식이나 중식을 묶어서 이벤트를 하기도 합니다. 그린피 가격에 대해 고객들이 많이 민감하기 때문에 골프치는 당일에 예약할 경우 그린피를 싸게 올 수도 있기 때문에 조인한 고객들을 상대할 때에는 그린피에 대한 이야기를 하지 않는 게 좋습니다.

조인 팀 중에 한분이라도 자신이 예약한 그린피보다 더 싸게 예약한 사실을 알게 된다면 나머지 고객분들이 골프장에 그린피 할인을 요구할 수도 있기 때문에 그린피에 관해서 이야기할 필요가 없습니다.

셋째, 코믹한 이벤트입니다.

인천에 있는 스카이 72골프클럽에서는 특이한 이벤트를 합니다. 레이디 티에서 치고 싶다고 하는 남자 고객들에게 '레이디 티에서 치려면 치마 입고 쳐'라는 소리를 합니다.

웃으면서 하는 소리를 이벤트로 승화시켰는데, 스카이 72에는 레이디 티에 치마가 비치된 홀이 있습니다. 남자라도 레이디 티에서 치고 싶으면, 그 홀에서 준비된 치마를 입고 치는 것인데, 이는 골퍼들끼리 재미있도록 웃음을 유발하는 이벤트입니다.

경기 상황 파악하기

역사적으로 근대 골프의 시작은 스코틀랜드라고 합니다. 영화 속에 스코틀랜드 남자들이 치마를 입고 나오는 모습을 쉽게 볼 수 있는데, 이것에 착안해서 홀에 준비된 치마도 스코틀랜드 남자들이 입는 치마를 준비한다고 합니다. 또한 스카이 72에서 겨울철만 하는 이벤트가 있는데, 붕어빵과 오뎅을 무료로 주면서 고객과 캐디들도 먹을 수 있도록 하는 것입니다.

붕어빵을 먹으러 오는 골퍼들이 있을 정도로 맛있고 흥미로운 이벤트를 하고 있지만 스카이 72의 그린피는 다른 골프장보다 비싼 편입니다. 하지만 스카이 72는 비가격 경쟁력을 향상시켜서 고객들을 오도록 만드는 골프장입니다. 저도 한번 스카이 72에서 플레이를 해보았는데요 코스 상태도 좋고 맛있는 붕어빵도 먹고 아주 즐겁게 플레이를 한 기억이 있습니다.

티 샷을 준비하는 모습

SECTION

화이트 티(레귤러 티)

블루 티(챔피언 티)

경기 상황 파악하기

넷째, 무더위 이벤트입니다.

여름철에는 라운드 도중 중간 그늘집(라운드 중간 5번 홀 정도에서 쉬는 곳)에서 아이스크림 서비스를 하면서 더위를 식히는 이벤트를 하는 골프장도 있습니다. 여름에는 엄청난 더위에 라운드를 하러 와야 하기 때문에 고객과 캐디 모두 지치게 됩니다. 이럴 때 오후에도 라운드를 할 수 있도록 하는 서비스를 하는 것입니다.

최근에는 여름철 무더위에 라운드를 하기 어렵기 때문에 저녁에 라운드를 하는 3부 라운드를 할 수 있는 골프장이 나오기 시작했으며, 3부 라운드를 즐기기 위한 전제 조건인 라이트 설치를 하는 골프장이 점점 늘어가는 추세입니다. 더위가 기승을 부리는 7월부터 8월까지는 골프장들이 2부 시간을 줄이고 3부 시간을 늘려서 골프장 운영 수익을 늘리려고 노력하고 있습니다.

이상으로 골프장에서 하는 이벤트에 대해 알아보았습니다.

[그림 2-6] 중간 그늘집

3. 배치표를 통한 고객 특성 파악

근무를 나가게 되면 다양한 성향의 고객들을 만나게 됩니다. 이때 우리는 고객 성향을 잘 파악하고 라운드를 나가는 것이 좋겠죠? 이제부터 어떤 식으로 고객의 성향을 파악하는지 알아보도록 하겠습니다.

회원제 골프장에서는 라운드 도중 고객들의 특성을 파악하여, 고객 관계 관리(CRM; Customer Relationship Management) 프로그램에 고객들의 특성을 기록하여 다른 캐디들과 공유를 합니다. 회원제 골프장은 자주 오시는 분들이 많기 때문에 가족 같은 분위기로 한번 나갔던 고객과 다시 만나 라운드를 나갈 확률이 퍼블릭 골프장[12]보다 많습니다.

그래서 고객 특성을 미리 파악하고 고객을 대면하게 된다면 캐디가 처음 보는 고객에게 고객 특성에 맞는 서비스를 하는 것만으로도 고객은 감동을 받게 됩니다. 서비스의 주체는 바로 고객입니다. 고객이 편해야 그것이 바로 서비스가 된다고 생각합니다.

캐디는 고객에게 서비스하는 사람이기에 항상 고객에게 관심을 주고 고객이 편하게 라운드를 할 수 있게 만드는 것이 캐디의 기본이겠죠?
그래서 캐디 교육의 시작은 바로 인성 교육입니다. 캐디가 자신의 일만 잘 하면 된다고 생각을 할 수 있겠지만 서비스직이라면 부가적으로 고객이 편하게 라운드를 즐기고 갈 수 있도록 배려해야 합니다.
인성이 안된 캐디라면 제대로 된 서비스가 우러나오지 않겠죠?

경기 상황 파악하기

　자주 오시는 고객분들은 캐디들끼리 배치표를 보고 어떤 고객인지에 대하여 서로 정보를 교환합니다. 이렇게 캐디들이 먼저, 고객의 특성 파악을 해야 하는 이유는 캐디는 항상 처음 보는 사람과 대면을 하기 때문에 먼저 고객 특성을 파악하고 라운드를 나갔을 때 고객과의 원활한 커뮤니케이션을 할 수 있기 때문입니다.

　어떤 캐디를 만나느냐에 따라 라운드 팀의 분위기가 바뀌기 쉽습니다. 즉, 그 팀의 분위기는 캐디가 이끌어 나가야 합니다. 캐디가 그 팀을 어떻게 이끌고 진행을 하느냐에 따라 분위기가 달라집니다. 캐디가 근무를 할 때 일을 못하더라도 고객들에게 열심히 하고 고객의 특성과 성향에 따라 움직인다면 마지막에 고객들은 격려를 아끼지 않을 것입니다.

　골프장에는 팀을 구성해서 오는 경우도 있지만 조인이라고 해서 업체를 통해 골프장에 모르는 사람들끼리 조인(Join)을 하여 라운드를 하러 오는 경우가 점차 많아지고 있는 추세입니다. 서로 모르는 사람들과 함께하는 라운드는 무척 어색한 분위기로 시작되는데, 어떤 분위기로 진행을 할 것인지는 캐디의 성향도 있겠지만 사람마다의 성향과 특성을 파악해서 고객들에게 분위기에 맞춰서 행동을 할 수 있다면 좋은 캐디라고 할 수 있을 겁니다.

　이렇게 될 수 있는 최고의 방법은 많은 경험이지만 경험은 시간이 걸립니다. 그래서 간접 경험을 할 수 있는 것이 바로 선배들의 조언을 참고하는 것입니다. 경력에 따라 그 사람이 이끌어 나갈 수 있는 경험의 차이는 무시할 수 없습니다.

그래서 골프장은 경력 캐디를 먼저 뽑으려고 하지만, 누구나 처음부터 경력 캐디가 될 수 없습니다. 고객의 특성을 잘 파악하는 캐디가 되려면, 두려워하지 마시고 여러 사람들을 만나며 이야기를 많이 나누어서 간접 경험의 폭을 넓히도록 노력하시기 바랍니다. 지금까지 고객의 특성을 파악하고 알아야 하는 이유에 대해 알아보았습니다.

4. 티오프 시간 변동 및 코스변동

이제는 근무 상황을 파악하고 경기가 어떻게 시작되는지에 대해서 알아보겠습니다. 캐디의 근무 순서를 뜻하는 순번이라는 것이 있습니다. 골프장에 가서 고객이 골프를 치는 것을 라운드를 한다고 말합니다. 1라운드는 전반 9홀과 후반 9홀로 구성이 됩니다.

18홀 골프장의 경우 인코스 9홀, 아웃코스 9홀로 구성되는데요. 전반에 인코스를 돌았다면, 후반에는 아웃코스를 전반에 아웃코스를 돌았다면 후반에는 인코스를 돌게 됩니다. 캐디가 고객과 함께 라운드를 나가는 것은 순번에 의해 코스가 배정되고 늦게 오는 팀이 있다면 조금 순번이 바뀌어 티오프 시간이 변동되기도 합니다.

라운드에 관해서 조금 더 부연 설명하자면, 보통 9홀에 파3홀이 2개, 파4홀이 5개, 파5홀은 2개로 구성되어 있습니다. 하지만 이렇게 하지 않는 골프장도 있습니다. 9홀에 파3홀이 1개 파5홀이 3개로 구성되어 있을 수도 있으며, 특별한 경우이지만 파6홀 파7홀로 구성되어 있는 군산에 있는 군산c.c 골프장도 있습니다.

경기 상황 파악하기

티오프라는 것은 그 팀이 첫 홀에서 첫 사람이 샷을 하여서 시작하는 것을 의미합니다. 티오프 시간은 고객이 예약한 시간입니다. 12시에 티오프 시간 예약을 하였다면 12시에 그 팀은 첫 고객이 티 샷을 시작하여야 합니다. 조금이라도 늦게 시작한다면 그 뒤에 있는 팀부터 딜레이가 시작되어 명절 때 고속도로 병목현상처럼 뒤 팀들은 계속해서 늦게 됩니다. 그 딜레이를 막기 위해 뒤 팀을 먼저 보내기도 하고 티오프 시간 10분 전에는 방송을 부탁하여 미리 준비할 수 있도록 조치를 취하기도 합니다.

캐디는 티오프 시간 변동이나 늦음에 대해서 고객들을 이해시켜야 합니다. 경기 진행은 캐디가 해야 할 중요한 업무이기 때문에 경기 진행에 고객들이 협조적일 수 있도록 충분한 커뮤니케이션을 해야 합니다. 캐디가 늦게 준비되면 전반적으로 다 늦어지기 때문에 캐디는 티오프 시간 30분 전에는 배치표를 받고 카트에 백을 상차해야 합니다. 이 때 고객이 모두 도착할 수도 있고, 일부만 도착할 수도 있습니다. 배치를 받고 카트 고에서 백을 상차할 타이밍에는 백이 내려온 고객의 백만 싣고 티오프 시간 20분 전에는 클럽하우스 앞 스타트 광장으로 카트를 이동시켜야 합니다.

통상 7분 간격으로 각 팀의 티오프 시간이 있기 때문에 본인 티오프 시간 바로 앞에 배치된 캐디 카트 뒤에 자신의 카트를 정차해야 합니다.

카트를 정차하고 난 뒤에 자신의 티오프 시간 10분 전까지 고객들의 백을 모두 상차하지 못했다면 수시로 싣지 못한 고객의 백을 확인하여야 하며, 확인해도 고객의 백이 없을 경우에는 경기과 직원에게 보고하고 그 지시를 따르면 됩니다.

SECTION 2

　　뒤 팀이 모두 카트에 백을 상차하였고 본인 카트에 백을 상차하지 못했다면, 뒤 팀을 먼저 내보내기도 합니다. 또는 예약되어 있는 코스가 아닌 다른 코스로 나갈 팀을 먼저 보내고 본인팀의 카트를 다른 코스에서 옮겨왔던 곳으로 보내기도 합니다. 코스내 딜레이를 만들지 않기 위해 먼저 준비된 팀을 내보내는 것입니다.

　　첫 팀이 본인 예약시간보다 빠른 조기 티오프를 하여 코스가 중간에 비어 있다면, 딜레이(Delay) 난 곳의 카트를 비어 있는 코스로 보내기도 합니다. 본인 팀의 고객이 너무 늦게 온다면 먼저 오신 분들을 티오프 시키고 나중에 오시는 분들은 경기과 직원이 에스코트하여 그 팀이 플레이하고 있는 홀로 이동하여 조인을 시켜 주기도 합니다.

　　이런 경우는 거의 없지만, 만약 팀 전체가 본인 티오프 시간을 넘겨 도착을 하였을 경우에는 홀패스라고 하여 코스에서 진행하고 있는 본인 시간 앞 팀 뒤로 가서 라운드를 진행시키기도 합니다. 그래서 고객들도 캐디와 마찬가지로 본인 티오프 시간보다 30분 전에는 미리 골프장에 도착을 해서 라운드 준비를 하여야 하고, 늦게 도착했다면 라운드 준비를 서둘러야 합니다.

　　라운드를 나가는 캐디들은 앞 팀과 뒤 팀의 캐디가 누구인지 확인하고 나가야 합니다. 전반 9홀을 돌고 와서, 다시 스타트 광장에서 후반 라운드를 준비하는데, 그 때 대기하는 팀들이 많은 경우가 생깁니다. 이 때 자신의 앞 팀이 누구인지를 모른다면, 순서가 꼬이게 됩니다. 이렇게 되지 않기 위해서 즉, 순번대로 라운드를 돌기 위해서는 반드시 앞 팀의 캐디 이름을 알고 시작하여야 합니다.

경기 상황 파악하기

각 홀마다 경기 진행 소요 시간[13]은 파3홀은 9분~10분 정도, 파4홀은 11분~12분, 파5홀은 13분~15분 정도 소요됩니다. 첫 팀 기준으로 9홀 라운드 소요 시간은 1시간 50분~2시간 정도가 적당하며, 막 팀의 경우 9홀 라운드 시간이 2시간에서~2시간 10분 정도로 첫 팀보다는 10분 이상 늦습니다. 현재 진행 속도를 파악하기 위해서는 위 기준에 따른 현재 소요 시간을 보고 판단하여야 합니다. 그래서 소요 시간을 확인할 수 있도록 카트마다 타임 워치가 있고 또한 카트에 비치된 태블릿PC를 보면서 시간을 확인하면서 라운드를 할 수 있습니다.

첫 팀으로 나갔을 때는 다른 팀보다 진행을 중요시해야 합니다. 첫 팀이 2시간이 걸린다면 코스는 이미 경기 속도가 늦어지게 되고 막 팀으로 가면, 더 늦어지기 때문입니다.

첫 팀의 그린피는 상대적으로 저렴하기 때문에 첫 팀 라운드를 예약하신 분들은 라운드를 빨리 끝내고 싶어서 그 시간을 예약하시는 분들도 있지만, 많은 경우에는 초보지만 가격 때문에 예약하는 분들도 있습니다. 초보를 만나는 경우에 적절한 시간대로 진행을 하는 것이 신입 캐디들에게는 무척 어려운 일입니다. 그래서 첫 팀은 경력이 있는 캐디들이 주로 나가게 됩니다. 근무 시작 전 고객들이 늦었을 시 대처 방법과 라운드 소요 시간에 대해 알아보았습니다.

5. 단체 팀 파악

골프장에는 개인팀으로도 오지만 동문 골프 모임이나 친목 골프 모임 등과 같이 단체로 여러 팀들을 구성해서 올 수도 있고, 연단체로 골프장에 지정 예약을 하고 올 수도 있습니다. 단체팀으로 왔을 경우, 개인팀과 다른 어떤 것을 하는지에 대해서 알아보도록 하겠습니다.

단체팀은 1회성으로 예약을 하는 경우와 연단체로 골프장에서 달마다 예약하는 경우가 있습니다. 단체팀으로 왔을 경우에 대부분 해당 단체 총무가 경기과에 아래와 같은 사항을 요청합니다. 라운드 도중 니어(Nearest), 롱기(Longest), 신페리오 방식(New Perio Method) 등으로 그 날의 우수 선수를 선정해 달라는 요청을 합니다.

니어는 파3홀의 티잉 구역에서 티 샷을 할 때 그린으로 한번에 올라가는 경우도 있고 그린에 안 올라가는 경우가 있는데, 이 때 그린에 한번에 올라가 있는 사람 중 깃대(핀)가 있는 곳에 볼이 가장 가까이 붙어 있을 때 니어라고 합니다.
롱기는 파4홀과 파5홀에서 샷을 하였을 때 가장 멀리 공을 보낸 사람을 롱기스트(Longest), 줄여서 롱기라고 합니다. 이 때 볼은 러프(잔디를 길게 길러 놓은 곳)가 아닌 페어웨이(잔디가 매우 짧게 관리되어 있는 곳)에 안착을 하였을 때 그 중 가장 멀리 보낸 사람을 롱기스트라고 합니다.

니어와 롱기스트는 단체팀이 코스의 겹치는 한 부분을 골프장에서 정하여 공지하며, 단체팀과 같이 라운드하고 있는 캐디들은 해당 이벤트 홀을 인지하고 파악하여야 합니다.

신페리오 방식은 스코어를 계산하는 방법으로 단체팀에서 서로 스코어로 겨루는 방식입니다. 18홀의 파의 합계는 일반적으로 72홀로 구성되어 있습니다. 18홀 라운드 후 신페리오의 방식으로 파의 합계가 48이 되도록 12홀의 스코어 합계로 겨루는 방식이기 때문에 18홀 중 12홀을 경기과에서 숨겨놓고 고객들은 라운드를 합니다. 18홀 중 숨겨놓은 12홀이 아닌 6홀에서만 못쳤다면 신페리오 방식에서는 운적인 요소로 스코어가 적은 사람이 스코어가 큰 사람에게 질 수도 있습니다.

라운드 중에 가장 스코어가 좋은 사람을 메달리스트(Medalist)라고 합니다. 메달리스트만 우승 상금을 받을 수 없기 때문에 운적인 요소를 가지고 있는 신페리오 방식으로 또 다른 우승자를 뽑습니다. 이 방식은 단체팀에서 많이 사용하는 방법이기 때문에 단체팀에 배치를 받은 캐디들은 어떤 방식으로 라운드를 즐기게 되는 지를 확인 후 근무를 하여야 합니다.

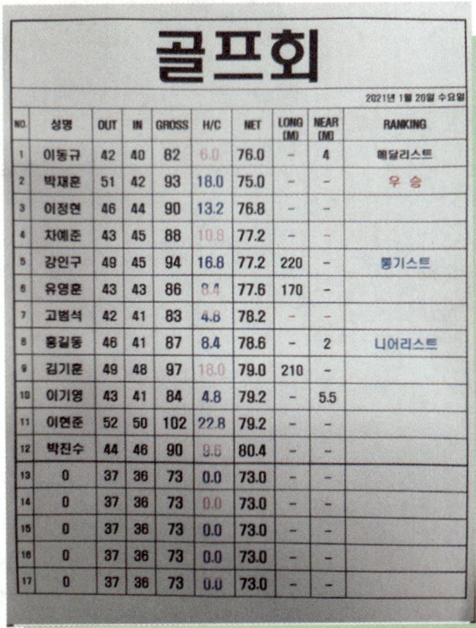

골프회

2021년 1월 20일 수요일

NO.	성명	OUT	IN	GROSS	H/C	NET	LONG (M)	NEAR (M)	RANKING
1	이동규	42	40	82	6.0	76.0	-	4	메달리스트
2	박재훈	51	42	93	18.0	75.0	-	-	우 승
3	이정현	46	44	90	13.2	76.8	-	-	
4	자예준	43	45	88	10.8	77.2	-	-	
5	강인구	49	45	94	16.8	77.2	220	-	롱기스트
6	유영훈	43	43	86	8.4	77.6	170	-	
7	고범석	42	41	83	4.8	78.2	-	-	
8	홍길동	46	41	87	8.4	78.6	-	2	니어리스트
9	김기훈	49	48	97	18.0	79.0	210	-	
10	이기영	43	41	84	4.8	79.2	-	5.5	
11	이현준	52	50	102	22.8	79.2	-	-	
12	박진수	44	46	90	9.6	80.4	-	-	
13	0	37	36	73	0.0	73.0	-	-	
14	0	37	36	73	0.0	73.0	-	-	
15	0	37	36	73	0.0	73.0	-	-	
16	0	37	36	73	0.0	73.0	-	-	
17	0	37	36	73	0.0	73.0	-	-	

[그림 2-7] 신페리오 및 단체 스코어 집계표

지금까지 여러가지 경기 상황에 대하여 이야기하였는데 이해하셨나요?

이상 2차시 경기 상황 파악하기를 마치겠습니다.

Part 2

경기 진행

SECTION 3   경기 대기하기 I
SECTION 4   경기 대기하기 II
SECTION 5   경기 대기하기 III
SECTION 6   경기 대기하기 IV
SECTION 7   경기 시간 적용하기 I
SECTION 8   경기 시간 적용하기 II
SECTION 9   경기 시간 적용하기 III
SECTION 10   코스별 경기 준비하기

SECTION 3
경기 대기하기 I

강의주제
1. 티오프(티오프와 티오프 간격)
2. 티잉 구역
3. 티잉 구역에서의 규칙
4. 1부~3부 소개

강의내용

경기 대기하기 파트에서는 설명할 내용이 많은 관계로 네 번에 나누어서 설명할 것입니다. 고객들이 골프장에 도착하여 라운드 나갈 준비를 마치고, 광장에 대기하고 있는 카트에 도착하였다면, 이 고객들이 어떤 기준에 따라 라운드를 나가게 되는지와 처음 라운드를 시작하는 장소인 티잉 구역이라는 장소에 대하여 설명하도록 하겠습니다. 아울러 골프장 운영 시간대에 대해 알아보겠습니다.

이제부터 티오프에 대한 설명을 하겠습니다.

1. 티오프(티오프와 티오프 간격)

앞서 설명한 바와 같이 티오프(Tee off)란 첫 홀에서 첫 고객이 샷을 하여 라운드를 시작하는 것을 말합니다.

티오프를 하기 전에 고객이 클럽하우스에서 나와 자신의 골프 백이 상차되어 있는 카드에 도착하면, 캐디는 고객에게 광장 멘트(Ment)를 한 후 출발하도록 되어 있습니다. 광장 멘트는 추후에 자세히 이야기하겠지만, 간단하게 말하자면, 고객에게 자신을 소개하고 플레이할 코스와 안전에 관한 사항 등을 미리 설명하는 것입니다.

광장 멘트를 한 후 출발하기 전 티오프 시간에 의해서 순차적으로 예약한 코스로 들어가게 되는데, 이 때 티오프 시간을 지킬 수 있도록 경기과 직원의 지시에 따라 움직이면 됩니다. 광장에서 대기할 때도 티오프 시간 순서대로 대기를 하게 되며, 광장에는 경기과 직원이 나와서 카트 위치와 대기 순서를 지시합니다. 티오프 시간은 고객이 특정 시간에 라운드를 하기 위해서 골프장에 직접 예약할 수도 있고 부킹 업체를 통해서 예약할 수도 있습니다. 부킹(Booking)업체를 통해 예약을 할 때, 통상적으로 4명이 한 팀을 이루게 되는데, 인원이 부족한 경우에는 모르는 사람들과 조인하여 티오프 시간을 예약할 수도 있습니다.

최근에는 조인 시장이 점차 활성화되는 경향이 있으며, 캐디들의 경우 조인 팀과 라운드를 나갈 경우에 처음 분위기를 잘 리드해야 합니다. 티오프 시간에 대하여 고객들이 오해하는 것이 티오프 시간까지 골프장에 도착하면 된다고 생각하는 것입니다. 하지만 그 시간에 골프장에 도착하면 대기하고 있던 카트는 이미 출발했기 때문에 티오프 시간 10분 전에는 광장에 나와서 준비하고 있어야 합니다. 보통 티오프 10분 전에는 캐디가 고객을 카트에 태운 후 예약된 코스의 첫 번째 홀로 이동하여 다 함께 스트레칭을 하고 준비를 합니다.

스트레칭을 하는 이유는 안 쓰던 근육을 갑자기 쓰게 되면, 부상의 위험이 있기 때문에 머리부터 발끝까지 가볍게 몸을 풀어주는데, 이 때 캐디가 스트레칭 멘트를 하면서 고객들을 자연스럽게 리드해야 합니다.

스트레칭을 한 후 티오프하기 전에 고객들은 누가 먼저 칠 것인지에 관한 순서를 뽑고 본인들의 볼과 장갑, 티를 준비합니다. 제일 먼저치는 사람을 오너(Honor)라고 하며, 순서를 뽑는 뽑기 통을 오너 봉이라고 합니다. 제일 처음 치는 것이 영광, 명예, 특권이라는 의미로 받아들이면 좋을 듯합니다.

티 샷(Tee shot)을 하려면 롱 티와 숏 티가 필요합니다.

대부분 파4홀(미들 홀)과 파5홀(롱 홀)에서는 롱 티(Long tee)를 티박스(Tee box) 안에 꽂고 그 위에 볼을 올려놓아 드라이버(Driver)라고 부르는 우드클럽을 사용하여 티 샷을 합니다. 파3홀(숏홀)에서는 숏 티(Short tee)를 꽂고 거리에 따라 아이언(Iron)이나 우드(Woods)로 티 샷을 합니다. 티는 나무, 플라스틱, 고무 화합물 등을 이용해서 만듭니다.

티의 역사[14]에 대해서 간단하게 알아보도록 하겠습니다.

티는 스코틀랜드 게일어의 집(원, 서클)을 의미하는 taigh에서 유래했다고 합니다. 티가 왜 원이라는 뜻에서 온 건지를 알려면, 바로 최초의 골프 티에 관한 기록을 보아야 합니다.

최초의 골프 규칙인 에딘버러(Edinburgh)의 13개 규칙은 1744년에 만들어졌습니다.

첫 번째 규칙이 '골프 볼은 그 홀의 1클럽 이내에서 티를 해야 한다.'라고 명시되어 있습니다. 즉, 홀 주위에 한 개 골프클럽의 길이의 원(Circle)을 그려서 그 원 안에 티를 했습니다. 그 당시에는 티잉 구역 없이 그린에서 다음 그린으로 샷을 한 것입니다. 지금은 각 홀마다 티박스라고 해서 티잉 구역을 만들어서 샷을 하고 있습니다.[15]

현재의 티가 개발되기 전에는 상자(박스, Boxes) 안에 젖은 모래를 비치해서 티를 하도록 했다고 합니다. 현재의 티잉 구역이라고 불리기 전에 티를 만들기 위해서 박스를 비치했다는 것에 유래해 티 박스(Tee Box)라고 불렀습니다.

티에 관한 최초의 특허는 1889년 스코틀랜드인 윌리엄 브락솜(William Bloxsom)과 아더 더글라스(Arthur Douglas)가 받았습니다.

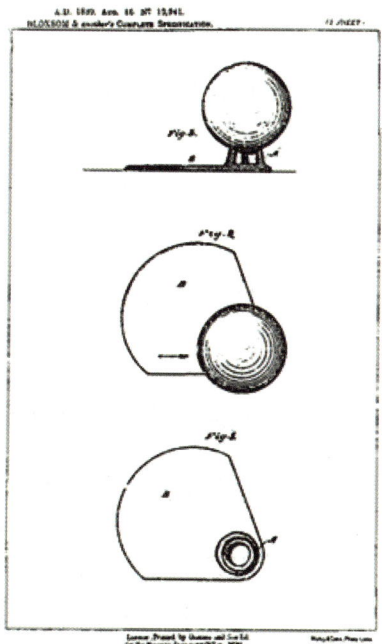

[그림 3-1] 티에 관한 최초의
영국 특허 #1294

[출처: 위키피디아(www.wikipedia.org)]

　　위 그림에 나온 것처럼 특허 받은 티는 지금처럼 땅에 박는 것이 아니라 3개의 가느다란 막대기 위에 볼을 올려 놓을 수 있도록 만든 것입니다. 이 후 1892년에 땅에 꽂는 최초의 골프 티가 영국 퍼시엘리스(Percy Ellis)에 의해 특허를 받았고, 1925년 미국의 윌리엄 로웰(William Lowell, Sr) 박사가 디자인한 레디 티(Reddy Tee, 미국 특허 No. 1,670,627)가 지금의 골프 티와 가장 유사한 디자인으로 티의 위 부분이 오목하게 만들어서 볼을 안정적으로 고정했으며, 로웰 박사는 활발한 마케팅 활동을 펼쳐 티가 널리 사용될 수 있도록 만들었습니다. 특허가 등록되기 전인 1922년에 그 당시 10만 달러 매출을 올렸다고 합니다.

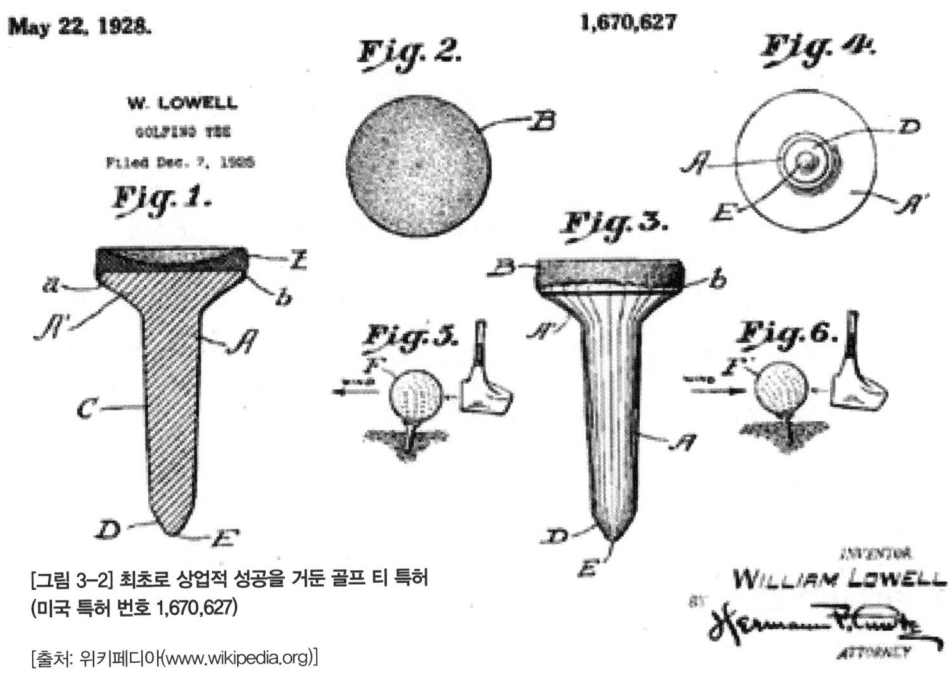

[그림 3-2] 최초로 상업적 성공을 거둔 골프 티 특허
(미국 특허 번호 1,670,627)

[출처: 위키피디아(www.wikipedia.org)]

골퍼들이 이렇게 기나긴 역사를 가지고 있는 골프 티를 중요하게 생각하지 않는 경향이 있어서 라운드 중에 골프 티가 없는 분들도 많이 있습니다. 그래서 캐디들은 항상 여분의 티를 준비해야 합니다. 가볍게 생각하기 쉬운 티는 골프에서 매우 중요한 역할을 합니다. 한 라운드 18홀 중 14번은 드라이버로 티 샷을 하고, 나머지 4번은 파3홀에서 아이언이나 우드로 티 샷을 하게 됩니다. 즉, 각 홀의 첫 샷은 항상 티 위에 볼을 올려 놓고 쳐야 합니다.

R&A, USGA가 만든 골프 룰을 보면, 티(Tee)란 티잉 구역(Teeing Area)에서 볼을 플레이하기 위하여 그 볼을 지면 위에 올려놓는데 사용하는 물체이며, 티는 반드시 그 길이가 4인치(10.16cm) 이하이어야 장비 규칙에 적합한 것이라고 정의하고 있습니다.

SECTION 3

R&A, USGA에서는 골프 룰에 관한 골프 규칙을 만드는 곳으로만 알고 있는데, 골퍼가 사용하는 골프 장비에 관한 규칙(Equipment Rules)도 만들어서 공표하고 있습니다. 자세한 것은 www.randa.org에서 확인할 수 있으며, 한국어 서비스도 제공하고 있습니다. 다시 한번 티와 관련된 용어들을 설명하도록 하겠습니다. 고객이 티에 볼을 올려 놓는 것을 티업(Tee Up), 티업 한 볼을 치는 것을 티 샷(Tee Shot), 첫 홀에서 처음 고객이 샷을 하여 시작하는 것을 티오프(Tee Off)라고 합니다.

2. 티오프 간격

티오프 간격은 골프장마다 다릅니다. 팀 수가 바로 매출과 직결되기 때문에 대중제 골프장 즉, 퍼블릭 골프장은 팀을 많이 받기 위해서 티오프 간격을 짧게 만듭니다. 고객 4명이 티잉 구역에서 볼을 치는데 소요되는 시간은 최대 4분~5분입니다. 앞 팀이 티잉 구역에서 샷을 하고 카트를 타고 자신의 볼이 있는 세컨(Second)지역으로 이동한 후 본인의 볼 앞에서 두 번째 샷(세컨 샷(Second Shot)이라고 함)을 준비하고 샷을 한 이후 그린 근처나 세 번째 샷(써드 샷(Third Shot)이라고 함)을 할 곳으로 이동합니다.

이 때 티잉 구역에 있는 뒤 팀이 샷을 할 수 있는 시간 간격을 티오프 간격이라고 합니다. 티오프 시간부터 경기가 지연될수록 뒤 팀의 플레이는 더욱 더 늦어지게 됩니다. 그래서 항상 캐디는 티잉 구역에 있을 때 앞 팀이 세컨 지역으로 나가기 전에 오너가 샷을 할 준비를 시켜야 합니다. 캐디가 준비시킨다는 것은 먼저 오너[16]가 티를 땅에 꼽고 볼을 올려 놓고 클럽을 가지고 있는 것까지를 말합니다. 이것은 매 홀마다 진행을 위해 필요합니다.

티오프 간격은 각 골프장마다 다릅니다. 티오프 간격에 따라 경기 진행에 여유가 있는 골프장도 있고 아닌 골프장도 있습니다. 외국에 있는 골프장은 티오프 간격이 여유롭게 진행되기 때문에 진행에 대한 부담 없이 라운드를 즐길 수 있는 반면, 한국 골프장은 티오프 간격이 짧아서 경기 진행에 대한 부담감을 가질 수밖에 없습니다. 한국은 골프의 대한 수요가 많고 골프장의 수는 한정적이기 때문에 티오프 간격이 다른 국가에 비해서 적을 수밖에 없습니다.

그렇다면, 골프장의 티오프 간격은 어떻게 될까요?
6분~7분 간격, 7분 간격, 8분 간격, 10분 간격을 유지하고 있는데요. 고가의 회원권을 분양하는 프리미엄 회원제 골프장의 경우에는 10분 간격으로 진행을 여유롭게 만들어서 회원들이 경기 진행에 대한 부담 없이 플레이 할 수 있게 합니다. 팀 수가 많은 퍼블릭 골프장은 팀 수를 늘리기 위해서 배치 간격을 빠르게 가져가고 있습니다. 예를 들어 12시가 첫 팀이라고 한다면 7분 간격으로 한 코스당 20팀이 들어가서 총 140분이 됩니다. 첫 팀이 12시에 티오프를 하면 막 팀의 티오프 시간은 2시간 20분 후 즉, 14시 20분이 됩니다.

첫 팀과 막 팀의 간격이 2시간 20분이기 때문에 첫 팀이 전반 9홀을 마치는 시간이 1시간 50분~2시간 정도 걸린다고 가정하면, 전반 9홀 라운드를 마치고 20분~30분 정도를 광장에서 대기한 후 막 팀이 전반 라운드를 나간 뒤로 첫 팀이 후반 라운드를 시작하게 됩니다. 그래서 캐디는 전반 라운드를 끝내고 대기가 몇 팀 있는지를 확인한 후에 고객에게 대기 시간을 알려줘야 하며, 그 시간 동안 고객들은 광장에서 대기하는 것이 아니라 클럽하우스 내에 있는 식당이나, 광장에 있는 스타트 하우스를 이용하여 식사나 음료 등을 주문하여 이용하게 됩니다.

광장 대기가 길지 않을 때에는 전반을 마치기 전 마지막 홀에서 미리 주문을 하기 때문에 캐디가 고객들이 식사를 할 건지를 확인해서 무전이나 태블릿PC를 이용해서 미리 주문을 하기도 합니다. 정리하자면, 팀이 많을 때에는 코스당 18팀에서 20팀 정도 코스에 위치하게 되고, 전반 9홀을 마치고 3팀에서 5팀 정도는 코스가 아닌 광장에서 대기를 하게 됩니다.

3부가 없는 퍼블릭 골프장의 경우 18홀 코스라면, 한 부에 40팀에서 44팀, 27홀 코스라면 60팀에서 66팀이 최대 팀 수라고 생각하시면 됩니다. 캐디가 80명인 골프장에서 그 날 1부, 2부, 3부 다 합쳐서 팀 수가 120팀이라고 한다면 40명은 두 번 근무하게 되고 40명은 한번 일하게 된다고 생각하시면 됩니다.

 티오프 간격은 골프장마다 다르며, 팀 수가 바로 매출과 직결되기 때문에 퍼블릭 골프장의 경우 티오프 간격이 7분 정도로 짧습니다.

3. 티잉 구역(Teeing Area)

이제부터는 매 홀마다 고객이 티 샷을 하는 티잉 구역이라는 곳에 대하여 알아보겠습니다. 티잉 구역에는 티마크라는 곳이 있습니다. 티마크는 각 홀의 티잉 구역에 자리잡고 있는 두 개의 마크를 이야기합니다.

각 홀의 5개의 티잉 구역 순서대로 블랙 티(Black Tee), 블루 티(Blue Tee), 화이트 티(White Tee), 엘로우 티(Yellow Tee), 레드 티(Red Tee)가 있습니다.

이를 차례대로 설명하자면, 맨 뒤의 티잉 구역에는 검은색의 티마크가 있는데 이를 블랙 티라고 부르며, 블랙 티는 프로들이 치는 곳으로 캐디들이 프로 자격증을 검사해서 치게 하기도 합니다. 그 앞 티잉 구역에는 파란색 티마크가 있는데 이를 블루 티라고 부르며 아마추어 고객 중 거리가 많이 나는 사람들이 치는 구역입니다. 블루 티 앞 티잉 구역은 화이트 티마크가 있는데 일반 남자 고객들이 치는 곳입니다.

화이트 티 앞에는 노란색 티마크가 있는 데 엘로우 티 또는 시니어 티(Senior Tee)라고 하는데 시니어 티는 만 65세 이상 된 남자들이 치는 티잉 구역입니다. 시니어 티보다 앞에 있는 즉, 제일 앞에 있는 티잉 구역은 빨간색으로 레드 티 또는 레이디 티(Lady Tee)라고도 부르는데 여자들이 치는 곳을 말합니다.

최근에는 레이디 티라는 말이 여성 차별적인 언어라고 해서 레드 티(Red Tee)라고 부릅니다. 외국에서도 과거에는 레드 티와 레이디 티를 혼용해서 사용했는데, 요즘엔 레이디 티라고 부르면 실례가 될 수도 있습니다.

SECTION 3

5개의 티잉 구역이 있는 골프장도 있지만, 블루 티, 화이트 티, 레드 티 3개의 티잉 구역만 있는 골프장도 있습니다.

이 때, 젊지만 비거리가 짧은 남성이나 나이가 들어 감에 따라 비거리가 짧아진 시니어 분들, 나이가 어린 주니어들이 레드 티를 이용할 수 있는데, 레드 티를 레이디 티라고 한다면 위에 언급한 남성분들이 이 티를 이용하기는 무척 어려운 상황이 될 것입니다. 마치, 여자 화장실을 이용해야만 하는 남자들처럼 말입니다.

여기서 잠깐, 필드에서 벌어지는 티에 관한 경험을 이야기하고 넘어가겠습니다. 골프코스에서 나이가 드신 시니어들이 왔다고 시니어 티로 가자고 한다면, 그 분들에게 마음의 상처를 입힐 수도 있습니다. 그래서 진행을 위해 시니어 티로 이동해야만 할 경우 고객들의 마음의 상처를 받지 않도록 조심스럽게 말씀드리고 이동해야 합니다. 또한 전반에 거리도 안 나오고 스코어가 좋지 않을 경우에 후반에는 엘로우 티나 레드 티를 이용해서 진행하는 것도 빠른 진행을 위해서 도움이 됩니다.

티잉 구역은 골프장마다 다른데, 거리가 짧은 골프장은 3개, 거리가 있는 골프장은 5개 정도로 각 홀마다 위치하고 있다고 생각하면 됩니다.

티마크는 정상적인 화이트 티잉 구역에 놓이기도 하고 엘로우 티나 블루 티에 티마크를 옮겨 놓기도 합니다. 그 이유는 한 곳의 잔디를 집중적으로 많이 밟게 되면 잔디가 손상되기 때문에 계속적으로 20팀~25팀 정도 지나간다면 티마크를 다른 티잉 구역으로 옮기기도 하고, 같은 티잉 구역 내에서 옮기기도 합니다.

경기 대기하기

　티잉 구역에서 캐디가 꼭 해야 하는 일 중에 하나는 티잉 구역 내에 고객 한 사람만이 올라가도록 해야 합니다. 라운드 중에 고객들이 주위를 둘러보지 않고 연습 스윙을 하는 경향이 있어서 클럽으로 인한 인사 사고가 날 위험이 있기 때문에 티잉 구역에는 한 사람씩 올라가도록 캐디가 유도해야 하며, 또 다른 이유는 잔디를 보호하기 위한 목적도 있습니다.

　티잉 구역에서는 연습 스윙에 의한 사고가 발생할 수 있기 때문에 고객이 클럽을 들고 있다면 클럽 자체가 무기가 된다고 생각하고 고객에게 주의를 시켜야 하며, 캐디 본인도 주위를 둘러보며 각별히 주의해야 사고를 예방할 수 있습니다.

4. 티잉 구역에서의 규칙

　　티잉 구역에서는 티마크가 있는 곳에서 티 샷을 해야 합니다. 티마크가 있는 곳을 기준으로 후방으로 본인이 가지고 있는 클럽 중 가장 긴 클럽으로 2클럽 내에서 가상의 네모 박스를 만들어 그 안에서 샷을 하여야 하는데 그 티박스 밖에서 샷을 하였을 경우에는 페널티(Penalty)로 타수가 2타 늘어납니다. 본인의 타수가 늘어나는 것을 페널티 또는 벌타라고 합니다.

　　고객들이 티마크 뒤에서 치기보다는 앞에서 치려는 경향이 있습니다. 티마크보다 티를 앞에 놓고 치는 경우에도 2벌타인데 고객들이 티마크에 붙여서 티 샷을 하려고 하다 보니 티마크보다 티가 앞으로 나갈 수 있습니다. 고객들은 이것을 보고 '배꼽 나갔다.'라고 표현하기도 합니다.

　　여기서 잠깐, 프로 경기 룰을 설명하겠습니다. 프로 골퍼는 시합 전 날까지 연습 라운드가 가능하지만, 시합 당일 그 코스에서 2부(오후)에 시합이 있을 경우 1부(오전)에 연습라운드를 한다면 당일 연습라운드를 했기 때문에 실격 처리가 됩니다. 그리고 시합 당일 본인 티오프 시간에 5분 이상 늦게 와도 실격처리 됩니다. 그러나, 라운드를 즐기기 위해 온 고객이 연습 라운드를 하고 왔다고 '실격입니다.'라고 이야기할 수는 없겠죠?

　　아마추어 고객을 대상으로는 이런 룰이 적용되지 않지만 에티켓에 어긋난다고 생각하면 됩니다. 티잉 구역에서의 티마크는 샷을 하기 전에는 고정적인 장해물입니다. 티잉 구역에서 샷을 하면 인 플레이가 시작되고 그린에서 홀 컵에

> 티잉 구역에서는 티마크가 있는 곳에서 티 샷을 해야 하며, 티마크가 있는 곳을 기준으로 후방으로 2클럽 내에서 가상의 네모 박스를 만들어서 샷을 해야 합니다.

넣으면 인 플레이가 끝납니다. 이때 인 플레이가 시작되기 전에는 티마크를 움직일 수 없으며 인 플레이가 시작되면 고정 장해물이 아닌 인공 장해물로 바뀌기 때문에 티 샷을 하고 난 이후에는 티마크를 움직일 수 있습니다.

티 샷을 하기 전 티마크를 움직였을 때는 실격처리가 되며 티 샷을 했는데 잘못 쳐서 티마크 앞으로 볼이 떨어졌을 때는 티마크를 움직여서 치거나 인공장해물이기 때문에 티마크를 기준으로 그린에 있는 홀 컵을 기준으로 후방으로 2클럽 내에서 드롭하여 샷을 할 수 있습니다.

드롭(Drop)이라고 하면 무릎 높이에서 볼을 떨어뜨려 규정에 의한 클럽 내에서 볼이 놓여지는 것을 말합니다. 예전에는 드롭을 어깨 높이에서 하였지만 볼이 낙하지점이 높아 규정에 의한 클럽 내에 규정보다 멀리 굴러 가서 다시 드롭하는 경우가 많이 발생하였기 때문에 2019년 개정된 룰부터는 무릎 높이에서 드롭을 규정하고 있고 어깨 높이에서 드롭을 하게 되면 2벌타가 됩니다.

3 SECTION

    하지만 클럽 내 고객들에게 무릎을 기준으로 드롭한다거나, 규정에 의한 드롭을 하지는 않습니다. 그 이유는 고객들이 볼을 잘 칠 수 있게 하고 플레이의 매끄러운 진행을 위해 치기 좋은 자리에 볼을 두고 칠 수 있도록 만들어 주어야 하기 때문입니다.

    골프에는 3가지 룰이 있습니다. 공식 룰, 로컬 룰, 동반자 룰입니다. 이 중에서 프로 골퍼들은 공식 룰을 따라야 하지만, 캐디분들이 보통 만나게 되는 골퍼들에게 가장 중요한 것은 바로 동반자 룰이라고 할 수 있습니다. 그러나, 동반자 룰을 적용하더라도 캐디라면 정확하게 어떤 룰에 적용 받는지를 알아야 할 것입니다.

    지금까지 라운드를 시작하는 방법과 시작하는 장소 티잉 구역에서의 샷을 하는 방법과 룰에 대하여 알아보았습니다.

[그림 3-3] 무릎 높이에서 드롭하는 모습

5. 1부~3부 소개

이번에는 골프장이 운영되는 시간과 계절마다 어떻게 바꿔서 운영되고 있는지에 대해서 알아보겠습니다. 골프장은 2부제 골프장과 3부제 골프장으로 나누어 집니다. 2부제 골프장은 오전과 오후로 나누어서 라운드를 시작하고, 3부제 골프장은 오전, 오후, 저녁으로 라운드 시작 시간을 나누어서 운영합니다.

골프장마다 다르겠지만 일반적으로 1부 티오프 시간대는 6시 30분부터 8시 50분까지 2시간 20분 동안 팀이 라운드를 시작하며, 2부 티오프 시간대는 11시 20분부터 13시 40분까지, 3부 티오프 시간대는 16시 10분부터 18시 30분까지 라운드가 운영됩니다.

골프장은 1년을 성수기와 비수기로 구분하며, 시기에 따라 시작 시간이 바뀔 수 있습니다. 3부제 골프장 같은 경우에는 여름철에 2부(오후) 시간대가 너무 더워서 플레이하기 어렵기 때문에 2부 시간대의 팀 수를 줄이고 3부 시간대를 앞으로 조금 앞당겨서 3부제를 운영합니다.

골프장들이 수익을 확대하기 위해서 3부제로 운영하는 골프장들이 늘고 있습니다. 3부제로 운영하기 위해서는 야간 경기를 위해 라이트를 설치하는 것이 필수입니다.

라이트의 종류에는 LED와 할로겐이 있습니다.

LED로 되어 있는 골프장의 라이트는 전원을 켰을 때 바로 점등되고 불빛이 비추는 공간을 직사광선으로 그 공간을 집중적으로 밝게 비춥니다. 할로겐으로 되어 있는 골프장은 전원을 켰을 때 점등되는 시간이 조금 오래 걸리고 집중적으로 비추기보다는 넓게 빛을 비추지만 잘 안 보인다는 단점이 있습니다.

예전에는 할로겐으로 라이트 공사를 많이 하였지만 현재는 많은 골프장에서 LED로 라이트 공사를 하는 추세이며 그 이유는 LED는 불을 키고 끌 때 바로 점등 소등이 되고 전기 절약도 되기 때문입니다. 할로겐은 점등과 소등되는 시간이 오래 걸리고 할로겐보다는 LED가 더 밝기 때문에 LED로 라이트 공사를 하는 경우가 많습니다. 하지만 LED가 비싼 편이기에 할로겐으로 만드는 골프장도 있습니다. 라이트가 우뚝 솟아 있을 때 자연 외관을 해친다고 하여 라이트를 땅속에 숨겨 놓았다가 불을 점등할 때쯤 다시 솟아 나오게 하여 점등을 하는 곳도 있습니다.

2부제에도 후반 5홀 정도 라이트를 설치하여 운영하는 골프장도 있습니다.
3부제 시행은 보통 4월부터 11월 중순이나 말까지 운영하고 있으며, 비교적 겨울이 따뜻한 전라도나 경상도는 12월 중순까지 운영하는 골프장도 있습니다. 남부 지방은 겨울에도 많이 춥지 않고 눈도 많이 안 오기 때문에 3부를 늦게까지 운영합니다.

경기 대기하기 /

❝ 2부제 골프장은 오전과 오후로 나누어서 라운드를 시작하고 3부제 골프장은 오전, 오후, 저녁으로 나누어서 운영합니다. ❞

SECTION 4

경기 대기하기 II

강의주제
1. 코스별 특이사항 안내
2. 코스의 구역

강의내용

경기 대기를 원활하게 설명하기 위해서는 골프장 코스별 특이사항에 대해서 알아야 하며, 파3홀, 파4홀, 파5홀의 특성을 잘 파악해야만 고객에게 도움이 되는 어드바이스(Advice)를 할 수 있습니다.

코스별 특이사항을 설명한 후 코스의 구역에 대해서 설명하고자 합니다. 2019년 룰이 바뀌기 전에는 해저드 지역이라고 했던 페널티 구역과 페어웨이, 러프, 벙커에 대해서 정식 룰과 로컬 룰을 잘 알고 적용할 수 있어야 고객이 룰을 잘 모르는 상황에서 플레이할 때, 이를 잘 설명하고 대처함으로써 원활한 경기 진행을 할 수 있습니다.

먼저 코스별 특이사항에 대해서 알아보도록 하겠습니다.

1라운드는 18개의 홀을 플레이하는 것을 의미한다고 이야기하였습니다. 18개 홀에는 파3홀이라고 하는 짧은 숏 홀이 4개, 파4홀이라고 하는 미들 홀이 가장 많은 10개 홀, 가장 긴 파5홀이 4개로 구성되어 있습니다.

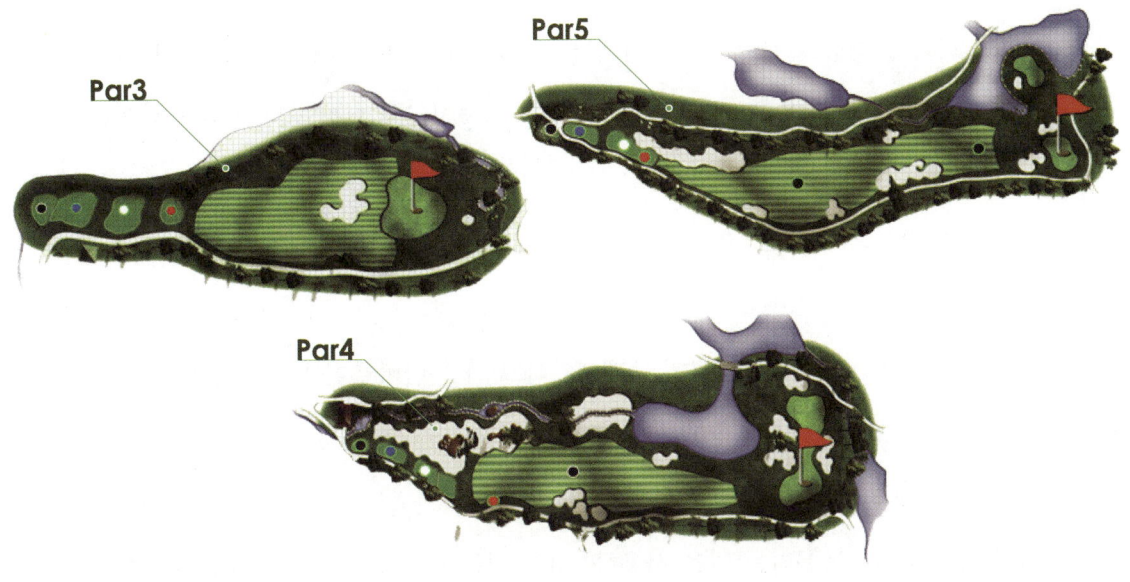

파(Par)에 관해서 먼저 알아보겠습니다.

원래 파는 미국의 주식시장에서 '액면가격'이란 의미로 사용되었던 용어로 1911년 미국골프협회(USGA) 공식용어집에서 사용하였다고 합니다. 파는 그린에서 2번의 퍼팅으로 홀 컵에 넣는 것을 기준으로 해서 생겨난 것으로 파3홀은

SECTION 4

1번에 그린에 올려서 2번의 퍼팅으로 홀 컵에 볼을 넣어야 되기 때문에 거리가 짧은 홀을 말하며, 파4홀은 2번의 샷으로 그린에 올려서 2번의 퍼팅으로 홀 컵에 넣어야 하기 때문에 파3홀보다는 길고 파5홀보다 짧아서 중간, 미들 홀이라고 합니다.

골프 스코어를 산정하는 방식에 기준이 되는 것이 바로
파(Par)/보기(Bogey)입니다.

파가 등장하기 전인 1910년까지는 보기가 기준 타수가 되어서 '완전한 조건 아래서 실력이 좋은 골퍼가 기록할 수 있는 이상적인 스코어'라는 의미로 사용되었으며, 이후 보기는 골프를 재미로 즐기는 아마추어 골퍼들이 만족할 수 있는 스코어라는 의미로 보기라는 단어가 사용되었습니다.

골프 타수를 물을 때, 보기 플레이어라고 하면 아마추어에서는 매우 잘 치는 사람을 뜻합니다. 다시 돌아가서, 18홀의 기준 타수는 파3홀 4개, 파4홀 10개, 파5홀 4개를 합치면 72타가 되며, 골프관련 기사를 보면 언더 파(Under Par), 오버 파(Over Par)라는 말을 사용하는 데, 기준 타수가 72타인데, 68개를 쳤다면 72-68=4이므로 4언더, 4언더 파라고 하며, 74개를 쳤다면 기준 72타에서 2개를 오버했기 때문에 2오버, 2오버 파라고 합니다. 이상과 같은 기초 상식을 가지고, 홀에 대해서 보다 자세하게 설명하겠습니다.

1) Par 3 홀(숏 홀)

파3홀의 길이는 보통 남자를 기준으로 229m 이하로 구성되며 18홀 중 Out 코스에 두 개 홀, In 코스에 두 개 홀이 배치되며 세번에 홀 인(Hole in)을 하면 파가 됩니다. 파3홀에서 한번에 홀인하는 것은 한번 쳐서 홀에 넣었다고 하여 홀인원(Hole-in-One)이라고 합니다.

홀인원은 평생에 한번 나올까 말까하는 것으로 홀인원을 하게 되면 골프장에서 홀인원 증서를 주며, 홀인원 이벤트를 하는 홀도 있으며, 홀인원을 하면 이를 기념하기 위해서 골프장에 식수를 하거나, 기념품을 만들어 돌리기도 하기 때문에 비용이 많이 들어서 이를 커버할 수 있는 홀인원 보험상품도 있습니다.

아마추어 플레이어에게는 파3홀이 가장 쉽다고 하지만, 코리안 투어 프로선수들이 가장 어려워하는 홀이 바로 파3홀이기도 합니다. 프로들이 파3홀을 어려워하는 이유는 거리도 길지만 티 샷을 그린에 공략하지 못하게 되면 파 세이브를 하기 어려운 홀이기 때문입니다. 그러므로 스코어를 잃지 않기 위해 안전한 플레이를 하려고 하는 홀 중에 하나입니다.

2) Par 4 홀(미들 홀)

파4홀의 길이는 보통 남자를 기준으로 230~430m, 여자의 경우는 190~336m로 구성되며, 18홀 중에서 가장 많은 10개 홀로 이루어져 있습니다. 파4홀은 티 샷을 페어웨이에 낙하시킨 후 세컨 샷으로 그린을 공략해야 합니다. 즉, 두 번의 샷으로 그린 위에 올리고 두 번의 퍼팅으로 홀 인하여야 파를 기록할 수 있습니다.

18홀 중에서 가장 많을 홀을 차지하고 있기 때문에 Out 코스 In 코스에 한 개씩은 핸디캡 1번 홀들이 파4로 구성되어 있습니다.

골프에서 핸디캡(Handicap)은 두 가지 의미로 사용됩니다.

첫 번째 핸디캡이란 골프를 잘 치거나 못 치더라도 모든 사람이 공평하게 플레이를 즐길 수 있도록 만들어진 독특한 시스템입니다. 예를 들어 파72 골프장이라면, 72타수가 기준 타수가 됩니다. 이 때 평균 스코어가 100타인 사람과 75타인 사람이 있다고 가정해 보겠습니다. 100타인 사람과 75타인 사람이 골프를 치면 무조건 75타인 사람이 이길 것입니다.

똑같은 조건으로 경기를 한다면 언제나 결과가 같기 때문에 여기에 핸디캡을 적용해서 경기를 공평하게 만들어 줍니다. 100타수인 사람은 100-72=28의 핸디캡을 가지고 있고, 75타인 사람은 75-72=3의 핸디캡을 가지게 됩니다. 여기서 참고로 초보 골퍼는 모두 핸디캡 30으로 정해져 있습니다. 핸디캡이 작을수록 골프를 잘 친다고 보시면 됩니다.

평균 100타와 75타를 치는 사람이 스트로크 플레이를 했을 경우 경기 당일 자신이 기록한 총 타수에서 핸디캡을 뺀 네트(Net)로 순위를 정하게 됩니다.

두 번째 핸디캡이란 코스의 난이도 즉, 홀의 어려운 정도를 말합니다. 스코어카드에 보면 홀 스코어 기재란 아래에 HDCP라고 되어 있는데, 이게 바로 홀의 난이도를 나타냅니다. 숫자가 적을수록 홀이 어렵다는 뜻입니다. 즉, 핸디캡 1번 홀이면, 코스 내에서 가장 어려운 홀이라는 의미입니다.

미들 홀인 파4홀은 평균 총장거리보다 긴 홀도 있고, 짧은 홀도 있습니다. 평균보다 거리가 짧을 경우 티 샷시 한번에 그린에 올릴 수 있을 정도입니다. 아마추어 골퍼들은 평균 총장거리보다 짧은 파4홀에 가면 티 샷시 원 온을 해 보려는 경향이 있으며, 이러할 경우 진행 시간이 느려지는 경우가 많습니다. 그러므로 원활한 진행을 위해서 티잉 구역을 뒤로 옮겨 놓는 경우가 있으며, 짧은 파4홀의 특성상 골프장에서 드라이버를 사용하지 못하게 하는 홀도 있습니다.

3) Par 5 홀(롱 홀)

파5홀을 롱 홀이라고 부르며, 총장거리는 남자 431m에서 574m, 여자 367m에서 526m입니다. 티 샷 후 세컨 샷(Second Shot)과 써드 샷(Third Shot)을 한 후에 그린에 올라 갈 수 있도록 만들어져 있습니다. 통상적으로 아웃 코스(Out Cource)에 2개의 홀, 인 코스(In Cource)에 2개의 홀로 한 라운드 총 4개 홀로 구성되어 있습니다.

티잉 구역에서 시작하여 세 번에 볼을 그린에 올리고 그린에서 두 번 만에 퍼팅을 하여 홀 컵에 넣으면 파가 되는 홀입니다.

프로 및 아마추어 플레이어들은 파5홀에서 두 번만에 그린에 올리려고 세컨 지역에서 대기하는 경우가 많기 때문에 진행이 원활하지 못한 경우가 있습니다. 그럴 경우 원활한 진행을 하기 위하여 앞 팀과 뒤 팀 캐디들은 무전으로 싸인, 이것을 웨이브라고 하는데, 웨이브는 세컨 지역에서 투 온을 시도하려고 대기하고 있는 플레이어들이 앞 팀에 홀 아웃을 기다리는 동안 뒤 팀의 플레이어들에게 티 샷을 할 수 있도록 세컨 지역에서 피해줄 때 신호를 보내는 것을 말합니다.

즉, 웨이브는 세컨 지역에 있는 플레이어들이 투 온을 시도하기 위해 샷을 하지 않는 시간만큼 뒤 팀의 플레이어들도 기다려야 하는 상황이 오기 때문에 뒤 팀이 티 샷을 할 수 있도록 세컨 지역에서 피해 주는 것을 말합니다.

이렇게 웨이브를 보내, 세컨 지역에서 투 온을 하기 위해 기다리는 동안 뒤 팀은 티 샷을 할 수가 있고 뒤 팀이 티 샷을 하는 동안 그린에 있는 플레이어들이 홀 아웃을 하게 되면 바로 세컨 샷을 진행할 수 있어서 진행이 빨라질 수 있습니다. 웨이브 연결은 파3, 파4, 파5 각 홀에서 진행을 원활하게 하기 위해서 캐디들이 배워야 하는 서로 합의된 행위입니다.

동코스 1번 홀 파4

파4홀입니다.
오른쪽 I.P깃발 보시고 공략하시면 좋습니다.
좌우 해저드입니다.
340m(화이트)
309m(레이디)
(해저드 초입까지의 거리)
매트 – 200m입니다.
레이디 – 180m입니다.
세컨 지나면 무전

[그림 4-2] 홀 맵 지 사진

코스의 구역에 대해서 알아보겠습니다.

그림에서 보시는 바와 같이 코스는 5개 구역으로 나누어져 있습니다. 티잉 구역, 벙커, 페널티 구역, 퍼팅 그린, 일반 구역입니다. 이번에는 앞 차시에 다루지 않았던 페널티 구역, 일반 구역, 벙커에 대해서 보다 자세하게 설명하겠습니다.

골프 규칙은 전세계인들에게 똑같이 적용되므로 어느 장소에서든 어떤 누구와 플레이하더라도 같은 규정을 따라야 됩니다. 이런 통일된 규정을 만드는 곳이 영국왕실골프협회 R&A와 미국골프협회 USGA입니다. 가장 최근인 2019년에 골프 룰이 현대에 맞게 바뀌었습니다. 33년. 정말 오랜만에 골프 룰이 바뀌었고, 골프 규칙의 핵심은 규칙 간소화 및 규칙의 현대화, 경기 속도 단축입니다.

코스의 구역도 우리가 익히 알고 있던 용어 중에서 해석이 난해한 것이 명확한 단어로 바뀌었습니다. 예를 들어, 지금도 위험을 뜻하는 용어인 해저드(Hazard)가 페널티(Penalty) 구역으로 바뀌었습니다. 지금도 습관적으로 골프장에 물이 있는 곳을 워터 해저드라고 하는데 이 말이 페널티 구역으로 바뀌었고, 쓰루 더 그린(Through the Green)이란 용어가 일반 구역으로 바뀌었습니다.

바뀐 용어로 보다 자세하게 설명하겠습니다.

4 SECTION

[그림 4-3] 코스의 구역

1) 페널티 구역

페널티 구역은 노란 페널티 구역(Yellow Penalty Area)과 빨간 페널티 구역(Red Penalty Area)으로 나눕니다.

과거 워터 해저드(Water Hazard)라고 불렸던 곳이 노란 페널티 구역으로 바뀌었고, 래터럴 워터 해저드(Lateral Water Hazard)가 빨간 페널티 구역으로 변경되었습니다. 노란 페널티 구역은 페널티 구역을 표시하는 말뚝 색이 노란색 또는 황색으로 구분되어 있으며, 강, 호수, 바다, 연못과 물이 많은 지역을 노란 페널티 구역이라고 합니다.

플레이어가 친 볼이 노란 페널티 구역에 떨어졌을 때, 그 볼을 꺼내서 칠 수 없기 때문에 다른 볼을 쳐서 경기를 진행하게 되는데요, 이렇게 페널티 구역에

경기 대기하기 II

볼이 빠지거나 볼을 잃어버렸을 때, 새로운 볼로 경기를 다시 진행하는 것을 구제한다는 표현을 사용합니다.

노란 페널티 구역에 볼이 들어가면, 이를 구제해야 하는데,
구제하는 방법에는 3가지가 있습니다.

첫 번째 방법은 페널티 구역 말뚝 경계선으로 볼이 넘어가도 플레이어가 볼을 치겠다는 의사가 있으면 벌타 없이 플레이를 진행할 수 있습니다.

두 번째 방법은 물 속에 볼이 있어 볼을 칠 수 없는 경우에는 볼이 나간 선상으로 두 클럽 길이 안에 1벌타를 받고 직후방 선상으로 드롭한 뒤 플레이를 할 수 있습니다. 직후방이라는 말은 홀 컵 즉, 홀 컵과 가깝지 않은 선상으로 뒤 쪽을 말하는 것입니다.

세 번째 방법은 볼을 칠 수 없는 상황에서 두 클럽 길이 안에 직후방 선상으로 드롭을 하였지만 드롭을 할 수 있는 범위가 물 속이며 물 속에 있는 볼은 칠 수 없어 1벌타를 받고 드롭을 하였지만 다시 물 속에 드롭을 해야 하는 상황일 때 아웃 오브 바운즈 및 로스트 구역처럼 볼이 경계선을 넘어가기 전 샷을 했던 원래의 자리로 돌아가서 샷을 해야 합니다.

모든 아마추어 골퍼 및 캐디들이 잘못된 룰을 알고 있는데 아웃 오브 바운즈 및 로스트 구역은 2벌타를 받고, 페널티 구역(해저드)은 1벌타라고 알고 있지만, 사실 모든 벌타는 볼이 없어지거나 경계선 밖으로 볼이 이탈했을 경우 1벌타입니다.

SECTION 4

[그림 4-4] 노란 페널티 구역에서의 구제방법

다음으로 설명할 것이 빨간 페널티 구역입니다.

빨간 페널티 구역은 말뚝 색이 빨간색으로 표시되어 있습니다. 빨간 페널티 구역은 2019년 이전에 래터럴 워터 해저드라고 불렸으며 래터럴(Lateral, 병행)이라는 뜻은 옆쪽, 측면이라는 의미로 흐르는 물, 계곡, 물이 고여있는 지역을 뜻합니다.

빨간 페널티 구역의 구제 방법으로는 5가지가 있는데 3가지는 노란 페널티 구역 구제 방법과 같고, 새롭게 2가지가 추가됩니다. 노란 페널티 구역은 직후방 선상으로만 드롭이 가능하지만 빨간 페널티 구역은 좌우 선상으로도 드롭이 가능하며 볼을 칠 수 없는 상황에서 1벌타를 받고 직후방 또는 좌우 선상으로 두 클럽 길이 안에 드롭을 해야 하지만 드롭을 할 수 있는 지역이 다시 물 속이라면 두 클럽 길이 안에 이상으로 좌우 또는 직후방 선상으로 드롭이 가능합니다. 그러므로 노란 페널티 구역과 다르게 처음 샷을 했던 곳으로 돌아가서 샷을 하지 않아도 됩니다.

[그림 4-5] 빨간 페널티 구역에서의 구제방법

2) 일반 구역(General Area)

위에 설명한 바와 같이 티잉 구역, 페널티 구역, 벙커, 퍼팅 그린을 제외한 모든 지역은 일반 구역입니다.

코스에서 위에 나열한 곳을 빼면 남는 곳이 페어웨이(Fairway)와 러프(Rough)입니다. 페어웨이는 티잉 구역과 그린을 연결하는 홀의 중앙 부분으로

SECTION 4

볼을 잘 칠 수 있도록 잔디를 아주 짧게 가꾸어 놓은 곳을 말합니다. 프로 및 아마추어 골퍼들은 좋은 스코어를 내려면 티 샷 시 페어웨이 적중률이 높아야 좋은 스코어를 낼 수 있습니다. 그 이유는 페어웨이는 잔디를 짧게 가꾸어 놓아서 볼을 원하는 만큼 스핀을 주어 그린에 볼을 안착시킬 수 있으며 여러가지 볼의 구질을 구사하여 그린을 공략할 수 있기 때문입니다.

그러나, 페어웨이에 볼이 떨어졌다고 해서 다 좋은 것만은 아닙니다. 볼을 페어웨이 중앙으로 정확히 보냈지만 세컨 샷을 하러 가보니 페어웨이에서 볼이 없어지거나 비가 온 뒤 땅이 물렁하여서 볼이 땅에 박혀 찾지 못하는 경우에는 로스트 볼(Lost Ball) 처리가 됩니다.

로스트 볼은 잃어버린 공 또는 묵은 공을 말합니다.

로스트 볼이라고 해서 페널티 구역 / 아웃 오브 바운즈 / 로스트 구역으로 볼이 날아가 없어진 것만 로스트 볼 처리가 되는 것이 아니라 볼이 정확히 페어웨이나 코스에 떨어졌지만, 볼을 찾지 못할 경우에도 로스트 볼 처리가 되어 볼을 잃어버린 것에 대한 1벌타를 받고 처음 샷을 했던 장소로 돌아가 플레이를 해야만 합니다.

2019년 이전에는 볼을 찾는 규정 시간은 5분 이내였지만 2019년 개정된 룰에는 3분 이내에 볼을 찾아야 플레이가 가능합니다. 만약 3분이 지난 후 볼을 찾으면 이 또한 로스트 볼 처리가 됩니다.

정확히 어디서부터 시간을 정하고 3분이내인지 아마추어, 골퍼, 캐디들은 정확히 모르고 있습니다. 어디서부터 시간을 측정해서 3분이내 볼을 찾을 수 있는지는 4명의 플레이어가 볼의 낙하지점을 봐주고 그 지점에 플레이어가 도착하자마자 3분이라는 시간을 측정하기 시작합니다.

골프라는 게임은 심판이 동반자이며 4명의 플레이어가 순서대로 마커를 해주면서 서로 심판이 되어서 플레이를 하는 경기입니다. 그러므로 서로 플레이를 하면서 심판이 되어주기 때문에 자신들이 판단하기 어려운 상황이 오게 되면 래프리(Refree)을 불러서 상황을 설명 후 플레이를 진행합니다.

레프리라는 용어는 룰이 개정되기 전에는 경기위원이라고 했지만 2019년 이후부터 레프리라고 합니다. 또한 비가 온 뒤 페어웨이에 물이 고여 플레이에 방해가 되는 하수구들이 있는데 이것은 사람이 만든 인공 장해물로 홀 컵 기준으로 어드레스를 했을 시 스윙에 방해가 되는 경우, 무벌타로 직후방 선상으로 한 클럽 길이 안에 드롭이 가능합니다.

하지만 스윙을 할 때 인공 장해물에 걸릴 경우에만 무벌타 드롭이 가능하고, 내가 서있는 지점 즉, 스탠스 자세를 취했을 때 인공 장해물에 걸릴 경우에는 스윙에 인공 장해물이 걸리는 것이 아니기 때문에 무벌타 드롭이 불가능합니다.

이런 경우 그냥 플레이를 진행해야 하며 만일 스탠스가 불편하여 스윙을 하지 못할 경우에는 언플레이어 볼(Unplayable ball)을 선언하고 1벌타를 받은 뒤 직후방 선상으로 두 클럽 길이 안에 드롭을 하고 플레이를 할 수 있습니다.

SECTION 4

　　코스 관리를 위하여 페어웨이에 있는 하수구, 스프링클러 즉 사람이 만든 인공 장해물은 모두 다 똑같은 룰을 적용합니다. 또한 골프장은 진행에 도움을 주는 IP 깃대라는 것이 있는데 IP 깃대는 이 홀에서의 가장 좋은 세컨 샷 지점이라고 하는 곳에 꽂아 두는 것입니다. 세컨 샷을 가장 하기 좋은 자리라는 것은 그린을 공략하기 좋은 방향을 가지고 있으며 세컨 샷을 치기 좋은 라이(공이 멈춰 있는 위치 상태)이기 때문에 좋은 스코어를 낼 수 있도록 샷을 할 수 있는 지역을 말하는 것입니다.

[그림 4-6] IP 깃대

　　코스 내에서 페어웨이를 벗어나면 페어웨이보다 잔디가 긴 러프가 있습니다. 러프는 잔디가 고르지 않고 거칠어서 페어웨이에서 세컨 샷을 하는 것보다 러프에서 세컨 샷을 하는 것이 더욱 더 난이도가 높습니다. 러프는 풀이 워낙 거칠고 길기 때문에 볼이 들어가면 볼을 찾지 못하는 경우가 많아 로스트 볼 처리가 가장 많이 나오는 지역이기도 합니다.

　　아마추어 골퍼들은 러프에 볼이 들어가게 되면 세컨 샷을 하기보다는 러프에서 페어웨이로 볼을 빼내려는 목적이 더 크지만 프로 경기에서 보면 가끔 거리를 계산하여 세컨 샷을 러프에서 하는데 거리가 많이 나가는 장면을 보았을 것입니다.

그것을 플라이어(Flier)라고 합니다.

아이언 헤드에는 그루브 즉, 계단식으로 홈이 파져 있는데 그루브는 볼의 스핀을 만들어 내기 위해 만들어 놓은 것입니다. 하지만 러프에서 아이언을 치면 프로들 같은 경우 그루브에 잔디가 껴서 볼이 맞기 때문에 스핀없이 볼이 무회전으로 날아가 평소 비거리보다 한 클럽 또는 두 클럽 더 많이 나가게 되기 때문에 샷을 하기에도 어려움이 있고 비거리를 맞추기도 어렵습니다. 그래서 프로들은 페어웨이 적중률을 높이기 위하여 연습을 많이 합니다.

다시 한번 설명하자면, 플라이어는 러프에서 임팩트(Impact)할 때 볼과 클럽 페이스(Club face)사이에 습기와 잔디 같은 이물질이 끼어서 정상적인 마찰력이 발생하지 않고 마찰력이 오히려 감소되는 현상을 말합니다.

3) 벙커(Bunker)

벙커는 코스의 난이도를 위하여 코스 내에 조성한 장해물로 웅덩이를 파내어 모래로 채워진 샌드(Sand) 벙커와 잔디로 채워진 그라스(Grass) 벙커가 있습니다.

코스 내 벙커의 위치에 따라서 벙커 명칭이 다른데 페어웨이 중앙에 있는 벙커를 페어웨이를 가로 지르듯이 있다는 의미로 크로스 벙커(Cross Bunker), 페어웨이 양쪽 사이드에 있는 벙커를 사이드 벙커(Side Bunker), 페어웨이 양쪽에 있으면, 날개를 뜻하는 윙 벙커(Wing Bunker), 그린 주위를 감싸고 있는 벙커를 그린 사이드 벙커(Green Side Bunker)라고 합니다.

SECTION 4

 2019년 이전에는 벙커에 볼이 들어가면 어드레스시 클럽이 땅에 닿으면 안 되었으며 또한 루스 임페디먼트(Loose Impediment)[17]도 치울 수 없었지만, 2019년부터는 어드레스시 클럽이 벙커의 지면에 닿아도 벌타가 없으며 백 스윙을 하는 선상에 루스 임페디먼트가 있어도 벌타 없이 치울 수가 있습니다.

 그러나, 여기서 주의할 점은 샷을 하기 전 벙커의 지면에 클럽이 닿아도 된다고 해서 연습 스윙시 클럽으로 라이를 개선하는 행위를 한다면 2페널티를 받게 됩니다. 샌드 벙커는 웅덩이를 파내어 그 안에 모래를 채워 넣은 것을 말하지만, 그라스 벙커같은 경우 웅덩이를 파내어 그 안에 모래가 아닌 잔디가 고르지 않고 거친 러프로 조성되어 있습니다.

 코스 내의 페어웨이, 러프, 벙커 이렇게 구역을 나누어 놓은 이유는 골프라는 게임을 플레이어들에게 조금 더 복잡하고 어려운 상황을 만들기 위해 장해물을 만들어 놓은 것이라고 생각하면 됩니다. 초기 스코틀랜드 바닷가 근처에 만들어졌던 골프 환경을 재현했다고 생각해도 무방합니다.

 티 샷을 똑바로 보내어 페어웨이에 볼이 안착하게 되면 그만한 보상이 있어야 하기 때문에 다음 샷을 공략하기에 좋은 자리라는 것을 표현한 것입니다. 또한 티 샷 방향성이 좋지 못하여 세컨 샷을 하기에 난이도가 높은 러프 및 벙커를 만들어 놓았습니다.

경기 대기하기 *II*

　이보다 티 샷 방향성이 좋지 않아 코스를 이탈할 경우 페널티 구역, 아웃 오브 바운즈, 로스트 구역으로 가게 됩니다. 쉽게 설명하면 샷을 하기 어려운 구역 또는 벌타를 받는 구역이라고 생각하면 됩니다.

　이런 구역들이 없다면 플레이어들의 실력 차이도 없을 것이고 게임의 재미를 느끼지 못할 것입니다.

[그림 4-7] 페어웨이 / 러프 / 벙커 사진

SECTION 5

경기 대기하기 III

강의주제
1. 광장 대기시 고객 응대 및 체크할 사항
2. 연습 그린 및 스윙 타석 안내

강의내용

경기 대기시 캐디가 해야 할 고객 응대 방법 및 체크사항에 관해 알아보겠습니다.

캐디는 경기시작 40분 전에 백 대기라는 것을 한 후 본인에게 배정된 티오프 시간과 고객 명단이 적힌 배치표를 받습니다. 배치표를 받은 순간부터 캐디의 실무적인 역할이 시작됩니다. 팀을 배정 받은 후 카트에 클럽을 상차하고 광장으로 이동할 때 가장 먼저 만나게 되는 사람이 마샬 또는 경기과 직원입니다.

여기서 마샬[18]이란 경기 진행을 도와 주는 직원으로 Tee off 시간 조율 및 코스 경기 시간을 조율하는 직원을 의미 합니다. 마샬을 대면하게 되면 꼭 해주어야 하는 멘트가 있는데 이는 경기 시간을 조율하는 마샬과 소통을 하기 위해서입니다.

"Out 코스, 13시 17분, 차예준입니다."

먼저, 라운드를 나가는 코스를 이야기하고, 티오프[19] 시간, 그리고 캐디 이름을 말하면 광장에서 배치를 보고 있던 마샬이 대기하고 있는 카트가 몇 대이며 앞 팀 캐디와 뒤 팀 캐디에 대한 기본적인 정보를 알려 줍니다.

[그림 5-1]
광장으로 이동하는 캐디와 마샬이 대화하는 장면

마샬에게 라운드에 대한 기본적인 정보를 주고 받은 후 카트는 마샬의 지시에 따라 라운드를 나갈 코스의 광장 대기선상까지 이동하게 됩니다.

캐디는 카트를 정차한 후 본인 앞 팀 캐디를 확인하고 클럽을 정리하기 시작합니다. 기본적으로 카트가 광장으로 이동하는 시간은 Tee off 20분 전이며 4명의 고객 중 1명만 오시든 2명만 오시든 광장에서 대기해야 합니다.

SECTION 5

[그림 5-2] 광장에서 대기 중인 카트

광장에서 대기할 때 가장 먼저 해야하는 것은 고객들의 클럽 특이사항을 파악해서 고객별로 클럽을 매칭(Matching)하는 것입니다.

드라이버(Driver) 브랜드가 어떤 것인지, 커버(Cover)가 있는지, 우드(Woods)는 어떤 종류를 가지고 있는지, 아이언(Iron)은 중복된 게 있는지, 아이언 커버도 모두 있는지, 웨지(Wedge)는 어떤 종류가 있는지, 어프로치(Approach)는 어떤 브랜드인지, 퍼터(Putter)는 어떤 브랜드인지 등을 파악하고 캐디 수첩을 작성해야 합니다.

여기서 잠깐, 골프클럽(Golf Club)에 대해서 간단하게 설명하고 넘어가겠습니다. 골프 백에 넣어서 라운드를 나갈 수 있는 골프클럽의 수는 14개입니다. 그 이상은 허용되지 않습니다. 골프클럽은 골프 볼을 칠 때 이용하는 것으로 골프채라고도 합니다. [그림 5-3]을 보면 많은 도움이 될 것입니다.

그림 왼쪽 첫 번째부터 세 번째까지가 우드입니다.

골프클럽의 유형은 장거리 샷을 할 때 사용하는 클럽이 우드(Wood)이며, 그 중에서 티오프 샷을 할 때 이용하는 제일 긴 클럽을 우드 1번 드라이버라고 합니다. 그림의 첫 번째가 바로 드라이버입니다. 과거에는 나무 소재로 제작되어서 우드라는 이름을 가지고 있지만, 현재에는 나무가 아닌 금속 소재로 만들고, 이름만 우드라고 부릅니다.

아이언은 중거리 및 단거리 스트로크를 할 때 사용하는 것으로
보통 아이언 4번부터 9번까지 있습니다.

웨지는 공을 잘 띄울 수 있도록 만들어져서 풀숲이나 벙커에서 공을 빼낼 때 사용합니다. 로프트 각과 바운스 각에 따라 웨지를 선택할 수 있는데 주로 피칭웨지(PW), 어프로치웨지(AW), 샌드웨지(SW)가 있습니다.

어프로치는 거리가 그린까지 100미터 이내 남았을 때 사용하는 클럽으로 고객마다 선호하는 어프로치가 다르기 때문에 광장에서 고객에게 먼저 물어보고 기억해 놓는 것이 좋습니다.

그림의 오른쪽 끝에 있는 클럽이 퍼터입니다. 퍼터는 그린 위에서 퍼팅할 때 사용하는 클럽으로, 다른 클럽과 달리 헤드 및 샤프트의 재질의 종류도 많습니다. 대부분의 고객들은 다른 클럽보다 더 소중하게 여기기 때문에 캐디도 주의해서 취급해야 합니다.

SECTION 5

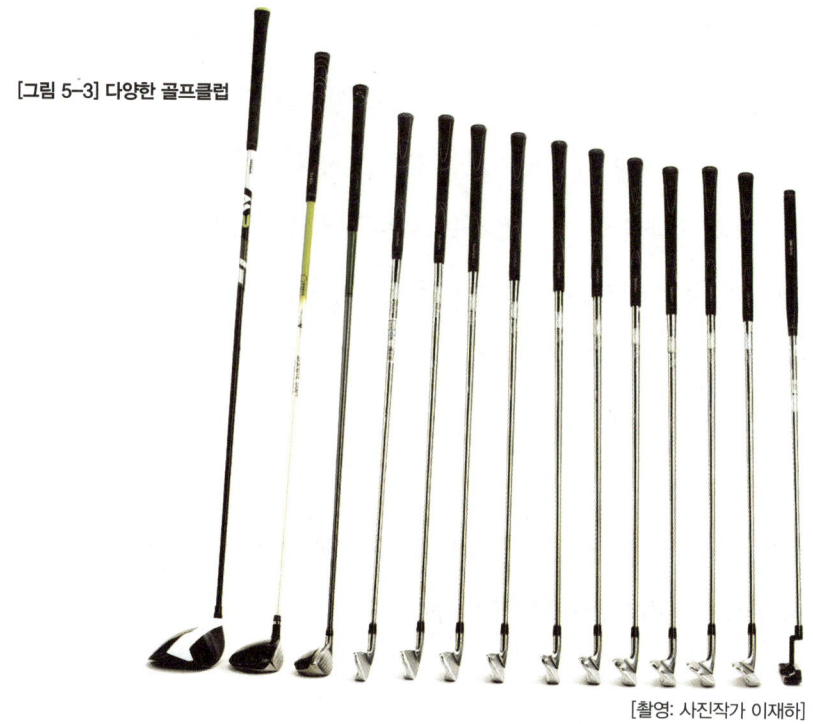

[그림 5-3] 다양한 골프클럽

[촬영: 사진작가 이재하]

 참고로, 드라이버, 아이언, 퍼터에 커버가 있을 수 있는데, 커버를 벗길 때에는 반드시 고객에게 "커버 벗겨드릴까요?"라고 물어봐야 합니다.

 캐디가 캐디 수첩을 반드시 작성해야 하는 이유는 골프 클럽은 가격이 비싸기 때문에 파손 여부와 고객의 클럽이 다 있는지 파악 후 고객들에게 확인을 받아야합니다. 이렇게 해야만 라운드가 끝나고 고객과 클럽으로 인한 컴플레인을 미연에 방지할 수 있습니다.

 클럽 체크는 캐디의 기본 업무 수칙입니다. 이런 기본 업무를 안 해서 캐디 본인에게 불이익이 발생할 수 있으므로 처음 캐디 백을 오픈할 때 반드시 클럽의 이상 유무를 파악하고 클럽 액세서리인 클럽 커버도 이상 유무를 확인한 후 고객에게 인지를 시켜야 불이익이 발생하지 않습니다.

경기 대기하기 III

캐디 수첩에는 클럽 브랜드 및 커버 유, 무를 꼭 기재하셔야 하며 고객 성함과 날짜, Tee off 시간도 반드시 기재해야 합니다.

최근에는 대부분의 골프장에서 태블릿PC를 사용하기 때문에 사진 촬영으로 캐디수첩을 대신하는 경우가 많이 있습니다. 사진을 촬영할 때는 1장만 촬영하지 않고 왼쪽 클럽 2장, 오른쪽 클럽 2장 전체 클럽 사진 1장, 이렇게 총 3장은 기본적으로 찍어야 사진을 확인할 때 편리하며 촬영 시 흔들리지 않게 찍어야 합니다. 태블릿PC를 사용하지 않는 골프장은 본인 휴대폰으로 반드시 사진 촬영을 해야 문제 발생시 대응할 수 있는 증거 자료로 활용할 수 있습니다.

[그림 5-4]
라운딩 전
고객클럽을
정리하는 모습

캐디가 광장에서 고객의 클럽을 정리하고 있으면 고객은 카트에 실린 본인 골프 백을 확인하고 찾아 오시는 분과 경기과에서 보낸 알림 톡을 보고 배차된 카트 번호를 확인한 후 찾아 오시는 분이 있습니다. 광장에서 고객과 첫 만남이 시작되며, 이 때부터 고객 응대가 시작됩니다.

SECTION 5

어느 직업이든 첫 만남은 자연스럽게 자신을 소개하는 인사부터 시작합니다. 첫 시작에서 표정, 말투, 복장 안 중요한 것이 없습니다.

어두운 표정은 절대 No! 친구들과 인사하는 듯한 멘트 또한 No!

기본적인 예의와 밝은 미소를 동반한 약 15도 정도의 가벼운 목례로 "안녕하십니까, 고객님 13시 17분 팀 맞으실까요?"라고 가볍게 물으면서, 어떤 유형의 고객인지를 파악해야 합니다. "고객님, 존함이 어떻게 되십니까?"라고 고객 존함을 물어보며, 고객의 인상착의(人相着衣)를 유심히 살펴 보아야 합니다. 인상착의를 보는 이유는 카트에는 고객 각자의 4개 골프 백이 있는데, 모두 다른 브랜드의 클럽을 사용하기 때문에 보다 정확한 클럽 전달을 위한 고객과의 클럽 매칭을 위해서입니다.

[그림 5-5] 스타트 하우스에서 나오는 고객에게 첫 인사하는 장면

경기 대기하기 III

고객 특징을 파악하고 백 매칭이 이루어지고 있다면, 클럽 액세서리인 커버류를 벗겨야 하는데 클럽에 민감한 고객은 이를 원하지 않을 수도 있습니다. 캐디의 임의적 판단으로 커버를 벗기면 안 되고 고객에게 꼭 물어보고 벗겨야 합니다. 클럽 커버를 벗길 때는 "드라이버 커버 벗겨도 되겠습니까?", "아이언 커버 벗겨도 되겠습니까?", "퍼터 커버 벗겨도 되겠습니까?" 물어보고 벗긴 커버는 잃어버리지 않게 잘 보관해야 합니다.

주로 클럽 커버는 골프 백 후드 커버에 보관합니다.

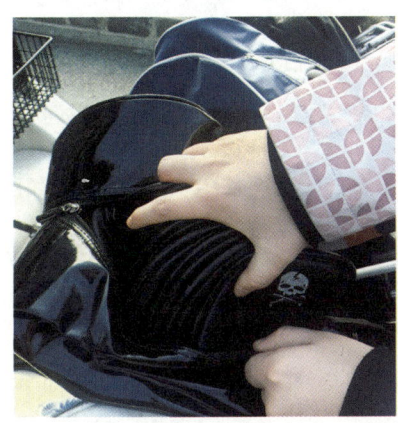 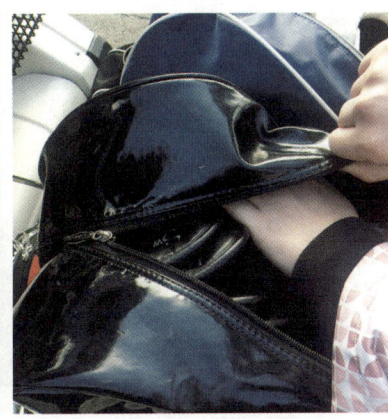

[그림 5-6]
캐디 백 후드 커버에 클럽 커버 보관하는 장면

고객과 커버에 관하여 이야기할 때 반드시 체크해야 하는 사항이 있습니다. 바로 고객이 주로 사용하는 어프로치[20]에 관한 겁니다. 골프는 주로 2가지 어프로치를 하는데요. 러닝 어프로치(Running Approach)와 칩 샷(Chip Shot)이 있습니다. 러닝 어프로치는 그린 주위에서 장해물이 없을 때 볼을 굴려서 홀 컵 주위에 접근하는 어프로치이며, 칩 샷은 볼을 띄워서 장해물을 피해 캐리[21]로 홀 컵을 향해치는 어프로치 샷을 의미합니다.

SECTION 5

광장에서 캐디가 고객에게 "어프로치는 어떤 클럽을 사용하십니까?"라고 물으면 고객들이 자주 사용하는 2가지 어프로치 클럽을 정해 주는데 이를 숙지하면서 클럽 매칭이 이루어져야 합니다.

골프 룰 R&A 규칙 4에 의하면 클럽은 공통 사용 금지라고 명확히 나와 있습니다. 캐디의 실수로 고객의 본인 클럽이 아닌 동반자의 클럽을 잘못 전달한 후 그 클럽으로 플레이를 할 경우 플레이를 한 고객은 벌점이 발생하므로 클럽 전달은 정확히 인지한 후 고객에게 전달해야 합니다.

클럽 매칭이 처음에는 어려울 수 있습니다.

이럴 경우 캐디는 고객의 특징과 인상을 파악한 후 이를 고객과 클럽에 적용시켜야 합니다. 예를 들어, 모든 고객은 같은 색 같은 옷을 입고 오지는 않을 겁니다. 빨간색 모자를 착용한 고객, 흰색 바지를 착용한 고객, 검정색 티셔츠를 입고 온 고객과 같은 특징을 파악한 후 고객의 클럽과 매칭을 시켜야 합니다. 이것을 고객 클럽 매칭이라고 합니다. 클럽 매칭은 외울 때까지 수시로 체크해야 할 사항이며, 초보 캐디일 경우 3개 홀 내에서 클럽 매칭이 되어야 하며, 숙련된 캐디일 경우 광장에서 클럽 매칭이 다 끝나야 합니다.

캐디는 고객과 가장 가까운 곳에서 업무를 보는 직업입니다.

그렇기 때문에 자연스럽게 고객들과 많은 대화를 하게 되며, 이 때 고객들의 질문도 매우 다양합니다. 고객이 주로 하는 질문 중 하나가 금일 '그린 스피드

(Green Speed)'에 관한 것입니다. 그린 스피드는 코스 팀에서 업무를 보시는 그린 키퍼(Green Keeper)분들이 그린 스피드를 측정한 후 경기과 혹은 클럽하우스 앞에 기재를 해 둡니다. [그림 5-7]은 제이드 팰리스 골프 클럽 광장에 있는 날씨, 온도, 그린 스피드, 그린 예고 등을 안내하는 표지판입니다.

그린 스피드는 그린의 빠름 정도를 표시해 두는 것으로써 보통 그린일 때 숫자로 약 2.5m 정도라고 표시하며 약간 빠른 그린은 2.8m 매우 빠른 그린은 3.0m 이상으로 표시를 합니다. 느린 그린일 경우는 2.3m 이하로 표시를 하게 됩니다. 그린 스피드에 관해 질문이 많은 이유는 골프는 티잉 구역에서 시작해 그린 홀 컵에 공을 넣는 운동이기에 그린에서 퍼팅은 골프에서 매우 중요한 요소를 차지하기 때문입니다.

또한 고객들이 많이 질문하는 것 중 하나가 날씨입니다. 골프는 실외에서 즐기는 스포츠이기에 날씨의 영향을 많이 받습니다. 고객들은 골프장 인근지역보다는 타 지역에서 방문하는 경우가 많기 때문에 골프장 인근에서 거주하는 캐디에게 금일 날씨에 관한 정보를 많이 물어 봅니다. 캐디 또한 날씨에 관해 예민하기 때문에 매일 날씨를 체크하는 경우가 대부분입니다. 개인 휴대폰에 날씨에 관한 어플 하나쯤은 설치하고 금일 날씨에 관한 정보를 매일 체크하는 것이 좋습니다.

SECTION 5

[장소: 제이드 팰리스GC]

[그림 5-7] 그린스피드를 표시한 안내판

    광장 대기에서 티오프 시간을 기다리며 대기를 하고 있는데, 4명의 골프 백을 다 상차했고, 티오프 시간이 다 되어가는데도 나오지 않는 고객들도 있습니다. 고객들은 골프장을 방문할 때 평상복을 입고 와서 락커에서 골프 라운드 복장으로 갈아 입습니다. 환복 후 바로 광장으로 내려오는 게 아니라 개인 볼일을 본 후 이동을 하게 되는데 이때 티오프 시간을 인지하지 못하는 경우가 발생하게 됩니다.

    캐디는 티오프 시간 10분 전까지 고객이 보이지 않을 경우 광장에 있는 마샬 분이나 혹은 경기과에 보고를 해야 하며, 고객이 없다고 캐디가 본인 팀 고객을 찾아 클럽하우스까지 가지는 않습니다. 이는 캐디의 업무가 아닌 경기과의 업무라고 생각하면 됩니다.

경기 대기하기 III

캐디는 광장 대기선상에서 고객을 맞이하기 위해 이동을 해서는 안 되기 때문에 경기과에 보고 후 조치를 받아야 합니다. 보고 시 무전기를 사용하여

"경기과 or 마샬님, 송신 바랍니다."
"Out 코스 13시 17분팀 4분 안 나오셨습니다."
"방송 부탁드리겠습니다."

라고 무전을 해주면 됩니다.

방송을 안하는 골프장도 존재하기 때문에 방송 여부는 미리 파악을 해 두어야 합니다. 팀을 배정받다 보면 골프 백이 없는 고객 혹은 배치표에 명단이 없는 고객이 있는 경우도 있습니다. 고객 4명의 골프 백이 모두 내려올 때까지 기다리게 되면 티오프 시간에 차질이 오기 때문에 배치표를 받을 당시까지 도착한 고객 골프 백만 상차한 후 광장 대기선으로 이동을 하면 됩니다.

광장 대기선으로 이동시 마샬에게 "두 분 고객 골프 백이 없습니다."라고 상황을 정확하게 설명해주어야 마샬도 체크할 수 있습니다. 광장에서 고객 클럽을 체크하고 있으면 먼저 도착한 고객들이 광장으로 나오게 되는데, 이때 동반자분들에 관한 정보를 물어보는게 좋습니다.

"고객님 동반자 두 분은 언제쯤 도착하십니까?"
"죄송한데 연락 한번 부탁드려도 되겠습니까?"

동반자 위치를 파악했다면 무전기로

"경기과 송신 바랍니다."
"네, 말씀하십시오."
"Out 코스 13시 17분팀 두분 10분 후 도착이라고 하십니다."

SECTION 5

등 상황 설명을 해주어야 경기과와 마샬이 상황을 정확히 체크한 후 적절한 대처를 할 수 있습니다.

티오프 시간이 다가오고 있는데 2명의 고객이 도착하지 않은 상황이라면 마샬의 지시를 따라야 합니다. 티오프는 고객이 골프장과의 약속 시간이므로 고객이 도착하지 않았다고 해서 지속적으로 기다리고 있을 수는 없습니다. 이는 진행과도 매우 밀접한 관련이 있으며 앞 팀과 뒤 팀 간의 간격 차이로 인한 문제를 발생시키기도 합니다. 골프장은 기차놀이처럼 꼬리를 물고 순차적으로 티오프가 정해진 순서대로 이루어지고 있기 때문에 늦게 도착하는 고객은 마샬이나 경기과에 보고 후 시간에 맞추어 티오프를 진행해야 합니다.

늦게 도착한 고객은 골프장 측에서 연락한 후 홀 점프를 안내해 드리며 이는 고객들 스스로도 인지한 상황이기에 마샬이 도착한 고객을 모셔와도 다른 혜택은 주어지지 않습니다. 간혹, 뒤 팀이 먼저 나온 상황이라면 마샬이 뒤 팀을 먼저 티오프 시키는 경우도 있습니다. 이럴 경우 마샬이 뒤 팀 고객에게 양해를 구하며 플레이를 유도하는 경우가 있으며 캐디는 이를 따라 주어야 원만한 진행이 이루어질 수 있습니다.

첫 홀로 이동하기 전에 캐디는 광장에서 인사 멘트를 한 후 이동을 하게 됩니다. 인사 멘트에는 캐디 본인 소개와 전반은 Out 코스 후반은 In 코스 즉 라운드를 하는 코스 설명과 카트 운행 중에는 안전 손잡이를 잡아주라는 카트 안전 멘트를 하고 이동을 합니다. 인사 시에는 손은 공수자세[22]를 하며 정중례[23]로 하면 됩니다. 주의해야 할 점은 인사를 할 때는 말인사와 고개 인사를 같이 하지 않아야 하는 것입니다. 먼저 눈을 마주 보고 말 인사를 건넨 후 고개 인사를 하는 것이 바람직합니다.

[그림 5-8] 라운드 출발 전 광장 인사하는 장면

    티오프 시간보다 일찍 나온 고객들은 본인 클럽을 가지고 광장에서 연습 스윙을 하는 경우가 많습니다. 이는 매우 위험한 행동이기 때문에 이를 발견하는 즉시 캐디는 고객을 제재 시킬 의무가 있습니다. 광장에는 많은 고객들이 있으며 클럽의 길이는 생각보다 길기 때문에 안전사고가 발생할 수 있기 때문입니다. 이는 캐디뿐만 아니라 지나가는 골프장 직원들도 이런 행위를 발견할 경우 제재를 가하며 연습 스윙 타석으로 안내해 주어야 합니다.

5 SECTION

"고객님 연습 스윙은 지정된 스윙 타석에서 해주시면 감사하겠습니다."

광장에는 연습 그린과 연습 스윙 타석 공간이 마련되어 있으며 고객들의 안전을 위해 꼭 제재를 해주어야 합니다.

[그림 5-9] 광장에서 연습 스윙하는 장면

[그림 5-10] 연습 스윙 타석에서 스윙하는 장면

> 광장에서 연습 스윙하는 고객들에게는 제재를 가하여 연습 스윙 타석으로 안내해 주어야 합니다.

경기 대기하기 III

또한, 티오프 시간 전 고객들은 연습 그린을 이용하게 되는데 그린이란 곳은 공이 잘 구를 수 있게 잔디를 촘촘히 깎아 놓은 공간입니다. 그린 중앙이나 가장자리에 홀이 있는데, 퍼터로 공을 굴려서 홀 안에 넣는 것이 골프의 최종 목적이라고 생각하면 됩니다.

캐디는 고객에게 연습 그린의 위치를 알려주면서 티오프 시간에 맞게 카트로 와야 한다는 안내도 해주어야 고객들도 시간에 맞추어 카트로 오게 됩니다.
"고객님, 연습 그린은 저곳에 있습니다. 티오프 시간이 13시 17분이기 때문에 10분 정도 여유가 있습니다. 이용하시고 늦지 않게 오셔야 합니다."
고객들은 티오프 전 연습 그린에서 그날의 그린 스피드와 퍼팅에 대한 거리감을 파악하기 위해서 연습 그린을 이용합니다.

연습 그린을 이용할 때에는 기본적인 에티켓이 존재합니다.

많은 고객이 모이는 장소이며 한정된 공간이기 때문에 개인의 편의를 위해 넓은 공간을 혼자서 이용하는 건 에티켓에 맞지 않습니다. 또한 연습 그린은 퍼팅을 위한 공간이지 어프로치 연습 공간은 아니며 어프로치를 연습하게 된다면 제재를 해야 합니다. 어프로치를 연습하게 된다면 그린 주위가 어프로치 클럽으로 인해 잔디가 상하며 이로 인해 골프장 측에서도 컴플레인이 발생할 수 있습니다.

SECTION 5

　　그린은 크리핑 벤트 그라스(Creeping bent grass)라는 잔디로 만드는데 잔디 가격도 가격이지만 그린을 만들기 위해 들어가는 비용이 많기 때문에 고객과 캐디 모두 그린을 소중히 이용하는 것이 기본 에티켓이라고 생각하면 됩니다.

[그림 5-11]
연습 그린에서
퍼팅연습을
하는 모습

[그림 5-12]
연습 그린에서
어프로치
연습을 하는 모습

경기 대기하기 III

SECTION 6

경기 대기하기 IV

강의주제
1. 티하우스 이용안내: 클럽하우스 이용시간 및 내용
2. 경기 대기: 골프장 운영지침
3. 무전기: 무전기 사용방법 및 사용예절

강의내용

이번 6차시에 교육할 내용은 경기 대기 및 무전기에 대해서 알아보겠습니다.

라운드가 시작하기 전을 경기 대기라고 하며, 그 시간 동안 캐디는 라운드 준비를 위해서 해야할 일들이 많이 있습니다. 라운드를 준비하기 위해서 먼저 캐디 여러분들은 고객들이 골프장에 방문하셔서 어떤 동선에 따라 움직이고 라운드를 준비하는지를 알아야 합니다. 고객들의 동선을 알고 있어야 이에 맞게 캐디 여러분들도 적절한 동선을 만들 수 있기 때문입니다.

자, 이제부터 골프장에 방문하는 고객들의 동선을 알아보겠습니다.

고객들의 입장 시간은 저마다 다르겠지만, 통일된 한가지는 티오프(Tee-off) 시간은 정해져 있습니다. 티오프 시간은 티업[24]시간, 티 샷[25]시간과는 다른 용어로 티오프는 고객이 라운드를 시작하는 시간이라고 생각하면 됩니다.

티오프 시간을 고객 입장에서 본다면 예약 시간이라고 부를 수도 있으며 또한 부킹(Booking) 시간이라고 부르기도 합니다.

캐디 여러분은 전문적으로 티오프 시간이라고 부르면 됩니다. 참고로 티업 시간이라고 많이들 사용하는데, 티업은 골프 티에 볼을 올려 놓는 의미라서 티업 시간이라고 부르는 것은 틀린 용어입니다.

고객은 고객의 티오프 시간에 따라 입장을 하게 됩니다. 티오프가 12시 정각인 경우 고객들은 티오프 시간보다 1시간 전, 30분 전, 10분 전에 미리 와서 준비를 하는 고객이 대부분이지만, 티오프 시간을 지나서 오는 경우도 많이 있습니다. 이럴 경우 늦은 고객을 빼고 티오프 시간에 맞춰서 경기 진행을 해야 하며, 늦은 고객은 같은 팀에 다른 고객들이 경기 진행을 하고 있는 와중에 조인을 통해 플레이를 해야 합니다.

중요한 것은 고객이 언제 입장을 할지는 아무도 알지 못한다는 사실입니다. 교통상황 혹은 본인 상황에 따라 티오프 시간에 맞춰 오시는 분 혹은 미리 와서 대기하시는 분 각각 다르지만, 티오프 시간에 맞춰 일찍 입장을 했던, 늦게 입장을 했던 간에 골프장에 입장했을 경우 가장 먼저, 고객들은 프런트에 가서 본인

SECTION 6

　티오프 시간을 확인하고 내장 등록을 해야 합니다. 내장 등록을 하게 되면 락커 번호를 받고 자신이 배정받은 락커로 가서 본인 짐 정리 및 골프 웨어로 갈아 입습니다. 골프 웨어로 갈아 입고 티오프 시간까지 대기를 하게 됩니다.

　대기를 하는 동안에 고객들은 클럽하우스 쉼터에서 쉬거나, 식당에서 식사를 하거나, 음료를 마시거나, 혹은 스타트 광장에 위치해 있는 스타트 하우스에 서 있거나, 카트 고에 가서 자신의 퍼터를 챙겨 연습 그린에서 퍼터 연습을 하는 등등 다양하게 대기를 하게 됩니다.

[그림 6-1] 클럽하우스 쉼터

[그림 6-4] 연습 그린에서 퍼팅하는 모습

경기 대기하기 IV

여기서 간단한 질문을 하고 넘어가겠습니다.

여러분들은 고객이 자신의 스타일대로 대기를 하는 동안, 캐디는 고객들이 쉬는 장소 및 동선을 알아야만 합니다. 왜 캐디가 고객 동선까지 알아야 할까요?

고객이 골프장에 도착하여 프런트에서 내장 등록을 하게 되면, 골프장 시스템에 따라 경기과에서 그 날 캐디가 담당할 티오프 시간에 맞춰 배치를 정해 줍니다. 배치하는 방법은 배치표를 뽑아서 주거나 무전기를 통해 배치를 하거나 요즘은 스마트스코어라는 프로그램이 있는 태블릿PC를 이용하여 배치를 하게 됩니다.

[그림 6-5] 경기과에서 배치표를 주는 사진
[그림 6-6] 스마트 스코어 태블릿PC에 있는 배치표 사진

각 골프장마다 시스템이 다르기 때문에 골프장 상황에 맞추어서 배치를 받으며, 대부분의 골프장은 티오프 20분 전에 캐디에게 배치표를 줍니다.

캐디가 배치표를 받는 동시에 본격적으로 캐디 업무가 진행되는 것이죠!

배치표를 받고 가장 먼저, 라운드를 같이 할 고객의 이름을 확인하고 고객의 골프 백을 백 대기장에서 골라서 카트에 싣기 편하게 놓습니다. 이후 카트 고에

SECTION 6

서 자신의 카트를 빼서 백 대기 장 바로 앞에 정차한 후 카트 뒤에 있는 백 다이를 오픈하여 고객의 배치표 순서대로 골프 백을 싣습니다.

이를 골프 백 상차라고 합니다. 골프 백을 캐디들이 핸들링하기 때문에 캐디백이라고 부르기도 합니다. 처음에 설명한 대로 4명의 고객 중에 늦게 오는 고객이 있는 경우도 발생하지만, 이럴 경우에도 캐디는 티오프 시간을 준수해야 합니다. 즉, 4명 고객의 골프 백이 다 없더라도 경기과 지시에 따라 스타트 광장으로 나가야 합니다.

카트 고에서 스타트 광장으로 나갈 때는 카트 고 앞에서 경기를 진행하기 위해서 근무하는 직원에게 자신이 라운드 나갈 코스와 티오프 시간, 캐디 이름을 말하고 경기과 직원이 정해주는 위치로 움직여서 대기를 해야 합니다.

1 카트 고 사진
2 배치표에 따른 골프 백 운반 사진
3 카트에 골프 백 상차한 사진
4 스타트 광장에서 보고하는 사진

경기 대기하기 IV

스타트 광장에서 대기할 때, 캐디는 먼저 온 고객들을 확인해야 합니다. 고객이 카트로 왔는데 골프 백이 없는 경우에는 대부분 골프 백에 써 있는 이름과 고객 이름이 다른 경우이거나 골프 백에 이름 자체가 없는 경우입니다. 이럴 경우 고객에게 골프 백 이름을 확인해서 찾아오면 됩니다.

앞서 고객 동선을 왜 알아야 하는지에 대한 해답이 여기에 있습니다.

라운드를 나가려면 고객 자신의 골프 백이 카트에 상차되어 있어야 하는데, 고객이 광장에서 대기하고 있는 상황에서 골프 백이 없다면, 캐디가 티오프 시간 전에 고객을 찾아서 고객의 골프 백을 상차해서 경기를 준비해야 하기 때문입니다.

또한 티오프 시간에 맞춰 고객과 같이 코스로 이동하려면, 고객이 어디에서 무엇을 하고 있는지를 파악해야 하며, 또 다른 이유 중에 하나는 티오프 전에 광장에서 고객의 클럽을 캐디가 알아보기 쉽게 정리해서 고객마다의 특징이 있는 클럽을 매칭(Matching)해야 하기 때문입니다.

일반적으로 고객들이 티오프 시간 10분~15분 전까지는 도착해서 준비를 하는 게 에티켓이지만, 내장 등록만 하고 본인들 일을 보느라 나오지 않는 고객들도 있습니다. 이 경우에는 광장에서 진행을 보고 있는 경기과 직원이나 마샬 또는 프런트에 연락해서 나오지 않는 고객들을 찾거나 내부 방송을 통해 고객들을 찾아야 합니다.

이와 반대의 경우도 있습니다.

티오프 시간 전에 미리 나와서 그린에서 퍼터 연습을 하거나 스타트 광장에서 쉬고 계시는 분들은 자신의 담당 캐디를 직접 찾아다니기 때문에 고객들이 어디에서 쉬는지 알고 있어야 다양한 상황에 대한 대처가 가능하기 때문에 캐디는 반드시 고객 대기 동선을 알아야만 합니다.

이제 캐디들이 여러가지 상황이 발생할 때 어떻게 커뮤니케이션하는지를 알아보겠습니다.

캐디들이 골프장과 커뮤니케이션하는 방법은 무전기입니다. 위와 같은 상황이 발생해서 경기과와 소통을 해야만 할 경우 무전기를 사용하게 됩니다. 무전기를 사용하기에 앞서 서로 채널을 맞춰야 하는데, 경기과(광장), 인코스, 아웃코스 이렇게 각자 다른 번호로 채널을 셋팅하여 사용합니다. 늦게 도착한 고객이나 급하게 조인하는 고객이나 갑자기 내장이 불가능한 고객들을 서로 알 수 있도록 무전기를 통해서 소통하고 있으며 최근에는 스마트스코어의 테블릿 메시지 기능을 통해서도 커뮤니케이션을 하지만, 일반적으로 골프장에서 가장 많이 사용하는 커뮤니케이션 방법이 무전기이기 때문에 지금부터 무전기에 관한 모든 것을 알아보겠습니다.

무전기는 크게 생활무전기와 디지털무전기로 분류할 수 있습니다.

생활무전기는 1km 반경 내에서 상호간 커뮤니케이션을 위해 사용되고 있으며, 신고나 허가없이 누구나 편하게 무료로 사용할 수 있습니다. 디지털무전기에 비해 통화 품질이 조금 떨어지고 음성 지원만 가능합니다. 무전기 모델이 다르더라도 채널만 맞춘다면 호환이 가능하기 때문에 쉽게 사용할 수 있는 장점을 가지고 있습니다.

이에 반해 디지털무전기는 휴대폰과 무전기가 결합된 형태라고 생각하시면 됩니다. 디지털무전기는 음성에 추가해서 문자도 가능하며, GPS를 기반으로 위치 추적도 가능하기 때문에 휴대폰과 무전기로 통화도 가능합니다. 생활무전기에 비해 통화 품질이 뛰어나고 조금 더 광범위하게 커뮤니케이션 할 수 있습니다. 위에 설명한대로 생활무전기는 무료이지만, 디지털무전기는 분기별로 3천원의 이용료를 내야 합니다. 과학기술정보통신부에 따르면 디지털무전기는 통화 품질 및 보안성 향상, 주파수 자원 이용 효율 극대화, 글로벌 사업 경쟁력 강화라는 3가지 장점이 있다고 합니다.

그런데, 2019년 1월 1일부터 새로운 생활무전기를 사용할 수 없습니다. 기존에 사용하던 생활 무전기는 사용이 가능하기 때문에 현재 골프장에서도 생활무전기를 사용하고 있지만 더 이상의 신규 생활무전기는 사용할 수 없기 때문에 디지털 무전기로 바꾸어야 합니다. 새로운 생활무전기를 사용하다 걸리면 벌금이 부과됩니다.

간단하게 두 가지 무전기의 차이점에 대해서 알아봤습니다.
이제부터는 본격적으로 무전기를 가지고 어떻게 커뮤니케이션을 하는지에 대해서 자세하게 살펴보겠습니다.

SECTION 6

　　무전기는 경기과와 커뮤니케이션도 하지만, 가장 중요하게 사용되는 것은 캐디들끼리 코스 내에서 원활한 커뮤니케이션에 필요하기 때문입니다. 골프의 1라운드는 전반과 후반으로 나누어져 있고, 전반과 후반은 9홀 골프장을 제외하고는 서로 다른 코스로 나가게 됩니다. 이 때 같은 코스에 들어가 있는 모든 캐디들은 동일 채널을 사용해서 커뮤니케이션을 하게 됩니다.

여기서 잠깐, 무전기는 스피커폰이라고 생각하면 편합니다.

　　나만 듣는 것이 아니라 내 주위에 있는 모든 사람들이 듣고 있기 때문에 당연한 말이지만, 고객이 기분 나빠 할 수 있는 내용이나 고객이 볼을 치기 위해 어드레스를 하고 있는 경우에 무전이 들린다면 경기 진행에 방해가 될 수 있기 때문에 이어 잭이나 블루투스를 이용하여 무전 송수신을 해야 합니다.

　　무전기를 사용할 때 개인 잡담은 하지 말아야 합니다. 무전기는 업무에 필요한 사항에 대한 질의응답 혹은 지시사항 목적으로 사용을 하기 때문에 개인 잡담을 해서는 안 됩니다. 개인 잡담을 하게 되면 코스 내에서 다른 캐디들에게 불필요한 정보를 공유하게 되고 듣기 싫은 말도 있기 때문에 상호간의 불편해질 수 있습니다. 그로 인해 이어 잭을 빼 버리고 근무를 한다면 정말 중요한 정보를 전달사항이 있을 때 듣지 못하는 경우가 발생되기 때문에 반드시 개인 잡담은 하지 말아야 합니다.

경기 대기하기 IV

>  무전기는 경기과와 커뮤니케이션도 하지만,
> 가장 중요하게 사용되는 것은 캐디들끼리
> 코스 내에서 원활한 커뮤니케이션에
> 필요하기 때문입니다.

    무전기는 캐디라는 직업을 가진 사람은 누구나 골프장에 출근할 때 항상 챙기고 몸에 지니고 다녀야 합니다. 광장에서 대기하거나, 라운드에 나가서 무전기가 없다면 경기과의 커뮤니케이션이 되지 않아 상황에 따른 대처도 불가능 할 뿐더러 위급상황에 대해서도 대처가 불가능할 수밖에 없습니다. 무전기 없이 코스에 나간다면, 마치 무인도에 홀로 남겨진 상태라고 할 수 있습니다.

    골프장에서 캐디가 무전기를 가지고 있지 않거나, 충전을 하지 않아서 사용할 수 없을 경우에는 각 골프장마다 다르겠지만, 일반적으로 상벌점 제도상 경고나 벌당 조치가 내려져서 본인에게 불이익을 받을 수 있습니다. 이 점 꼭 기억하시길 바라며, 무전기는 항상 챙기도록 해야 합니다.

    앞에서 잠깐 이야기한 것처럼 무전기를 통해서 경기과 배치 지시를 받으며, 코스 내에서 홀 간 대기상황이나 나인 턴[26]을 한 후 대기 시간을 확인할 때, 코스 내에서 같은 코스에 있는 캐디들이 무전을 통하여 상호 커뮤니케이션을 많이 하게 되는데 이 때에도 무전기 사용은 매우 중요합니다. 사실 경기과의 커뮤니케이션보다 코스내 캐디들과의 커뮤니케이션에 더욱 많이 사용하게 됩니다.

SECTION 6

그렇다면 무전기는 라운드 중에 어떠한 커뮤니케이션에 활용되는지 알아보겠습니다.

1. 티오프 전에 대기 상황을 물어봅니다.
2. 티잉(Teeing) 구역에서 티 샷해도 되는지를 물어봅니다.
3. 홀 아웃 시 그린에서 앞 뒤 팀 간의 커뮤니케이션합니다.
4. 안개 상황 발생시 홀 컵에 위치에 따른 커뮤니케이션을 합니다.
5. 코스 내에서 경기가 지연되어서 경기 진행이 원활하지 않을 경우,
   경기과에서 무전기를 통해 포어 캐디[27] 및 진행을 도와주는데 무전이 안 되면
   도와줄 수가 없습니다.
6. 폭우나 천둥번개 또는 천재지변으로 인해 홀 아웃을 해야 할 경우에
   커뮤니케이션합니다.
   (한번 홀 아웃하면, 다시 돌아와서 경기를 진행할 수 없기 때문에 홀 아웃하기
   전에 반드시 경기과에 문의를 해야 합니다.)
7. 고객의 클럽을 분실하여 클럽이 어디에 있는지를 찾아야 할 때
   커뮤니케이션해야 합니다.
   (코스 내에서 골프클럽을 분실할 수 있기 때문에 클럽을 분실했을 경우
   바로 무전으로 분실 사실을 알려야 합니다.)
8. 고객이 친 볼이 다른 홀로 넘어갔을 경우에 다른 팀이 타구 사고가 없는
   지를 반드시 확인해야 하며, 이를 무전기를 통해서 확인해야 합니다. 이때
   볼이 다른 코스로 넘어갔다면 무전기 채널을 바꿔서 커뮤니케이션해야 합니다.

위와 같은 상황이 발생했을 때 무전기가 없다면 원활한 커뮤니케이션을 할 수 있는 방법이 없습니다. 즉, 캐디에게 무전기는 필수입니다. 항상 충전을 해야 하고, 출근 준비할 때 반드시 챙기는 습관을 길러야 합니다.

경기 대기하기 IV

다음은 무전기 사용 방법입니다.

무전기 사용법은 너무나도 간단합니다. 무전기 액세서리에 있는 PTT버튼이나 무전기 자체에 있는 PTT버튼을 누르고 송수신을 하면 됩니다.

이때 PTT버튼을 누른 후 바로 송신을 할 경우 말이 정확히 들리지 않을 수 있기 때문에 버튼을 누르고 0.5초~1초 후 송신을 해야 음성이 제대로 전달될 수 있고 주파수 형식이다 보니 접선이 일어날 수 있습니다. 무전기를 사용하는 사람과 같이 있다면 접선이 일어날 수 있기 때문에 본인이 무전을 잘 듣지 못하였을 때는 경기과나 다른 사람에게 한번 더 물어보는 게 예의이고 "재송신 부탁드립니다."라는 멘트를 해서 다시 한번 들어야 합니다.

이렇듯 무전은 같은 채널에 있는 모든 사람들이 듣는 공공재이기 때문에 상호간의 예의를 지켜야 하며, 상대방을 존칭하는 말을 사용해야 합니다. 비속어나 반말을 사용해서는 안 됩니다.

다음은 무전기를 사용 시 올바른 커뮤니케이션 방법입니다.

1. 특정한 사람과 커뮤케이션하기를 원할 경우
  - "OOO님 송신 부탁드립니다"
  - "경기과 송신 부탁드립니다."
  - "인코스 3번 홀 송신 부탁드립니다."

특정 인원이나 지칭을 하여 송수신을 하여야 합니다. 불특정 다수에게 송신을 원한다면 접선 및 많은 인원들이 한꺼번에 질의응답을 하기 때문에 특정한 지칭을 해주는 것이 좋습니다.

2. 특정한 사람이 커뮤니케이션을 원해서 답을 할 경우
 - "네~, OOO입니다. 말씀하십시오"
 - "네~ 경기과 송신하였습니다."

라고 정확히 소통이 되었으니 질문을 하라고 대답을 해주어야 합니다.

무전을 해야 하는 상황은 다음과 같습니다.

1. 진행을 위해 위치를 파악할 때

캐디라면 누구나 진행을 신경쓰게 되는데, 경기 진행이 원할하지 않을 때가 있습니다. 진행이 원할하지 않을 때는 앞에 이야기한 것처럼 경기과 마샬이나 특정 인원이 포어나 진행을 도와 줄 수 있습니다. 이때 무전기를 사용하여 진행을 도와주게 됩니다.

2. 클럽을 분실하거나 습득했을 때

코스 내에서 고객들이 자신에 클럽을 다른 곳에 놓고 다니거나 캐디가 클럽을 챙기지 못하였을 때 같은 코스 내에 있는 다른 캐디들에게 도움을 요청해야 합니다. 이와 반대로 다른 팀에서 클럽을 습득하였을 때도 마찬가지로 무전을 통하여 상호간에 도움을 주는 상황이 발생할 수 있습니다. 코스 분실에 대해서 다른 캐디에게 도움을 요청하였지만, 찾지 못하였을 경우에도 경기과나 당번 캐디에게 도움을 요청해야 합니다. 이때에도 무전기를 통하여 도움을 요청할 수 있기 때문에 무전에 대한 중요성이 매우 큽니다.

3. 타구 사고 위험을 감지했을 때

일반적으로 고객이 친 볼이 옆 홀로 넘어 갈 경우 캐디들은 1차적으로 "포어

(Fore)~!"라고 크게 소리를 외칩니다. (혹은 볼~~!!이라고 간단하게 외치기도 하지만, 정확한 표현은 포어가 맞습니다.)

이 때에 소리를 크게 외침으로 인해 혹시 모를 타구 사고로부터 고객을 보호해야 하며, "포어"라고 소리친 후 무전을 통하여 반드시 타구 사고가 예상되는 홀에 있는 캐디와 고객들이 괜찮은지 물어봐야 합니다. 이러한 일련의 행위는 반드시 행해야 하는 골프장 내 에티켓이기 때문에 무전을 통해서 고객의 안전을 물어보고 이에 대한 응답은 필수적인 행위입니다.

4. 소지품 분실 및 확인이 필요할 때
클럽 분실 및 습득과 마찬가지로 코스 내에서 고객들이 자신의 소지품을 다른 곳에 놓고 다니거나 캐디가 소지품을 챙기지 못하였을 때 같은 코스 내에 있는 다른 캐디들에게 도움을 요청해야 합니다. 이와 반대로 다른 팀의 소지품을 습득하였을 때도 마찬가지로 무전을 통하여 서로가 서로에게 도움을 주어야 합니다. 또한 코스 내에서 소지품을 다른 캐디에게 요청을 하였는데 찾지 못하였을 경우에도 경기과나 당번 캐디에게 도움을 요청해야 합니다.

무전기를 사용할 때 기본 에티켓은 다음과 같습니다.
1. 항상 존댓말을 사용해야 합니다.
무전기 커뮤니케이션은 일대일 개인 커뮤니케이션이 아니라 동일 채널을 사용하는 모든 사람들에게 개방된 커뮤니케이션입니다. 즉, 코스 내에 모든 캐디 및 경기과 직원이 듣고 있습니다. 심지어 고객이 듣기도 합니다. 이렇게 공개적인 자리에서는 존댓말을 사용해야 합니다. 서로 잘 알고 있는 사이라서 친하더라도 반말을 사용해서는 안 됩니다.

예를 들어 "누구야, 볼 쳐도 돼?"라고 물을 시 같은 코스 내에 있는 사람들이 불쾌해질 수 있기 때문에 "OOO 캐디님, 3번 홀 쳐도 될까요?" 이런 식으로 항상 존댓말을 사용하여야 합니다. 나이와 직급에 예외가 있을 수 없습니다.

2. 개인적인 용무나 잡담을 해서는 안 됩니다.

무전기는 오픈 채팅방이라고 생각하면 이해가 쉬울 겁니다. 모든 사람이 무전을 듣고 있는데 개인적인 용무나 잡담을 하게 된다면 정작 중요한 정보들을 놓칠 수 있고 서로가 일을 하는데 방해가 되기 때문에 개인적인 용무나 잡담은 무전기를 사용하지 않고 대화를 나누어야 합니다.

3. 상대방의 기분을 상하게 할 수 있는 나쁜 말투를 사용해서는 안 됩니다.

무전기는 전화기와 마찬가지로 비대면 커뮤니케이션입니다. 조그마한 어투에도 민감하게 반응할 수 있으며, 오해의 소지가 있을 수 있습니다. 라운드를 돌면서 모든 캐디들이 신경이 예민해져 있을 수 있습니다. 힘들고 예민한 상황에서 기분 나쁜 말투를 사용하게 되면 상대방에서 오해해서 기분 나쁘게 받아들일 수 있기 때문에 최대한 나쁜 표현을 자제하면서 말투 자체도 예쁘게 하는 버릇을 들여야 합니다.

4. 상호 간의 예의를 지키며 무전을 해야 합니다.

위에서 언급했듯이 무전은 상호 예의를 갖추고 해야 합니다. 무전을 하는 목

경기 대기하기 IV

적이 내 자신이 필요하거나, 상대방의 필요에 의해서 상호 도움을 주고받기 위해서입니다. 항상 도움을 주는 경우도 없고, 일방적으로 도움을 받는 경우도 없습니다. 라운드 중에는 도움을 주고받는 행위가 빈번하게 발생하기 때문에 상대방에 대한 예의를 갖추고 무전하는 것이 중요합니다.

지금까지 무전에 대해서 알아보았습니다.

앞서 설명한 바와 같이 무전은 캐디 업무를 하면서 반드시 필요한 상호 커뮤니케이션 행위이며, 가장 빈번하게 사용되는 방법입니다. 그러므로 무전의 기본 매너는 상대방 존중입니다. 무전기를 잘 활용해서 원활한 커뮤니케이션을 할 수 있도록 노력해야 할 것입니다.

끝으로 캐디가 경기 대기를 하면서 해야할 일에 대해 이야기하려고 합니다. 위에 설명했듯이 경기과에서 티오프 20분 전에 배치표를 주는 것이 일반적이지만, 캐디는 고객이 입장하기 훨씬 전부터 준비를 해야 합니다. 그래서 캐디는 티오프 40분 전에 백 대기를 합니다.

(고객이 클럽하우스에 도착했을 때 현관에서 대기하는 직원들이 고객의 골프 백을 하차한 후 컨베이어벨트(혹은 승강기)를 이용해서 백 대기 장소로 내려줍니다. 이 때 캐디들이 순번에 맞추어 정해진 시간에 골프 백을 이름순으로 정리해서 놓아주는데, 이를 백 대기라고 합니다.)

SECTION 6

　캐디는 50분 전부터 백 대기를 하고, 자신의 카트를 점검하고, 준비물품을 체크하고 배치표가 나오기를 기다립니다. 캐디는 이렇듯 라운드 전 경기 대기를 하는데 특히 스타트 광장에서 고객 백을 상차해 고객을 맞이하는 시간이 매우 중요한 순간입니다.

　티오프까지 10분 정도 남은 시간에 캐디는 고객의 클럽을 정리해서 자신이 일하기 편하도록 클럽을 분류해 놓아야 하며, 어떤 고객이 무슨 클럽을 사용하는지에 대해서도 파악해야 합니다. 이를 클럽 매칭(Club Matching)이라고 합니다.

[그림 6-13] 스타트광장에서 클럽 매칭하여 분류하는 장면

SECTION 7
경기 시간 적용하기 I

강의주제
1. 적정 플레이 시간
2. 특설 티와 분실구

강의내용

코스 내에서 캐디는 각 홀의 적정 플레이 시간을 준수하면서, 고객들이 플레이를 원활하게 할 수 있도록 리드하여야 합니다. 파3홀, 파4홀, 파5홀 각각의 소요 시간에 따라 전반 9홀과 후반 9홀의 적정 소요 시간이 있습니다.

일반적으로 한 팀은 네 명의 고객으로 구성되어 있어서 골프 백도 4개가 되는데, 이를 원 캐디 포 백(One caddie, four bags)이라고 합니다. 특이한 케이스이지만, 다섯 명의 고객이 한 팀으로 구성해서 오는 경우도 있고, 3인이나 2인 플레이를 하는 분들도 있습니다. 당연한 이야기지만, 한 팀이 2명이나 3명으로 구성되었을 때, 캐디들은 경기 진행에 대한 부담을 느끼지 않으며, 매우 편하게 진행할 수 있습니다. 한 명이 칠 시간을 절약할 수 있기 때문입니다.

당일 라운드 고객 수는 배치표를 받을 때 알 수 있으며, 고객 1명의 있고 없고의 차이가 진행 시간에 엄청난 영향을 끼친다는 것을 이를 경험해본 캐디들은 공감할 수 있습니다.

경기 진행이 느린 경우를 '홀을 비운다' 또는 '홀이 비었다'라는 표현을 사용합니다. 이러한 현상을 명절날 고향에 내려가보신 분들은 느끼셨을 겁니다. 원인도 모른 채 차가 막히는 경우를 경험하게 되는데 이를 병목현상(Bottleneck)이라고 합니다. 병의 목 부분처럼 넓은 길이 갑자기 좁아지면서 일어나는 교통 정체 현상입니다.

경기 진행에는 추월이라는 개념이 없습니다.

티오프 순서대로 시작해서 티오프 순서대로 끝내야 하기 때문에 중간에 있는 팀이 경기 진행을 못해서 적정 시간에 경기를 진행하지 못하면, 뒤에 있는 팀들이 순차적으로 계속해서 늦어져서 마지막 팀은 기다림의 연속이 되어 경기에 대한 집중도 흥미도 잃게 만들 수 있습니다. 그래서 캐디는 경기 적정 시간을 지켜야 하며, 너무 빨라도, 그렇다고 너무 느리게 진행을 해서도 안 됩니다.

경기 적정 시간을 지키지 못하는 이유는 두 가지가 있습니다. 첫 번째는 캐디가 제 역할을 못하는 경우이고, 두 번째는 고객에게 문제가 있는 경우입니다.

SECTION 7

캐디가 제 역할을 못하는 경우에 대해서 알아보겠습니다.

캐디가 자기 역할을 못하는 이유에는 여러 가지가 있습니다. 예를 들면, 클럽 서브 중에서 클럽 매칭을 못하거나, 그린 서브가 원활하지 못하거나, 고객의 공을 찾는데 오랜 시간이 걸렸을 때 경기 진행이 느려지게 됩니다. 예외적인 경우이기도 하지만, 본인 팀이 적절한 진행 소요 시간으로 플레이를 하고 있을 지라도 앞 팀이 너무 빠르게 경기를 진행하고 있으면 상대적으로 본인 팀이 느리다고 생각할 수도 있습니다.

캐디는 경기 진행 시간을 스스로 체크해야 합니다.

전반 1홀부터 9홀까지 소요되는 시간을 체크하고 후반에 들어가서도 10홀부터 18홀까지 시간 체크를 하면서 플레이를 할 수 있어야 합니다. 각 홀마다 소요 시간을 체크하면서 근무를 하여야 상황에 따라 다소 늦었을 때, 고객들을 빠르게 리드하여 끌고 가기도 하고 경기가 빨리 진행되고 있을 때는 천천히 플레이를 하면서 멀리건(Mulligan)을 드리고 고객들이 편하게 플레이할 수 있도록 하기도 합니다. 이 때 빨라질 때는 앞에 있는 캐디들이 뒤에 있는 캐디들에게 빨라진다는 무전을 하여 준비할 수 있도록 합니다.

여기서 몰건이라고 부르는 멀리건의 유래에 대해서 알아보겠습니다.

미국의 대공황 시기였던 1930년대 골프를 무척 좋아하던 신문기자 2명이 골프를 치기 위해서 골프장에 갔다고 합니다. 최소한 3명 정도는 같이 플레이를 해야 재미가 있는데, 다들 먹기 살기 어려운 대공황시대라서 그 1명을 구하기가 어

경기 시간 적용하기 /

려웠다고 합니다. 그렇지만 골프장에 왔고, 라커룸에서 일하는 청년을 섭외하는데 성공하죠. 그런데, 그 친구는 골프를 한번도 쳐본 적이 없었던 친구라 제대로 볼을 맞추기도 어려운 상황이었고, 볼을 치면 매번 숲 속만 찾아 다니니 어쩔 수 없이 다시 치도록 두 신문기자가 배려를 한 것이죠.

골프장에서 일하던 그 청년의 이름이 멀리건이었고, 그의 이름을 따와서 멀리건이라고 칭했으며, 이후 최초의 티 샷이 잘못되었을 때, 벌타 없이 다시 치게끔하는 세컨드 샷을 말할 때, 멀리건이라고 합니다. 멀리건이 이렇게 폭 넓게 사랑(?)을 받는 이유는 미국의 42대 대통령(1993~2001)으로 재임했던 빌 클린턴 대통령이 골프를 너무 좋아했고, 특히나 멀리건을 즐겨 사용했기 때문에 빌리건이라는 말이 유행할 정도였으며, 국내에서 스크린 골프장이 유행하면서 멀리건이 필드에서도 당연한 것처럼 사용하게 되었습니다.

경기 진행에 있어서 멀리건은 독이 든 성배라고 할 수 있습니다.

잘만 사용하면, 고객들의 기분도 좋아지고, 경기도 여유 있게 진행할 수 있지만, 경기 시간이 느린 경우에 멀리건을 자주 사용하면 경기 시간은 더욱 느려질 수밖에 없습니다. 그래서 캐디는 멀리건을 상황에 맞게 적절하게 사용할 수 있어야 합니다. 그리고 멀리건은 공식 경기에서 사용할 수 없습니다. 비공식 경기에서만 사용할 수 있습니다.

멀리건 사용은 경기 시간 속도에 따라 달라지는데요. 그렇다면 적절한 경기 시간이 어떻게 되는지를 알아보고, 이에 따라 고객을 어떻게 리드할지에 관해서

SECTION 7

알아보겠습니다. 그리고 티잉 구역에서 친 볼이 OB나 페널티 구역으로 들어갔을 때 룰에 따라 특설 티를 이용하고 고객들의 공을 분실하였을 때나, 찾지 못했을 때 대처하는 방법에 관하여 설명하도록 하겠습니다.

1. 적정 플레이 시간

각 홀의 경기 진행 소요 시간은 홀에 따라 달라집니다.

파3홀은 9분~10분 정도 걸리고, 파4홀은 11분~12분, 파5홀은 13분~15분 정도 소요됩니다. 첫 팀 기준으로 전반 9홀 소요 시간은 1시간 50분~2시간 정도 소요되며, 막 팀의 경우에는 전반 9홀 소요 시간이 2시간에서~2시간 10분 정도 소요됩니다.

각 홀의 소요 시간이 어느 정도 흘러가고 있는지 진행 시간이 느린지, 빠른지는 시간을 보고 판단해야 합니다. 그래서 캐디들은 카트에서 소요 시간을 확인할 수 있도록 타임 워치가 준비되어 있고, 태블릿PC를 보면서 시간을 체크하면서 라운드를 해야 합니다.

첫 팀으로 나갔을 때에는 무엇보다 진행을 중요하게 생각해야 합니다. 그래서 첫 팀은 경험이 많은 하우스 캐디가 주로 담당하게 됩니다. 만약 첫 팀이 1시간 50분이 걸려야 할 진행 시간을 못 맞춰서 2시간이 넘게 걸려 10분 이상 지연된다면 그 뒤 팀부터는 진행 시간이 10분 이상 소요됩니다.

첫 팀은 일찍 시작하기 때문에 그 만큼 그린피도 저렴합니다.

그린피가 저렴하기 때문에 빨리 치고 싶어서 그 시간을 예약하시는 분들도

경기 시간 적용하기

있지만 골프를 많이 접하지 않은 분들이 저렴하기 때문에 부킹하는 경우도 많습니다. 초보자들과 적절한 진행을 하기는 쉽지 않습니다. 그래서 경력이 되지 않은 캐디들은 첫 팀으로 내보내지 않는 경우도 있습니다.

첫 홀부터 3번 홀까지 고객들과 라운드를 하며 소요 시간을 보고 진행을 리드할 수 있는 팀인지 못 할 팀인지를 구분 지어서 안 될 경우에는 마샬 직원을 부르기도 합니다. 마샬 직원은 그 팀의 진행 소요 시간을 확인한 후에 빨리 플레이를 하게 할 것인지 플레이 시간을 계속 유지하게 할 것인지를 판단합니다.

마샬 직원이 왔을 때는 본인의 팀이 느린 것이기 때문에 같이 고객들에게 캐디 본인이 빠른 걸음이나 뛰어서 행동으로 보여주고 빨리 가야 한다는 것을 간접적으로 표현을 합니다. 늦은 시간을 뒤로하고 고객들과 천천히 걸어와 카트에 타거나 느릿느릿 움직이며 클럽 전달을 한다면 고객들도 진행에 대하여 신경 쓰지 않고 느긋하게 플레이를 할 것입니다.

진행이 늦을 경우에는 고객들에게 직접 이야기하거나 행동으로 보여줘야 고객이 빨리 행동하게 됩니다. 그러나, 경기가 늦더라도 고객들에게는 차분하게 클럽을 전달하여 기다리지 않고 준비되는 대로 치게 하여 플레이를 리드하여야 고객들과 캐디는 소통하며 화합이 될 것입니다.

각 홀의 적절한 경기 소요 시간
- 파3홀: 9분~10분
- 파4홀: 11분~12분
- 파5홀: 13분~15분

9홀의 적절한 소요 시간
- 첫 팀 기준 9홀 경기 소요 시간: 1시간 50분
- 막 팀 기준 9홀 경기 소요 시간: 2시간~2시간 10분
- 9홀 중 5번 홀까지의 소요 시간 1시간~1시간 5분

각 홀의 플레이 시간과 9홀, 18홀의 소요 시간에 관해서 설명하였습니다.

매끄러운 경기 진행을 위해서는 위에 언급한 적정 시간을 꼭 체크하여서 자신이 현재 적절하게 경기를 진행하고 있는지 확인해 봐야 합니다. 다음은 코스에 있는 특설 티와 분실구에 대하여 설명하도록 하겠습니다.

2. 특설 티와 분실구

특설 티는 코스의 진행을 빠르게 하기 위해서 우리나라에서만 설치되어 있습니다. 특설 티는 로컬 룰의 일종으로 국내에서는 원활한 경기 진행을 위해서 특설 티라는 이름으로 오비 티와 해저드(빨간 페널티 구역)티를 만들어서 운영하는 골프장이 많이 있지만, 공식 룰에 따른 로컬 룰 제정이 아니라 골프장에서 경기 진행의 원활화를 위해서 만든 경우라고 할 수 있습니다.

여기서 잠깐, 많은 캐디들이 정확하게 알지 못하고 있는 로컬 룰에 대해서 정확하게 설명하고 넘어가겠습니다. 골프장마다 로컬 룰이 다 다릅니다. 이렇게 다다른 로컬 룰을 골프장이 원하는 대로 원칙없이 만들 수는 없습니다. 영국왕립골

프협회 R&A와 미국골프협회 USGA가 공동으로 만든 골프 룰을 보면 로컬 룰을 어떻게 만들어야 하는지에 대한 자세한 가이드라인이 있습니다.

로컬 룰은 코스 상태가 안 좋거나 기후 조건 등이 나쁜 상황에서도 최대한 공평한 조건을 만들어 주기 위해서 로컬 룰을 만들 수 있도록 하였습니다. 캐디는 공식 골프 룰도 알아야 하지만, 해당 골프장에서 정한 로컬 룰도 숙지해야 합니다. 그러나, 대부분의 캐디들은 공식 시합에 나가는 것이 아니라 아마추어들간의 친선 게임에 캐디로 나가는 것이기 때문에 해당 골프장에서 정한 로컬 룰을 숙지하여 경기에 적용시켜야 할 의무가 있습니다. 또한 해당 골프장 홈페이지에 가면, 그 골프장에서 정한 로컬 룰을 찾아보실 수 있습니다.

경기 진행을 빠르게 하기 위해서 골프장마다 티잉 구역에서 친 볼이 OB나 페널티 지역(해저드)으로 볼이 넘어갔을 경우 지역을 정하여 칠 수 있게 지정해 놓은 곳이 특설 티입니다.

먼저 티잉 구역에서 친 볼이 코스에 흰 말뚝으로 되어 있는 OB(아웃 오브 바운스)와 빨간 말뚝으로 되어 있는 페널티 구역 밖으로 넘어가거나 들어갔을 경우에만 특설 티를 이용하게 됩니다. 공식 룰에 의하면 OB일 경우에 처리방법은 제자리에서 1벌타 후 잠정구라는 처리방법으로 플레이해야 합니다. 잠정구는 OB나 분실구가 되었을 경우에 예비의 공을 치는 것을 말합니다. 여기에서 분실구는 볼이 언덕이나 풀숲으로 들어가 찾기 힘든 지역에서 3분 동안 볼을 찾다가 찾지 못하였을 경우를 분실구라고 합니다.

OB일 때 어떻게 한다고 하였죠?

1벌타 후 제자리(볼을 친 지점)에서 잠정구를 쳐야 한다고 했습니다. 이런 경우에 캐디는 '볼 있으십니까?' 물어보고 '고객님, 방금 친 볼이 위험합니다. 잠정구 하나 치고 가겠습니다.'라고 이야기하고 잠정구를 치고 갈 수 있게 플레이를 유도해야 합니다. 하지만 티잉 구역에서 한 공간에 머무르는 시간이 길어지면 플레이 시간이 길어지게 되므로 특설 티에서 칠 수 있도록 유도하는 것이 좋습니다. 거의 대부분의 손님들을 세컨지역에 있는 특설 티로 유도하여 원구에 볼을 확인 후 없는 것이 확인되면 특설 티에서 치도록 합니다.

티잉 구역에서 친 볼이 OB가 되었을 때 잠정구를 치면 몇 타 째로 샷을 하게 되는 걸까요? 첫 번째 친 볼이 OB로 나갔다면 1타, 1벌타 1타, 새로운 볼로 잠정구를 치게 되면 1타로 모두 합하면 티잉 구역에서 3타째로 볼을 제자리에서 치게 되는 것이죠. 그래서 잠정구 친 볼을 가지고 세컨에서 치게 되면 4타 째가 됩니다.

페널티 티는 OB와 다르게 볼이 빠진 지점 선상에 볼을 놓고 1벌타 후에 샷을 하게 되는 룰입니다. OB보다 1타 적게 칠 수 있으며 페널티 티에서는 처음 볼을 샷을 했을 때 1타, 볼이 나갔을 때 1벌타로 1타, 다음 새로운 공을 페널티 지역에 빠진 선상에 놓고 칠 때 1타, 총 볼이 빠진 선상에서 3타째로 샷을 하게 됩니다. 캐디는 티잉 구역에서 친 볼이 OB나 페널티 구역으로 볼이 나갔을 때 잠정구를 치지 않고 특설 티로 바로 이동하여 원구에 볼을 확인하고 원구가 살아 있다면

경기 시간 적용하기 / ○

그대로 원구 볼로 진행하면 되는데 이때 타수는 2타가 됩니다. 원구를 찾아봤을 때 원구가 OB 말뚝을 넘어갔다면 전에 티잉 구역 제자리에서 잠정구를 치고 난 후에 그 볼로 4타로 치는 것처럼 특설 티에서 4타 째로 샷을 하게 되는 것입니다. 제자리에서 치게 되면 1벌타, 볼이 나간 지점까지 이동하여 볼을 치게 되면 2벌타라고 생각하면 됩니다.

각 코스 홀에 세컨 지역에 하얀색 티마크로 되어 있는 OB티가 있고 빨간색 티마크로 되어 있는 페널티 티가 있습니다. OB로 공이 나가면 OB티에서 치게 되고 페널티 구역으로 공이 나가면 페널티 티에서 치게 되는데 이 룰은 티잉 구역에서 친 공이 나갔을 때만 사용하게 되는 로컬 룰이며 OB티는 페널티 티보다 앞에서 진행을 합니다. OB티가 페널티 티보다 1타 더 벌타를 받기 때문입니다. 그래서 구제를 하더라도 같은 지역에서 치게끔 하면 고객들이 그것에 관해서 불편한 심기를 느끼게 될 것입니다. 진행 시간을 절약하기 위해 한국에서만 사용하고 다른 나라는 없다는 점을 알고 있어야 합니다.

[그림7-1] OB 티와 페널티 티 사진

SECTION 7

　　분실구는 전에 이야기했듯이 고객이 친 공을 3분 안에 볼을 찾지 못할 때를 뜻합니다. 분실구가 되었을 경우에는 OB와 같은 룰이 적용됩니다.
　　그래서 볼을 찾지 못할 것 같거나 OB가 될 것 같은 경우에는 1벌타 후에 잠정구를 쳐야 합니다. 고객에게는 '고객님, 잠정구 하나 치고 가겠습니다.' 하고 볼을 치고 갈 수 있도록 유도합니다.

　　현재 골프장에서는 잠정구를 치지 않고 볼이 빠진 지점에 이동하여 칠 수 있도록 하는 룰로 바뀌었는데 제자리에서 친 게 아닌 볼이 없어진 지점까지 이동하여 치게 되면 2벌타이기 때문에 제자리에서 잠정구를 치고 가시는 분들도 있습니다. 빠진 지점으로 이동하여 치는 이유는 진행 상 빠르게 치기 위함입니다.

　　제자리에서 볼을 다시 놓고 치게 되면 앞에 대기하던 고객들도 위험하기 때문에 빠져 있어야 하고 치지 못하는 상황이 되기 때문에 OB나 분실구가 될 것 같은 경우에 이동하여 볼이 나간 지점에서 치는 룰을 사용합니다. 아직 프로 경기에서는 무조건 OB나 분실구가 될 것 같으면 잠정구를 제자리에서 치고 나가는 것이 룰입니다.

　　오해의 소지가 없어야 하기 때문에 이렇게 잠정구를 치고 나가게 되는데, 만약에 프로 경기에서 잠정구를 치지 않고 나갔을 때에 이런 상황이 되면 다시 볼을 쳤던 제자리로 돌아가서 치게 될 수도 있습니다. 골프장에서는 진행을 빠르게 하기 위하여 앞으로 이동하여 볼이 빠진 지점에서 치고 갈 수 있도록 권유를 합니다. 이 때문에 캐디를 경기 진행 요원이라고도 부릅니다.

경기 시간 적용하기

경기 진행을 매끄럽게 하기 위해 잘 치는 사람과 못 치는 사람을 구분하여 진행을 빨리 할 수 있는 방법을 캐디가 선택하여 리드 진행을 합니다. 잘 치는 사람은 제자리에서 잠정구를 치게 하는 것이 좋고 못 치는 사람은 볼이 나간 지점에 가서 볼을 찾아보고 나간 지점에서 볼을 놓고 치게 하는 것이 더 좋을 수도 있다는 것이죠.

> 경기 진행을 빠르게 하기 위해서 골프장마다 티잉 구역에서 친 볼이 OB나 페널티 지역으로 볼이 넘어갔을 경우 사용할 수 있는 특설 티를 만들어 놓습니다.

SECTION 8
경기 시간 적용하기 II

강의주제
1. 룰을 이용한 시간 적용하기
2. 오버 타임 발생 시 고객에게 대안을 제시 후 경기 진행

강의내용

골프장에서 캐디를 부르는 다양한 이름들이 있습니다. 필드 매니저, 경기 도우미, 경기 보조원, 진행요원이라고도 합니다. 골프장에는 경기과가 있는데, 경기과가 하는 일은 경기 진행에 관해서 캐디를 배치하고 관리하는 업무를 하며, 또한 골프장에서 경기가 원활하게 진행될 수 있도록 관리하는 업무를 합니다. 캐디와 경기과와는 서로 불가분의 관계, 떨어져서 생각할 수 없는 사이입니다. 왜냐면, 골프장 경기 진행의 핵심은 바로 캐디이기 때문입니다.

앞에서 설명한 캐디의 다른 말들이 다 경기 진행과 연관된 말인 것에서 알 수 있듯이 경기 진행은 캐디가 해야 할 중요한 역할이기도 합니다. 앞에서 설명한 원활한 경기 진행을 위해서는 경기 진행 시간을 줄일 수 있는 방법을 알아야 합니다. 이번 시간에는 바로 '경기 시간을 어떻게 줄일까'에 관한 이야기를 하겠습니다.

클럽 서브(Club Serve)만 잘 한다고 해서 원활한 진행이 되지는 않습니다. 참, 클럽 서브는 캐디가 반드시 해야만 하는 업무인데요. 클럽 서브에는 고객이 어떤 클럽을 가져왔고, 어떤 클럽을 사용하는지를 파악하는 단계인 클럽 매칭(Club Matching)이 있고, 고객의 클럽을 전달하는 방법인 클럽 핸들링(Club Handling), 고객이 사용한 클럽을 깨끗하게 손질하고 정리하는 클럽 클리닝(Club Cleaning)이 있습니다.

클럽 매칭도 단계별로 구분해서 전반 3홀 내에 고객의 클럽을 매칭하는 단계가 초보 단계이며, 숙련된 하우스 캐디의 경우 광장에서 대기하는 동안에 고객의 클럽을 매칭할 수 있으며, 나아가서 고객이 주로 사용하는 어프로치가 무엇인지도 광장에서 전부 파악하고 라운드에 나가게 됩니다.

즉, 클럽 서브는 캐디가 경기 진행을 위해서 갖추어야 할 기본적인 스킬이라고 할 수 있습니다. 클럽 서브를 기본적인 스킬로 하고, 캐디는 고객의 성향을 파악해서 고객의 성향에 따라 경기에서 적절하게 활용하여야 하며, 경기 상황이나 룰을 적절하게 이용할 수도 있어야 합니다.

SECTION 8

룰을 잘 활용하면 경기 진행 시간을 줄일 수 있는데, 이는 캐디가 할 수 있는 일과 경기과 진행 직원이 할 수 있는 일이 있습니다. 이를 잘 인지하고 활용한다면 매끄럽게 경기 진행을 할 수 있습니다.

이 때 주의할 점은 진행을 위해서 조급한 마음에 고객들을 강압적으로 대한다면 고객으로부터 심각한 컴플레인을 받을 수 있습니다. 그래서 고객의 기분이 상하지 않고 편안하게 플레이를 하면서 고객들이 스스로 도와줄 수 있는 진행 방법을 찾아야 하며, 이 모든 것이 몸으로 체화(體化)되어서 상황에 맞게 대처할 수 있어야 합니다. 이제부터 룰을 이용하여 경기 진행을 원활하게 하는 방법을 알아보겠습니다.

1. 룰을 이용한 시간 적용하기

룰에 정통한 캐디라면, 이 룰을 이용하여 경기 시간을 줄일 수 있습니다. 룰에는 R&A에서 정한 공식 룰이 있고, 골프장에서 사용하는 로컬 룰이 있으며, 같은 팀을 이루어 라운드를 즐기는 동반자 룰이 있습니다.

R&A 룰은 영국골프협회와 미국골프협회가 만들어서 전세계인이 똑같은 규칙으로 골프를 즐길 수 있도록 만든 공식 룰로 정식으로 이루어지는 프로와 아마추어 대회 경기에서 사용하는 룰입니다.

로컬 룰(Local Rule)은 쉽게 말하면 골프장에서 정해 놓은 규칙이라고 보면 되는데 골프장마다 로컬 룰이 다를 수 있습니다. 가장 쉽게 볼 수 있는 것이 특설 티를 만들어서 사용하는 경우입니다.

동반자 룰이라는 것은 규정되어 있거나, 서류상으로 남아 있는 것이 아니라,

경기 시간 적용하기 II

골프를 치러 온 사람들끼리 정해서 서로가 인정하는 룰입니다. 예를 들면, 페어웨이에 볼이 놓여져 있는데, 위치가 나빠서 치기 곤란한데, 쳐야 하는 사람이 초보자일 경우에 볼의 위치를 옮겨서쳐도 무방하니까 옮겨 치는 경우입니다. 원래 룰은 코스 상에 있는 볼은 특별한 경우를 제외하고 옮겨서 플레이를 하면 페널티를 받습니다. 상황에 따라 고객들에게는 좋은 상황을 만들어서 치게끔 하는 것도 캐디의 원활하게 진행을 하는 방법이기도 합니다.

하우스 캐디들이 고객들과 대면하여 라운드를 할 때에는 공식적인 경기가 아니라 비공식의 경기이기 때문에 룰의 순위를 두자면 동반자 룰, 로컬 룰, R&A 룰 순으로 적용한다고 보시면 됩니다. 동반자 룰은 상황에 따라 변하고, 문서화되지 않았기 때문에 상황에 맞춰서 적용하면 되기 때문에 하우스 캐디들에게 가장 중요한 것은 바로 로컬 룰입니다.

각 골프장의 보편적인 로컬 룰에 대하여 설명하도록 하겠습니다.
1년 이하로 자라고 있는 화단의 생장물을 해치지 않기 위해 화단에 볼이 들어 갔을 때에는 무벌타로 화단에서 공을 빼서 1클럽 이내에 공을 드롭(Drop)하여 칠 수 있게 하는 룰이 있습니다.
고객의 볼이 화단 근처에 갔을 때 이 로컬 룰을 적용하여 화단이 아닌 곳도 "고객님, 화단입니다. 화단에서는 빼놓고 칠 수 있습니다."라고 이야기하며 볼을 좋은 곳에서 치게 하여 빠른 진행을 유도하는 것도 진행의 한 방법입니다. 이런 적용은 무조건적으로 하는 것이 아니라 고객의 성향이나 특징을 파악한 후에 할 수 있는 일입니다.

라이트를 키고 진행하는 3부제에 캐디를 할 때에는 전 구역이 페널티 구역으로 바뀌게 됩니다. 낮에는 OB였다가 저녁에는 페널티 구역이 되는 것이죠. 이렇게 룰이 바뀌게 되는 이유는 날이 어두워져서 볼을 찾기 힘들고 찾는 시간을 조금이나마 줄이기 위해 볼이 코스를 벗어났을 시 벌타를 2벌타 받아야 할 것을 1벌타로 낮추어서 페널티 구역으로 활용하는 방법입니다.

가끔씩 이 로컬 룰을 고객들에게 적용하려고 하다가 본인들은 내기를 하기 위해 본인 팀은 동반자 룰로 원래 그대로의 OB 룰을 사용하겠다고 하면 어쩔 수 없이 OB 룰로 사용하겠지만 3부제를 할 때에는 반드시 알고 있어야 할 로컬 룰입니다.

어느 골프장에서는 로컬 룰이 왼쪽에 있는 언덕 위로 올라가거나 볼이 없어졌을 때에는 무벌타로, 볼이 없어져도 벌타 없이 새로운 공을 놓고 칠 수 있도록 하는 로컬 룰도 있습니다.

이처럼 무벌타로 로컬 룰을 적용하는 이유는 낙석으로 인한 사고 위험을 줄이기 위해서입니다. 이렇게 함으로써 경기 진행을 좀더 빠르게 할 수도 있습니다.
겨울철에는 '윈터 룰(Winter Rules)'이라는 것을 적용합니다.
영국의 겨울철은 우기로, 항상 골프장이 젖어서 진흙이 되기 때문에 윈터 룰이라는 것을 만들게 되었다고 합니다. 윈터 룰과 프리퍼드 라이(Preferred Lies)는 비슷한 개념이며, 윈터 룰을 적용하는 이유 중에 하나는 겨울에는 코스가 얼기 때문에 무리하게 스윙을 해서 부상을 당할 수 있기 때문이라고 합니다.

경기 시간 적용하기 II

프리퍼드 라이는 윈터 룰과 같이 로컬 룰입니다. 보통 코스 상태가 안 좋거나, 비가 많이 와서 정상적인 플레이를 하기 힘들 때, 겨울철에 잔디가 잘 자라지 않기 때문에 디보트 등이 너무 많을 때, '페널티 없이 볼을 더 좋은 상태로 옮겨서 칠 수 있도록 허용'하는 규칙입니다.

보통은 로컬 룰에 의해서 라운드 전에 서로 합의하면 적용해서 칠 수 있으며, 공식 경기에서는 잘 허용되지 않지만, 경기위원회에서 프리퍼드 라이를 허용하는 경우도 있습니다.

프리퍼드 라이를 적용한 경기는 '볼을 집어 들어서, 닦고, 다시 놓는다. (Lift, Clean, and Place)' 이 때 규정의 적용을 받는데. 첫 번째는 마크를 하지 않아도 되지만, 마크하는 것을 권장하고 있으며, 두 번째, 페어웨이(Fairway)에서만 적용되며, 세 번째는 그린에 가깝지 않은 6인치(15.2cm) 이내에 좋은 라이에 볼을 놓아야 하며, 네 번째는 한번만 옮길 수 있다는 것입니다.

로컬 룰은 골프장에서 정해 놓은 규칙이라고 보면 되는데 골프장마다 로컬 룰이 다를 수 있습니다.

고객에게 윈터 룰이나 프리퍼드 라이를 적용할 경우, 볼에 흙이 묻거나 디봇, 벙커 발자국 등에서는 무벌타로 드롭하여 칠 수 있게 유도합니다. 디봇이나 벙커 발자국에서 볼을 치게 되면 실수로 인한 샷이 많기 때문에 좀 더 정교하게 샷을 할 수 있다는 장점이 있습니다.

지금까지 룰을 적용하여 진행하는 방법에 대하여 알아보았습니다. 골프 경기에는 다양한 룰이 있지만 룰을 잘 이용한다면 경기 진행 시간을 줄이기 쉬울 것입니다. 다음으로 진행 오버 타임으로 인한 대책은 어떤 것이 있는지 알아보겠습니다.

2. 오버 타임으로 인한 고객에게 대안 제시

티 샷에 사용되는 시간은 40초로 정해져 있습니다. 이 룰은 티 샷을 할 때 생각이 많아서 너무 많은 시간을 소요하는 고객에게 적용시키기 위한 것입니다. 프로 경기에서 한국 선수들이 집중력 있게 시간을 사용하며 잘 치기 때문에 한국 프로 선수들을 저격하여 룰이 적용되었다고도 합니다. 여자 프로 선수들은 워낙 세계 무대에서 좋은 성적을 내고 있기 때문에 이런 룰이 적용되었다는 이야기도 있습니다. 40초 룰은 경기 시간을 단축하기 위한 룰인데요. 골프는 매너 게임이라고 하는데, 동반자에 대한 에티켓, 뒤 팀에 대한 에티켓 이런 것들의 가장 기본이 경기 진행을 원활하게 해야 한다는 것입니다.

예전에는 타구 사고 위험이 있기 때문에 가장 멀리 있는 볼부터 쳐야 한다는 룰로 경기를 진행하였습니다. '원구선타(遠球先打)'라고 하여 멀리 있는 볼부터 먼저 플레이하는 룰입니다.

2019년에 개정된 룰에는 준비된 골프(Ready Golf)라는 규정을 만들어서 볼의 위치와 상관없이 준비된 사람부터 플레이할 수 있도록 만들었습니다. 그 팀에서 뒤에 있는 고객보다 앞에 있는 볼에 있는 고객이 먼저 준비가 될 수가 있습니다. 그럴 때에 캐디들은 '먼저 준비되신 분부터 플레이하도록 하겠습니다'라고 이야기하고 캐디가 플레이를 진행시킵니다. 레디 골프는 전제조건이 하나 있는데, 안전이 확보된 다음에 플레이를 하라는 것입니다.

라운드 중에 레디 골프 규정에 따라 준비된 고객 분부터 플레이를 권유해도 사고 위험이나 각자의 플레이 방식으로 인해 진행을 안 도와주는 고객들도 있습니다. 이럴 때에는 마샬(진행 직원)을 불러서 한마디라도 해달라고 할 수도 있습니다. 준비된 고객에게 먼저 플레이할 것을 유도하면 고객들이 캐디의 리드에 따라 플레이하게 됩니다.

하지만 이런 리드조차 캐디가 하지 않는다면 진행이 딜레이(Delay)가 될 것이 뻔하겠죠? 캐디는 고객이 빠른 진행을 할 수 있도록 계속적으로 플레이를 리드해야 합니다. 리드하기 전에 캐디는 고객들이 클럽을 가지고 있어야 볼을 칠 수 있기 때문에 클럽을 고객이 챙겨가게 하거나 직접 가져다 드려야 합니다.

클럽 준비가 안 되면 절대 경기 진행이 원활하게 될 수 없습니다.

SECTION 8

　　최근에는 관제시스템을 이용해서 경기과에 앉아서 경기 상황을 지켜보고 있어서, 경기 진행이 안될 경우에는 경기과 직원이나 마샬 직원이 코스로 나와서 경기 진행이 안 되는 팀의 세컨으로 이동하여 포어 캐디 역할을 합니다.

　　경기 진행을 도와주는 직원이 하는 포어 캐디 역할은 볼이 어디에 떨어졌고, 그린에 있는 홀 컵까지는 몇 미터 남았는지 거리를 미리 불러줘서 고객의 골프 클럽을 미리 준비해서 볼을 칠 수 있도록 도와주는 역할입니다. 이렇게 함으로써, 캐디가 해야 했던 볼을 찾는 시간을 절약하고 거리를 빨리 알려주기 때문에 남겨진 거리에 따른 자신에게 맞는 클럽을 미리 준비하여 볼이 있는 곳에서 바로 칠 수 있게 하여 경기 시간을 대폭 줄일 수 있습니다.

　　볼을 찾아주고, 거리를 불러주는 대도 경기 진행이 빨라지지 않는다면, 경기 진행 직원이 직접 캐디가 하는 일을 도와주기도 합니다. 예를 들면, 그린에 먼저 올라가서 볼을 닦고 라인(Line)을 확인한 후 라이(Lie)를 놓아주기도 합니다.

　　경기과 직원이 코스에 나오면, 고객들이 먼저 "저희 팀이 지금 느린가요?"라고 물어보기도 합니다. 이렇게 물어보는 팀은 본인들이 느린 것을 인지하고 경기 시간을 **빠르게** 하기 위해서 노력하기도 합니다.

　　예를 들면, 고객들이 한 분씩 플레이를 해야 하지만 동시에 샷을 하거나, 심지어 뛰어다니기도 합니다. 경기과 직원의 출동은 고객들을 압박하는 효과가 있기 때문에 경기 흐름이 느려질 것으로 예상될 때에는 일부러 경력 캐디들은 무전기로 "네, 빨리 가겠습니다."라고 연기하면서 지금 늦었으니 빨리 가자는 것을 고객들에게 간접적으로 표현을 하기도 합니다.

경기 시간 적용하기 II

경기과 직원에게 직접적으로 고객들에게 진행에 대해서 한마디 해달라고 부탁할 수도 있습니다. 그리고 플레이가 너무 지연될 때에는 그린 플레이를 할 때 마샬 직원이 플레이를 도와 줌으로써 플레이 시간을 줄이기도 합니다.

티잉 구역에서 친 볼이 OB 지역이나 페널티 지역으로 나갔을 시에는 세컨 지역에 만들어 놓은 특설 티를 이용하기도 합니다.

특설 티를 이용할 때 너무 못 치시는 초보자 분들의 경우에는 특설 티가 150m에 있을 경우에도 앞으로 카트로 전진하여 100m에서 칠 수 있게 유도하기도 합니다. 초보자 특히 처음 필드에 나온 사람일 경우에는 볼을 정확히 맞추어서 치기 힘들기 때문에 볼을 못 쳐서 앞으로 전진이 안 될 경우가 있습니다. 이럴 때는 고객을 데리고 앞으로 가서 치게 하는 것도 방법인데요. 친 볼을 가지고 제일 앞에 있는 사람까지 볼을 주워 가지고 이동을 부탁하기도 합니다.

이런 것도 고객을 계속적으로 대면을 하다 보면 캐디의 의지대로 대할 수 있는 팀이 있고 룰은 룰대로 해야 되는 팀을 만날 수도 있는데 이것을 잘 파악하여야 합니다. 고객에게 계속적으로 다양한 방법으로 시도를 하고 직접 부딪혀 봐야 고객들 성향마다의 진행하는 스타일을 바꿔가면서 근무를 할 수가 있습니다.

참, 필드에 처음 나온 사람들을 '머리 올리러 왔다'라고 표현합니다. 처음 시작하는 초보자 분들이 연습장에서 연습하다가 처음 골프장에 나왔을 때를 이야기 하는 거죠.

SECTION 8

　　캐디가 볼을 잘 볼 수 있다면, 캐디로서는 축복받은 능력입니다. 캐디는 볼을 찾아 주는 능력이 반드시 필요한데, 캐디가 볼을 보지 못했을 경우에는 고객들이 볼을 찾으러 같이 가기도 하며, 볼을 찾기 위해서 많은 시간을 소비하기도 합니다. 공식 룰에 보면 볼을 찾는 시간은 3분입니다. 3분 안에 볼을 찾지 못하면, 로스트 볼로 처리해야 하며, 룰에 따라 구제방법을 선택해야 합니다.

　　가끔 보면, 볼에 집착하는 고객이 있습니다. 고객이 볼을 찾는데 3분 이상 걸릴 경우에는 고객에게 "볼을 치고 계시면 제가 찾아보겠습니다."고 이야기하고 거리를 불러 드리고 가지고 있던 클럽으로 플레이를 할 수 있도록 유도합니다. 가지고 있는 클럽으로 거리가 맞지않아 플레이가 안 된다면 플레이가 가능한 거리에 볼을 놔두고 클럽을 드리면 됩니다.

　　가끔 고객들이 "그 거리에 이거 안 되는데?"라고 이야기하는 경우 캐디가 그러면 바꿔 드리겠다고 카트로 가서 클럽을 바꿔 서브를 하기도 합니다. 이렇게 하면 갔다 오는 시간이 오래 걸리기 때문에 가지고 있던 클럽에 맞게 공을 움직여 거리를 바꾸는 것도 방법입니다.

　　캐디는 고객의 골프 클럽 없이 맨손으로 코스에 들어가서 서브해서는 안 됩니다. 경력자 캐디는 고객이 클럽을 바꿔야 하거나 클럽이 손에 쥐어 있지 않다면 항상 예상 클럽을 들고 들어가서 플레이가 끊어지지 않고 진행될 수 있도록 합니다. 캐디가 클럽 서브를 할 때 진행에 중요시되는 동선의 키 포인트는 어프로치 서브입니다.

경기 시간 적용하기 II

어프로치(Approach)라는 것은 그린에서 볼까지 남은 거리가 남자는 80m 정도 이내일 경우이며, 여자는 대부분 50m이내 일 때에 어프로치 클럽을 사용합니다.

어프로치라는 클럽은 웨지(Wedge) 종류로 되어 있습니다. 웨지는 볼을 쳤을 때 띄워치기 좋은 클럽을 말합니다. 웨지의 종류는 피칭 웨지(P), 어프로치 웨지(A), 샌드 웨지(S)로 구성되어 있습니다. 피칭 웨지는 9번 다음의 평균 100m의 거리에서 쓰는 웨지이고 로프트 각도(클럽 페이스의 각도)는 45도~48도로 되어 있습니다.

A웨지는 49도~53도 사이에 로프트 각도를 가지고 있으며 평균 90m 정도의 거리에서 치는 클럽이고 샌드 웨지는 로프트의 각도가 54도~58도까지의 도수로서 80m 안팎의 거리에 짧은 거리에서 띄우는 어프로치를 하거나 그린 주변 벙커에서 사용하는 클럽이라고 보시면 됩니다.

골프 브랜드마다 알파벳으로 써져 있는 P와 S는 통용되어 똑같이 되어 있지만 핑(PING)이라는 브랜드 경우에는 P는 W, A는 U라고 표시하는 것도 있고 A라는 클럽의 알파벳을 브랜드에 따라 G(겝웨지), P/S, F, 11번으로 다르게 표시되어 있는 경우도 있습니다.

또한 한국에서는 잘 사용하지 않지만 L(로브웨지)은 60도 이상의 로프트 각도를 가지고 있으며 볼을 극단적으로 띄우거나 그린 홀 컵에서 가까운 거리의 내리막 라이(볼이 놓여져 있는 상태)에서 많이 사용됩니다. 그래서 웨지라는 클럽은

SECTION 8

골프 브랜드마다 P, A, S, L로 알파벳으로 표시하거나 다른 알파벳으로 표시되어 있을 수도 있고 따로 웨지를 구매한 클럽은 도수로 표시되어 있거나 합니다.

처음 라운드를 시작할 때 고객에게 어프로치는 어떤 클럽을 사용하고 몇 미터까지 사용하는지에 대하여 물어보고 시작해야 합니다. 거의 대부분은 어프로치를 할 때 샌드웨지를 사용하지만 가끔씩 피칭 웨지나 A웨지를 사용하기도 합니다. 그래서 시작하기 전에 고객들에게 어프로치 사용을 어떤 것을 사용하는지 알고 시작하는 것이 클럽 서브하기에 편할 수 있습니다.

고객들은 파4홀에서는 세컨 샷을 할 때 그린에 올릴 수 있도록 볼을 치려고 합니다. 하지만 그린에 못 올렸을 시에는 거의 대부분의 거리는 어프로치 거리가 남게 되므로 캐디들은 어프로치를 준비하고 그린에 못 올렸을 때 어프로치를 바로 드려서 고객들이 사방팔방으로 퍼지기 전에 클럽을 전달해야 합니다.

어프로치 클럽을 고객이 볼 앞에 가기 전에 전달하지 못했다면 캐디는 고객이 있는 곳을 찾아가서 고객 4명에게 어프로치 클럽을 전달해야 합니다. 서로 떨어져 있는 고객에게 어프로치를 전달하기 위해서 캐디는 뛰어다닐 수밖에 없으며, 어프로치를 받기 위해서 고객은 기다릴 수밖에 없습니다.

어프로치 서브는 여러 가지 동선에 의해 발생합니다. 예를 들면, 파4홀에서 고객의 볼이 코스에 한 곳에 모여 있을 때는 어프로치 클럽을 가지고 코스로 들어가서 고객 옆에서 치는 것을 확인하며 기다리다가 그린에 올리지 못하는 것을 확인하였을 경우에 사용한 클럽을 받고 어프로치 클럽으로 교환을 합니다. 또는 파4홀에 세컨 샷을 할 때 두 명은 뒤에 150m지점에 있고 두 명은 앞에 100m 지점에 볼이 있을 경우에 150m지점에 있는 고객 두 명에게 클럽 서브 후 카트를 100m지점에 있는 고객 두 명의 볼이 있는 곳 선상에 카트를 정차하고 앞에 있는 두 명에게 100m 거리에 맞는 클럽 서브를 합니다. 4명의 어프로치 클럽까지 예비로 들고 들어간다면 150m지점에서 그린 방향으로 샷을 하고 걸어오던 분들이 앞으로 올 때 어프로치 서브를 하고, 앞에 계신 100m지점 고객 분들이 샷을 한 후에 그린에 못 올렸을 시 어프로치 서브를 이어서 합니다.

여의치 않아 어프로치 서브를 하지 못한 경우에는 카트를 주행하여 고객이 오는 길목 중간에 정차 후 어프로치 클럽을 들고 코스로 들어가 고객이 볼 앞에 오기 전에 기다렸다가 드려야 빠른 서브를 할 수가 있습니다.

어프로치 서브를 빨리 하는 것은 본인이 힘들지 않기 위해서도 있지만 고객이 볼 앞에 오기 전에 클럽을 가지고 있어야 볼 앞에 섰을 때 바로 칠 수 있기 때문입니다.

고객이 클럽을 준비하고 있지 않다면 기다리다가 진행이 늦어질 수밖에 없습니다. 빠른 플레이를 하게 하려면 반드시 고객이 칠 수 있는 클럽을 준비해야 합니다. 그런데, 어프로치 방법에는 크게 세 가지가 있습니다. 높이 떠서 백스핀이 걸리는 피치 샷(Pitch Shot), 그린이나 그린 가까이 떨어트려서 굴러가는 칩 샷(Chip Shot), 처음부터 핀을 보고 굴리는 러닝 어프로치(Running Approach)입니다. 지금까지 설명한 것은 피치 샷과 칩 샷의 경우인데, 그린 주변에서 어프로치를 할 때 러닝 어프로치를 할 수도 있습니다.

SECTION 8

러닝 어프로치는 그린 주변에서 굴려서 어프로치를 하는 것을 말하는데, 이 때에는 로프트(클럽 페이스의 각도) 각도가 높은 아이언을 사용합니다. 대부분 7번 아이언, 8번 아이언, 9번 아이언, 피칭 웨지 중에서 사용합니다.

같은 백 스윙 궤적으로 스윙을 하였을 때 7번이 10m가 나간다고 하면 8번 아이언은 9m 9번 아이언은 8m 각 골프 클럽에 의해 거리가 달라집니다. 러닝 어프로치를 하는 이유는 코스의 잔디가 없는 부분에서는 러닝 어프로치를 하는 것이 실수를 적게 하기 때문입니다.

고객마다 어프로치하는 성향이 다릅니다. 어떤 분들은 샌드 웨지로 모든 것을 어프로치하는 고객들도 있고 거리마다 또는 잔디에 따라 웨지를 바꾸는 고객들도 있습니다. 그런 고객들의 경우 어떤 클럽을 요구할지 모르기 때문에 성향에 맞게 클럽 준비를 해 두어야 합니다.

어떤 고객이 항상 쓰던 어프로치가 아닌 다른 클럽을 달라고 하였을 경우에는 그것을 기억해두고 그런 상황이 왔을 때는 그 고객의 클럽은 따로 준비해 두어야 합니다. 어떻게 하면 빠른 어프로치 서브를 할 수가 있는지 생각을 하고 어떻게 하면 서브 진행이 물 흐르듯 되는지 경험을 많이 해야 합니다.

> 처음 라운드를 시작할 때 고객에게 어프로치는 어떤 클럽을 사용하고 몇 미터까지 사용하는지에 대하여 물어보고 시작해야 합니다.

경기 시간 적용하기 II

SECTION 9
경기 시간 적용하기 III

강의주제

1. 홀 별 코스 난이도
2. 골프 경기 방식

강의내용

　영국왕립골프협회와 미국골프협회에서 만든 공식 룰이 33년만인 2019년에 개정되었습니다. 개정된 골프 룰의 가장 큰 특징은 경기 속도에 관한 것인데요. 경기 진행을 원활히 할 수 있도록 골퍼가 해야 하는 일과 경기 속도를 개선시키는 방법에 대해서 보다 자세하게 언급하고 있습니다.

　먼저, 코스의 홀마다 무엇을 확인하고 난이도를 산정하여 지정하는지에 대하여 알아보고 골프 경기 방식에는 어떤 것이 있는지 알아보겠습니다.

라운드(Round)란 위원회가 정한 순서대로 18개의 홀 또는 그 이하의 홀을 플레이하는 것을 말합니다. 보통 라운딩(Rounding)이라는 말을 많이 하는데, 정확한 용어는 라운드가 맞습니다. 한국은 산을 이용해서 골프장을 만든 산악형 골프장이 많습니다.

산에는 물과 나무들이 있고 이것들이 있는 땅을 어떻게 설계할 것인지를 구상을 하여 골프장을 만들게 되는데요. 산에 있는 자연 환경과의 세심한 조화를 이루어서 골프장을 어떻게 설계할 것인지는 설계자에 따라 달라지게 됩니다. 설계를 하기 위해 고려해야 할 것과 왜 그렇게 설계를 하게 됐는지 이해를 하고 있어야 합니다.

골프는 다양한 경기 방식을 가지고 있고, 라운드 중에 골퍼들이 어떤 경기 방식으로 진행을 하는지 캐디가 이해하고 있어야 하며, 이를 경기에 적용시켜야 합니다. 먼저, 홀 별 코스 난이도에 따라 어떤 것들을 고려해야 하는지 알아보겠습니다.

1. 홀 별 코스 난이도

홀의 난이도를 핸디캡(Handicap, HDCP)이라고 하며, 골프장에서 홀마다 핸디캡을 표시합니다. 골프장의 코스가 18홀이라고 한다면 핸디캡 1번 홀이 가장 어려운 홀을 나타내고 핸디캡 18번 홀이 가장 쉬운 홀이라고 생각하시면 됩니다.

코스의 난이도는 코스 레이팅(Course Rating)이라고 하여 코스의 길이와 코

SECTION 9

스 내에 장해물에 따른 난이도를 객관적으로 나타내는 것을 이야기합니다. 코스 레이팅으로 난이도를 산정하는 데에는 먼저, 골퍼가 볼을 쳤을 때 땅에 떨어져서 얼마나 굴러 가는지를 봐야 하는데 이것은 플레이할 때 플레이하는 길이에 미치는 영향을 평가합니다.

첫 번째, 거리에 미치는 요소로는 구르기, 고도 차, 바람, 도그 렉(Dog Leg)/강제 레이업 선택, 해발고도, 바람 등을 확인해야 합니다. 볼이 굴러가는 것을 평가하려면 볼이 낙하할 때 오르막인지 내리막인지와 낙하지대의 딱딱한 표면 굳기 정도, 굴러간 거리에 대한 평가라고 보시면 됩니다.

두 번째, 고도 차는 티잉 구역에서 그린까지 고도의 변화가 그 홀의 플레이하는 길이에 따라 어떻게 미치는지에 대한 평가를 합니다.

세 번째, 도그 렉 홀은 강아지 다리처럼 코스가 휘어져 있는 홀을 '도그 렉 홀'이라고 하는데요. 도그 렉 홀은 굴곡된 부분이 있어 가로 질러 샷을 해야 한다든지 또는 골퍼의 볼 낙하 구역에 페널티 구역으로 가로 지르거나 벙커가 있을 때 거리를 조절하여서 플레이를 해야 하는지 평가합니다.

티잉 구역에서 플레이를 할 때 캐디들은 티잉 구역에서 벙커까지 거리나 티잉 구역에서 페널티 지역까지의 거리를 물어보는 고객에게 정확한 답을 할 수 있어야 합니다.

네 번째는, 골프장이 바람의 영향을 받는 정도에 대하여 알아보는데 해변이나 평야 지대에서는 바람으로부터 보호를 받지 않기 때문에 바람이 많이 분다고 합니다. 해변가 근처나 제주도 지역은 특히 바람이 많이 불어서 타구 방향에 큰 영향을 끼치게 됩니다.

경기 시간 적용하기 III

코스 내 장해물 요소도 난이도를 산정하는 요소로 들어가는데요.

장해물 요소에는 지형, 페어웨이, 그린 목표, 벙커, 장해물 넘기기, 병행 장해물, 나무, 그린 표면, 심리 등을 평가합니다.

첫 번째, 코스 내에 지형의 페어웨이에서 스탠스나 라이(Lie)가 경사나 작은 언덕에 의한 영향을 받는 경우 또는 그린까지 샷을 할 때 오르막 또는 내리막인 경우에 고려해야 하는 정도를 평가합니다.

두 번째, 페어웨이에서는 골퍼가 2번째, 3번째 샷을 하려는 낙하 지역의 페어웨이 폭을 반드시 고려해야 합니다.

세 번째, 그린을 목표로 했을 때 어프로치 샷으로 그린에 볼을 올리는 난이도에 대한 평가를 합니다.

네 번째, 어프로치는 80m 안쪽으로 샷을 하거나 그린 주위에 샷을 할 때 하는 것을 이야기하는데요. 주로 고려해야 하는 것은 그린의 크기와 경사, 모양, 단단하기, 어프로치 샷의 길이에 따른 난이도를 평가하게 됩니다.

다섯 번째, 볼이 티 샷의 볼 낙하 구역과 그린을 벗어나게 될 가능성에 대한 평가와 어느 한쪽 또는 벗어났을 경우 회복할 수 있는 난이도에 대한 평가도 들어가게 됩니다.

여섯 번째, 골프장에는 특히 모래로 장해물을 만든 벙커가 많은데요. 단순히 벙커의 개수보다는 벙커의 크기 및 목표 지역에 대한 접근성을 고려하게 됩니다. 잘못 쳐서 볼이 낙하하는 지역에 벙커를 만들게 되는데요. 벙커는 골퍼에게는 부담을 가지게 되는 것도 사실입니다. 그래서 티 샷과 그린에 대한 어프로치 샷의 볼 낙하 구역 크기를 그 벙커가 얼마나 좁혀 놓는가를 평가합니다.

SECTION 9

　일곱 번째, 보통의 골퍼들이 페널티 구역, OB, 심한 러프 등의 장해물 지역을 안전하게 넘겨치는 능력에 관하여 난이도를 평가합니다.

　여덟 번째, 그린에서는 퍼팅을 할 때 그린의 속도와 지형과 경사도에 따라 난이도를 평가하고 주로 고려할 요소는 그린의 속도와 굴곡입니다. 그린의 크기는 의미 없다고 보셔도 됩니다.

캐디가 '그린의 라이를 얼마나 잘 읽느냐'가 무척 중요합니다.

　각 골프장의 그린 굴곡은 다르지만 잘 읽으려면 퍼팅도 해보고 많이 치는 것을 경험해봐야 볼이 홀 컵까지 이동할 때 어떻게 휘는지를 예상할 수 있습니다.

　아홉 번째, 다른 장해물들이 플레이에 심리적 영향을 미치는 요소들에 대한 난이도를 평가합니다.

　각 골프장에는 그 코스를 대표하는 시그니쳐(Signature) 홀도 있으며, 홀들을 만들 때 거리에 영향을 미치는 요소에 대해서도 고려해야 되고 코스 내의 장해물들을 배치할 때도 위에 이야기한 것들을 고려해야 합니다. 지금까지 코스의 핸디캡을 산정하는 기준에 대하여 알아보았습니다.

　코스의 핸디캡이 있듯이 골퍼들도 본인의 스코어에 대한 핸디캡을 가지고 있습니다. 핸디캡이라는 것은 기량이 서로 다른 플레이어들이 공정한 입장에서 경기를 할 수 있도록 골프 기량 수준을 정확하게 평가하는 것인데요. 본인의 핸디캡은 최소한 서로 다른 3개의 골프장에서 라운드를 하였을 때 89개, 90개, 91

개를 보편적으로 친다면 90개가 본인의 평균 타수로 산정합니다.

거의 대부분의 골프장은 18홀의 파의 수를 72개로 하기 때문에 90개의 스코어는 72개에서 18개를 오버한 것이며, 이 18개가 그 사람의 핸디캡이 되는 것입니다. 이 핸디캡에 따라 동반자들과 서로의 골프 실력을 대등하게 만들어서 겨루게 됩니다.

위에 설명한 것은 간략하게 핸디캡을 구하는 방식이지만, 2020년 1월부터 전 세계 동시 시행한 월드 핸디캡 시스템은 대한골프협회(www.kgagolf.or.kr)를 통해서 공인된 핸디캡을 산정해서 가질 수 있습니다.

코스에는 홀마다 티잉 구역이 있는데요. 핸디캡도 이 티잉 구역에 따라 늘어나고 줄어들기도 합니다. 티잉 구역은 백 티(Back Tee)라고 하여 검은색(Black) 티마크가 들어가 있는 곳, 블루 티(Blue Tee)라고 하여 파란색 티마크로 되어 있는 곳, 화이트 티(White Tee)는 하얀색 티마크, 골드 티(Gold Tee)는 노란색 티마크, 레드 티(Red Tee)는 빨간 티마크가 들어가 있습니다.

보통 백 티는 프로들이 치는 티로 제일 뒤에 있기 때문에 거리가 나지 않는 골퍼들은 치기 힘듭니다. 블루 티는 아마추어 골퍼들 중 거리가 나는 분들이 치고, 화이트 티는 보통의 남자 고객들이나 여자 프로들이 치게 됩니다.

골드 티는 만 65세 이상 된 고령자 분들이 치는 티잉 구역이고, 레드 티는 여자분들이 치는 티잉 구역이라고 생각하시면 되는데요. 여기서 핸디캡이 18인 고객이 블루 티에서는 19개, 백 티에서는 20개로 산정할 수 있습니다. 하지만 실제로 티잉 구역을 바꿔치게 되면 더 점수가 높아질 수가 있습니다. 티잉 구역에 거리는 보통 15~20m 차이가 나게 되는데요. 20~40m가 차이나서 볼을 치게 되면 아마추어들은 몸에 힘도 들어가고 미스 샷이 많이 발생하게 됩니다. 이렇게 되면 스코어가 더 안 나오게 되겠죠.

만약 진행에 신경을 안 쓴다면 누가 어디서 치든지 상관하지 않을 것입니다. 하지만 본인의 핸디캡으로 편안하게 칠 수 있는 곳을 잘 선택하여 쳐야 하기 때문에 어떤 티잉 구역에서 쳐야 하는지는 핸디캡에 따라 구별하는 것이 좋을 것입니다. 지금까지 코스를 설계하고 난이도를 고려하는 방법과 코스의 핸디캡과 골퍼의 핸디캡에 관해서 알아보았습니다. 다음으로는 골프의 경기 방식으로 어떤 것들이 있는지 알아보도록 하겠습니다.

2. 골프 경기 방식

골퍼들이 경기를 할 때는 경기 방식을 정하여 라운드를 하게 됩니다. 경기 방식에는 스트로크 플레이(Stroke Play), 매치 플레이(Match Play), 쓰리 볼(Three Ball), 포 볼(Four Ball), 쓰리 섬(Three Sum), 포 섬(Four Sum), 스킨스(Skins), 라스베가스(Las Vegas), 신 페리오(New Perio) 방식 등 여러 가지 경기 방식이 있습니다.

첫 번째, 스트로크 플레이라는 것은 18홀 라운드를 마치고 총 타수로 승부를 결정하는 방식으로 가장 적은 타수로 플레이한 사람이 우승하는 것입니다. 다른 운동 종목과는 달리 골프는 점수가 적게 나와야 우승자가 됩니다. 18홀의 총 타

경기 시간 적용하기 III

수를 그로스 스코어(Gross Score)라고 하고 아마추어 경기에서는 총 타수 즉, 그로스 스코어에서 본인의 핸디캡을 뺀 스코어를 네트 스코어(Net Score)라고 하여 단체 팀으로 왔을 때 서로의 핸디캡을 그 날 본인의 스코어에서 핸디캡을 빼서 공평하게 네트 스코어로 겨루는 방식도 있습니다.

두 번째, 매치 플레이라는 방식은 18홀에서 각 홀마다 그 홀의 승패를 결정하는 경기 방법으로 홀 매치(Hole Match)라고도 합니다. 경기를 마친 후 이긴 홀 수가 많은 플레이어가 승자가 되는 방식입니다. 이긴 홀을 업(Up), 진 홀을 다운(Down, 비긴 것을 타잉(Tying)이라 하며 업과 다운 수가 같은 경우를 타이드 매치(Tied Match), 즉 무승부라고 합니다.

각 홀의 스코어는 그 홀에서 승자를 결정할 때만 필요하고 총 타수는 게임의 승부와는 상관없는 경기입니다. 예를 들어, A와 B 두 사람이 매치 플레이 방식으로 경기를 하고 있을 때 승패는 1번 홀부터 18홀 중에서 17번 홀에서 A라는 사람이 2업(Up)으로 이기고 있다면, 17번 홀, 18번 홀 2홀이 남아 있는데 B가 17번 홀을 이기지 못하면 남은 18홀까지 갈 필요없이 경기가 끝나게 됩니다.

이때는 17번에서 끝나는 경기가 되고 17번에서 2번이 이긴다면 18홀에서 승부를 결정짓게 됩니다. 원래 골프 게임은 매치 플레이 방식이었으며, 1807년에 스트로크 플레이가 처음으로 적용되었다고 합니다. 매치 플레이 방식은 프로 경기에서 이벤트 방식으로 TV에서 종종 볼 수 있고 거의 스트로크 경기 방식으로 경기가 진행됩니다.

SECTION 9

세 번째, 쓰리 볼, 포 볼, 쓰리 섬, 포 섬 경기 방식은 말이 비슷하지만 방식은 다릅니다. 먼저 포 볼과 포 섬을 예로 들어 설명하겠습니다. 포 볼 방식은 4명이 2명씩 나누어 플레이하는 경기 방식입니다. 4명이 각자의 볼을 플레이하되 같은 조의 두 명 중에 좋은 스코어로 겨루는 경기 방식입니다. 포 섬 방식은 네 사람이 두 명씩 편을 나누어 플레이하는 방식은 똑같으나 각 조가 1개의 볼을 교대로 치는 경기 방식입니다. 교대로 볼을 쳐서 홀 마다의 스코어로 겨루는 방식이죠.

포 볼과 포 섬의 다른 방식은 어떤 것이었죠?

포 볼과 포 섬은 4명이 2대 2로 경기하는 것은 똑같으나 포 볼은 각자가 볼을 치는 것이고 포 섬은 각 조에서 2명이 1개의 볼을 번갈아가면서 치는 것이 다릅니다. 그래서 볼이라는 경기 방식은 각자의 볼로 치는 것, 섬이라는 경기 방식은 1개의 볼을 번갈아 가면서 치는 것이라고 생각하면 되는데요. 그러면 쓰리 볼과 쓰리 섬의 방식을 예로 들면 이해가 가실 겁니다.

쓰리 볼은 볼이라는 말이 들어가니 각자의 볼을 치는 것이겠죠. 그러면 1대 1대 1로 각자 세 명이 각자의 볼로 쳐서 경기하는 방식이라고 하면 되고 쓰리 섬은 2대 1로 경기하는 방식으로 섬이 들어가니 번갈아 가면서 쳐야겠죠? 그래서 두 명은 1개의 볼을 번갈아 가면서 치고 1명은 본인의 볼을 계속 플레이해서 겨루는 방식을 쓰리 섬이라고 합니다. 여기서 우리가 경기 방식을 쉽게 알 수 있는 방법은 볼이라고 하는지 섬이라고 하는지를 파악하면 됩니다.

경기 시간 적용하기 III

네 번째, 스킨스라는 경기방식이 있습니다.

스킨스는 매 홀 걸려 있는 그 홀에서 가장 잘 친 골퍼가 일정 금액을 가져가는 경기 방식으로 그 홀의 동점자가 나왔을 경우에는 다음 홀로 넘어가게 됩니다. 이 방식은 고객들도 많이 하는데요. 고객들이 재미 삼아서 4명이 5만원씩 모아서 20만원을 만들어 18홀에 만원씩 매 홀마다 잘 친 사람에게 배분을 하게 됩니다. 이 때 2만원이 남는데요.

만원은 파3라는 곳이 티잉 구역에서 그린으로 한번에 올리는 곳이라는 소리를 들어 보셨나요? 파3에서 그린으로 쳐서 한번에 샷으로 올리는 사람도 있고 두 번째 샷으로 올리는 사람도 있을 겁니다. 그 중 한번에 샷으로 올린 사람 중에 그린에 있는 깃대 밑에는 홀 컵이라는 구멍이 있는데 그곳에 가장 가깝게 붙인 사람을 니어(Near)라고 부릅니다.

니어를 한 사람이 세 번에 샷으로 홀 컵에 들어가게 해서 스코어가 0, 즉 파가 되었을 경우에 니어로서 만원을 획득하게 됩니다. 남은 만원은, 18홀 중 파4나 파5에서 한 곳을 정하여 가장 멀리 공을 친 사람을 롱기스트(Longest)라고 하는데, 롱기스트가 남은 만원을 획득하게 됩니다. 이 때 공이 러프가 아닌 페어웨이에 위치하고 있어야 인정이 됩니다. 아무리 멀리 갔더라도 러프에 공이 있으면 인정이 되지 않습니다. 이상에서 설명한 것은 고객들이 라운드 중에 많이 사용하는 경기 방식이기 때문에 알아 두셔야 합니다. 또한 단체 팀일 경우에는 니어나 롱기스트 시상을 합니다.

SECTION 9

다섯 번째, 라스베가스라는 경기 방식이 있는데요.

설명하기 전에 이것은 각 홀마다 처음 티잉 구역에서 치는 순번이 있다는 것을 알고 있어야 합니다. 1번 홀 티잉 구역에서 치는 순번은 오너 봉이라는 것으로 순서를 뽑을 수도 있고 각자 고객들이 알아서 순번을 정하여 그 순서대로 한 사람씩 볼을 치게 되는데요. 오너(Honor)봉이라는 것에는 밑 부분에 1줄~4줄로 다르게 표식이 되어 있어 뽑는 사람이 줄 수대로 순번이 정해지게 됩니다. 첫 홀에는 이 순번대로 치게 되고 2번 홀부터 18번 홀까지는 전 홀의 스코어 순서대로 잘 친 사람부터 순번이 정해지게 됩니다. 만약에 스코어가 같다면 그 중에서 그 홀에 먼저 쳤던 순번이 그 다음 홀에 순서가 됩니다.

그러면 매 홀마다 순서가 바뀌게 되겠죠? 또는 같을 수도 있을 겁니다. 이 순번을 먼저 이야기한 것은 라스베가스라는 방식을 설명하기 위해서입니다.

라스베가스 방식은 1번으로 친 사람과 4번으로 친 사람이 같은 조가 되고 2번과 3번이 같은 조가 되어 2대 2의 방식으로 각 조의 그 홀 스코어 점수 합계로 홀 매치를 하는 방식입니다.

비슷한 방식으로 티잉 구역에서 4개의 볼 중 왼쪽으로 위치하는 2개의 볼이 같은 조가 되고 오른쪽으로 볼이 위치하는 2개의 볼이 같은 조가 되어 그 홀의 스코어를 합하여 경기하는 방식도 있습니다.

한국 사람들이 고안해 낸 경기 방식으로 뽑기라는 방식이 있습니다. 뽑기는 5개의 스틱이 들어가 있는 통에서 매 홀이 끝나고 난 후에 통 안에 있는 5개의 스틱 중 2개씩의 스틱은 같은 색깔로 표시되어 있고 1개는 조커로 다른 색깔로 되어 있는 스틱이 있습니다. 조커를 뽑았을 경우에는 어떤 스코어를 치더라도 보기로 정하여 같은 색깔의 2개의 스틱을 뽑은 팀이 아닌 다른 사람과 같은 조를 이루어 조를 편성하여 스코어를 합하여 경기하는 방식입니다.

여섯 번째, 신페리오라는 방식이 있습니다.

단체 팀들이 왔을 때는 항상 신페리오 방식, 니어, 롱기스트라는 방식을 할 것인지를 물어보고 경기를 시작하게 됩니다. 신페리오 방식은 18홀 중 12홀을 아웃 코스 6개홀 인코스 6개홀을 선택하게 됩니다. 이 때 12홀은 골퍼들은 알지 못하고 경기 위원회에서만 알 수 있습니다.

예를 들면 12홀의 합계가 72이라고 가정을 하였을 때 (72×1.5-72)×0.8=28.8 핸디캡은 28.8이 즉, 되는 방식입니다. 보통 골프장에 단체로 오시는 골퍼분들이 경기과에 요청을 하여 경기과에서는 경기가 끝날 때 이것을 정리하여 전달을 합니다. 캐디들은 스코어 정리를 잘해 주어야 합니다. 다만 스마트 스코어가 없는 곳 또는 스코어 작성을 수기로 하는 곳은 스코어를 오버 타수로 적으면 안 되고 정 타수로 적어서 제출을 하여야 합니다. 오버 타수라고 하는 것은 그 홀의 파3, 파4, 파5에서 오버한 개수를 스코어에 쓰는 것이고 정 타수는 그 홀의 타수를 모두 적는 것입니다.

골프 대회를 보면, 대회명에 다양한 이름을 사용하게 되는데, 그 이름은 주최측과 협회가 의논해서 대회 성격에 따라 대회명을 정하게 됩니다. 알기 쉽게 설명하면 다음과 같습니다.

가장 오랜 전통을 가진 디 오픈(The Open)과 유에스 오픈(US Open)에서 사용되는 단어가 오픈입니다. 오픈대회는 프로 선수와 아마추어 선수 상관없이 모두 출전할 수 있는 경기를 말합니다. 오픈과 반대 개념으로 사용되는 것이 클래식(Classic) 대회입니다. 클래식은 프로 골퍼만 참가하는 것이 원칙입니다.

챔피언쉽(Championship) 대회는 프로 골퍼가 참가해서 최고를 가리는 경기이며, 대표적으로 4대 메이저 대회 중에 하나인 PGA 챔피언쉽 경기가 있습니다. 프로나 아마추어 중에서 주최측이 특별한 기준을 가지고 초청한 선수들만 출전하게 되는 인비테이셔날(Invitational) 대회가 있습니다. 박인비 인비테이셔날, 제네시스 인비테이셔날, 아놀드 파머 인비테이셔날 대회가 있습니다.

오거스타 내셔날 인비테이셔날(August National Invitational) 대회로 출발하여 4대 메이저 대회 중 하나인 마스터스(Masters) 대회가 있습니다. 마스터스 대회는 자격조건이 가장 까다롭고 유명 선수들(명인, Masters)이 많이 출전하기 때문에 마스터즈로 불립니다. 챌린지(Challenge) 대회는 공식대회가 아닌 소수 선수들이 참여하는 이벤트 형식의 대회에 자주 붙이는 명칭입니다.

프로암(Pro-Am) 대회는 프로선수와 아마추어 중에서 유명한 사람이 같이 동반 플레이를 펼치는 경기대회입니다. 채리티(Charity) 대회는 사회 공헌이나 후원을 위한 기금 모집을 위한 대회입니다.

SECTION 10

코스별 경기 진행하기

강의주제

1. 경기준비 상황을 고객에게 안내
2. 티잉 구역에서 경기 진행을 위해 팀간 위치 파악하여
   고객에게 티오프 티잉 안내
3. 파3홀에서 대기 팀 발생시 웨이브 연결
4. 그늘집의 대기 팀 수 사전 파악 후 고객에게 대기시간 안내
5. 전반 종료 이전 스타트 하우스 대기 상황 파악하여
   고객에게 대기시간 안내

강의내용

경기 준비 상황을 고객에게 전달할 때 캐디들 본인 스스로 어떤 상황인지에 대해서 알고 있어야 합니다.

고객들이 가장 궁금해하는 것은

"우리 팀 언제 티오프하나요?"

"언제 준비를 해야 하나요?" 혹은

"퍼터 미리 가져가도 될까요?"

"티오프 시간이 지연(Delay)되었나요?"라는 질문을 많이 합니다.

고객들이 이런 질문을 하였을 때 미리 상황을 알고 있어야 적절하게 응답이나 대처를 할 수 있습니다. 캐디가 처음 고객들을 맞이하고 고객에게 상황 전달 및 소통을 하는 곳은 어디일까요?

바로 스타트 광장이나 카트 고 내에서 고객들을 맞이하게 됩니다. 캐디가 카트에 골프 백을 싣고 카트를 끌고 스타트 광장으로 나가거나 백 대기를 할 때에도 고객들이 바로 캐디에게 물어볼 수 있기 때문에 캐디가 일할 준비가 되면 그때부터는 고객들을 직접 만날 수 있도록 준비해야 합니다.

그런데 골프장에서 일을 하게 되면 예약시간에 정시 티오프를 하는 경우도 있지만 그러지 못하는 경우가 더 많이 있습니다. 왜냐하면 골프장에서 짜 놓은 타임 테이블[28]대로 운영이 되지 않기 때문입니다. 다양한 상황에 따라 시간 변동이 생길 수 있습니다. 예를 들어, 고객들이 예약시간보다 일찍 입장하는 경우도 있지만 늦게 입장하는 경우도 있고, 골프라는 운동이 야외에서 하는 운동이기 때문에 날씨 영향을 많이 받을 수 있기 때문입니다.

이러한 이유들 때문에 경기 진행이 원활하지 않을 경우 고객들은 불만을 표출할 수 밖에 없습니다. 이러한 경우 상황별로 원인을 파악하여 어떻게 하면 고객들과 원활한 소통을 할 수 있는지에 관해서 알아보도록 하겠습니다.

SECTION 10

1. 악천후(안개) 상황, 날씨 변동으로 인한 상황에 따라 대기할 경우

　기상악화로 인한 대기 상황은 골프장에서 빈번하게 일어납니다. 위에서 언급한 것처럼 골프는 야외활동이기 때문에 기상의 영향을 받을 수밖에 없습니다. 특히, 안개가 많이 낄 경우 가시거리가 확보가 되지 않기 때문에 캐디 입장에서 본다면, 고객이 친 볼이 어디에 있는지 확인하기 힘들고 경기 진행하는데 많은 어려움이 있습니다.

　또한 고객들도 안개 낀 날씨를 선호하지 않기 때문에 고객들이 늦게 오는 사례가 빈번해서 원래 티오프 시간보다 경기 시간이 많이 지연됩니다. 안개 낀 날에 티오프 타임이 지연된다는 것은 경험에서 오는 것이기 때문에 미리 와서 준비하고 있는 고객들을 위해서 안개가 심하게 낀 날에는 미리 고객들이 인지할 수 있도록 선제적 대응을 해야 합니다.

　대부분의 골프장에서 안개가 심하게 낀 날에는 1차적으로 고객의 예약을 담당하고 있는 예약실에서 예약 시간 전 고객들에게 미리 전화를 해서 안개 발생 상황에서 경기가 지연되고 있다는 내용을 전달하고 있습니다.
　예약실의 전화를 받지 못했거나, 안개가 갑작스럽게 끼었을 돌발 상황이 발생했을 경우에는 고객들이 골프장에 들어와서 내장 등록을 하는 프런트에서 2차적으로 고객들에게 안개가 낀 상황과 지연 상황을 알려드려서 골프장 내 고객 쉼터에서 대기할 수 있도록 안내해 드려야 합니다.

　안개와 같은 기상악화에 대처하는 마지막 단계는 경기과에서 스타트 광장에서 대기하고 있는 고객들에게 상황을 직접 알리고 이를 인지시켜 주어야 합니다. 이 때 캐디들도 안개가 심할 경우 상황 대기를 할 때 고객들에게 직접 친절하게 현 상황을 안내해 주어야 합니다.

[그림10-1] 안개 발생시 골프장 사진

2. 골프장 상황에 따른 팀 변동 시

일반적으로 골프장은 2주 전에 예약시간을 오픈하여 팀 수를 미리 확보하고 있습니다. 오픈된 팀이 사전에 다 찰 경우도 있지만, 그렇지 못한 경우도 발생합니다. 이 때 오픈된 팀이 다 차는 것을 가득 찼다는 의미로 풀 팀(Full Team)이라고 합니다.

예약이 풀로 되지 않았을 경우 골프장에서는 빈 타임을 보충하기 위해서 9홀 추가를 받기도 합니다. 라운드 중에 경기과에서 원하는 고객들에 한하여 9홀 추가를 받았지만, 갑자기 그 빈 타임에 팀이 당일 추가를 한다면 당연하게 티오프 지연 상황까지 발생할 수밖에 없습니다.

이로 인해 본인 예약시간보다 늦게 티오프를 하게 된 고객은 불만을 표출할 것이고, 이에 대한 불만을 해소시켜줘야 하는 것이 캐디나 경기과 직원들입니다. 발생한 상황에 대한 설명과 함께 사과를 해서 고객의 불만을 감소시켜 주어야 합니다.

골프장에서 무리하게 부족한 팀을 채웠을 경우나 9홀 추가[29]를 통해서 팀 수를 고의적으로 늘렸을 경우 고객은 그 상황을 정확히 인지하지 못하기 때문에 그 부분을 직접 이야기하는 것보다 다른 부분에 의해 티오프가 지연되고 있다는 말을 하며 고객에게 사과를 해야 합니다.

경기 준비 상황 시 고객들에 의해 준비 상황이 변동될 수 있지만 날씨나 골프장 상황에 따라 준비 상황이 변화될 때도 많습니다. 이때 캐디들도 그 상황을 항상 인지를 한 후 고객들에게 공손하게 이 사실을 전달해야 합니다.

지금부터는 캐디가 직접적으로 고객들에게 상황을 인지시켜야 하는 상황들에 대해서 알아봅시다. 티잉 구역에서는 경기 진행을 위해 앞 뒤 팀간 위치를 파악하여 고객에게 알려주어야 합니다.

티잉 구역에서 안전한 타구 거리를 직접 계산하거나 고객들에게 티 샷 거리를 물어보면서 캐디 본인이 스스로 상황을 판단하는 경우도 있지만 현재 캐디가 교육받고 있는 티잉 거리, 스마트 스코어 태블릿을 활용한 안전한 거리 계산, 무전기를 활용한 앞 뒤 팀 간의 소통을 통하여 고객들에게 알려 주어야 합니다.

티잉 구역에서 티 샷을 할 경우 앞 팀과의 거리와 상관없이 마음대로 친다면 타구 사고가 발생할 수 있기 때문에 안전한 플레이를 위해서 반드시 앞 팀과의 거리를 확보하고 경기 진행을 해야 합니다.

캐디가 고객에게 티 샷을 준비시키는 것과 티 샷 하도록 시키는 것에는 큰 차이점이 있습니다. 준비하는 것은 고객들이 볼을 치기 위하여 홀에 대한 정보를 알려주고 클럽을 전달한 후 안전한 플레이가 가능할 때까지 대기를 하는 것이고, 티 샷 하도록 시키는 것은 고객에게 볼을 치라고 이야기하는 것입니다.

앞 팀과의 안전한 거리가 확보가 되지 않았는데도, 캐디가 고객에게 티 샷을 시키고 타구 사고가 발생한다면 캐디에게 책임이 있기 때문에 티 샷을 시키는 것은 신중하게 결정해야 합니다.

티잉 구역에서 안전한 거리를 확보하기 위한 방법에는 여러가지가 있습니다. 캐디 본인이 지금까지 경험했던 거리를 파악하여 고객들에게 시작을 알려줄 수 있습니다. 일반적으로 티잉 구역에서 화이트 티 기준 처음 보이는 크로스 벙커[30]나 뒤에 있는 방해물 혹은 장해물을 앞 팀 카트와 고객들이 지나가게 되면 파4홀, 파5홀에서는 티 샷을 유도하면 됩니다. 대부분 이 지점까지 거리가 230~240m이기 때문입니다. 우리나라 아마추어 평균 비거리(남성 고객 기준)가 190m이기 때문에 티 샷을 유도해도 되는 거리입니다.

SECTION 10

　　스마트 스코어 태블릿PC에 나와있는 GPS기능을 활용하여 앞 팀 위치를 파악한 후에 티 샷을 유도할 수 있습니다. 태블릿을 확인하면 앞 팀 카트의 위치, 지금 캐디 본인이 있는 지점에서 내가 원하는 지점까지 거리를 확인할 수 있기 때문에 가능합니다.

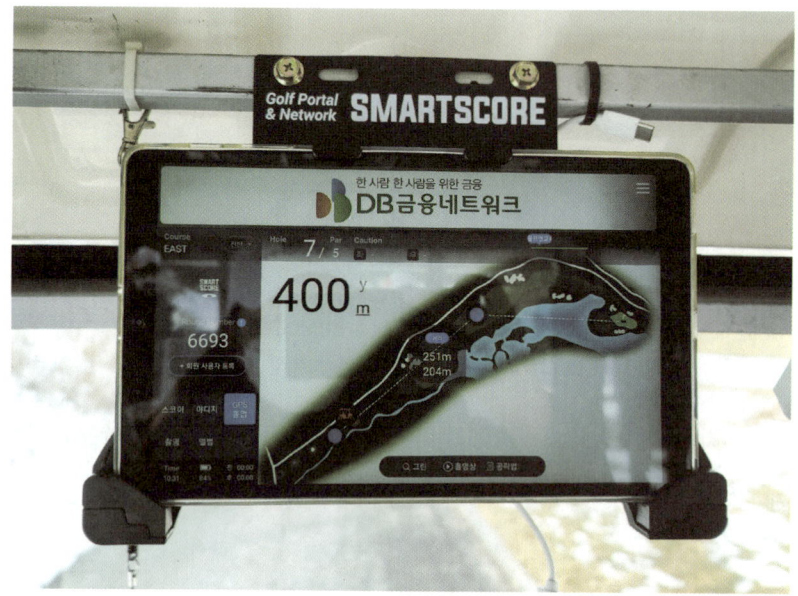

[그림10-2] 태블릿PC에 GPS기능 및 홀에서 거리가 나오는 사진

무전을 통하여 확인할 수 있습니다.

　　앞서 6차시에서 언급했듯이 상호 간에 무전을 통하여 앞 팀 캐디에게 상황을 물어보거나 뒤 팀에게 무전을 주면서 간격을 확인하고 블라인드 홀[31]이나 도그 렉(Dogleg) 홀[32]에서 앞 팀 위치를 정확하게 판별할 수 없을 때 무전을 통하여 직접 물어봐서 티 샷을 할 것인지 판단을 해야 합니다.

코스별 경기 진행하기

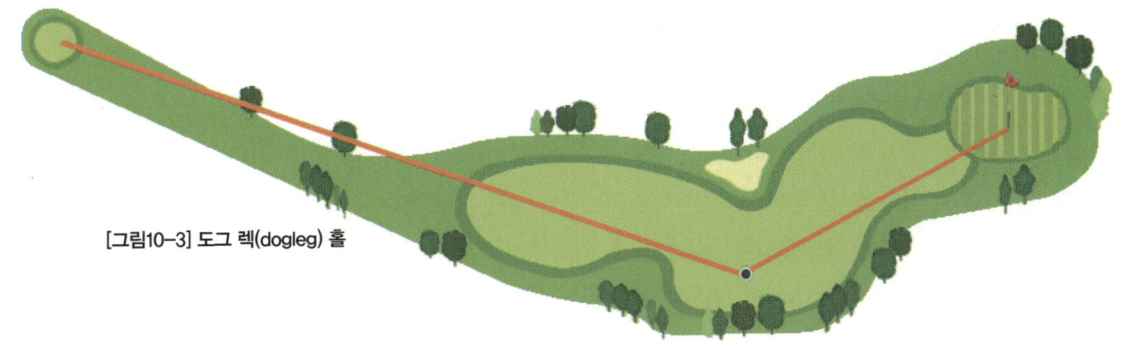

[그림10-3] 도그 렉(dogleg) 홀

이처럼 티잉 구역에서 플레이를 할 때에도 타구 사고가 일어나면 인사 사고로 이어지기 때문에 고객에게 상황을 잘 전달하여 플레이를 도와주어야 합니다.

3. 파3홀에서 대기 팀 발생시 웨이브 연결

지금부터 파3홀에서 웨이브 연결 혹은 싸인 연결하는 상황 및 방법에 대해서 알아보겠습니다.

코스 안에서 플레이 시간이 길어지거나 짧아질 때 파3홀에서 대기 팀이 많이 생기게 됩니다. 고객 입장에서는 대기 팀이 많아서 장시간 기다리게 된다면, 자연스럽게 불만을 표출하게 되며, 특히나 플레이의 흐름이 끊기기 때문에 기다리는 상황 자체를 싫어합니다. 이러한 경우 대기하는 시간을 줄이면서 고객들의 플레이를 이어줄 수 있는 방법이 바로 웨이브 연결입니다.

SECTION 10

웨이브 연결은 파3홀에서만 거의 이루어지는데 순서는 다음과 같습니다.

1. 앞 팀이 티 샷을 한다.
2. 앞 팀 고객 볼 중에서 그린에 온 그린[33]된 볼은 마크를 하고 그린에 올라가지 않은 볼은 어프로치를 준비시킨 후 어프로치를 한다.
3. 어프로치까지 마치면 그린에 있는 볼들을 마크를 하고 그린 뒤쪽이나 카트에 있는 고객들을 타구 사고가 발생하지 않을 위치로 이동시킨 후 뒤 팀 캐디에게 티 샷을 하라는 신호를 준다.
4. 뒤 팀이 티 샷을 한다.
5. 뒤 팀이 티 샷을 마치면 앞 팀이 마크를 해 놓았던 곳에서 리플레이스를 하고 그린 플레이를 시작한다.
6. 뒤 팀 캐디는 온 그린되어 있는 볼은 마크를 하고 온 그린되지 못한 고객에게는 어프로치를 준비시킨다.
7. 앞 팀이 그린 플레이를 마치면 온 그린되지 못하여 어프로치를 준비하는 고객들에게 플레이할 것을 말하고 어프로치 샷이 온 그린되면 마찬가지로 마크를 하고 고객들을 그린 뒤쪽이나 카트에 위치시킨다. 그리고 그 뒤 팀에게 티 샷하라고 신호를 준다.

이 과정을 계속 반복하면서 플레이를 유지하면 고객대기시간이 짧아지고 대기 팀이 점점 없어지면서 코스 안에서의 플레이 지연 현상이 줄어들게 됩니다.

그래서 대부분 파3홀에서 대기 팀이 많아졌을 경우에 웨이브 연결을 하게 됩니다. 하지만 이 웨이브 연결을 싫어하는 고객들이 있기 때문에 고객에게 먼저 양해를 구한 후 경기를 진행하여야 합니다. 고객이 웨이브 연결을 거부하는 경우에는 앞 팀에게 이 사실을 미리 알려주어 앞 팀이 대기하고 있는 상황을 만들지 않아야 하고 뒤 팀에게도 양해를 구하고 뒤 팀에서 다시 웨이브 연결을 시작할 수 있게끔 무전을 통하여 알려주어야 합니다.

4. 그늘집의 대기 팀 수 사전 파악 후 고객에게 대기시간 안내

이제부터는 각 티잉 구역에서 대기가 생길 수도 있지만, 그늘집에서 대기할 수 있는 상황에 대해서 알아보겠습니다.

코스 안에는 그늘집이라는 곳이 있습니다. 그늘집이란 여름철에는 잠시 더위를 피할 수 있고 겨울철에는 따뜻하게 잠시 몸을 녹일 수 있게 휴식을 취할 수 있는 공간이라고 생각하면 됩니다.

그늘집에서 잠깐의 휴식을 취하면서 화장실을 이용할 수도 있고 음료나 간식을 구입할 수 있으며 골프장마다 다르지만 이벤트가 있을 수도 있습니다. 하지만 모든 팀이 다 이곳에서 쉴 수 있을 정도로 넓은 곳은 아닙니다. 코스 진행하는 중간에 화장실이 급하여 잠깐 쉴 수는 있겠지만 본인팀이 진행이 느릴 때에는 화장실만 들렸다가 플레이 진행을 위해서 바로 다음 홀로 이동을 해야 합니다.

화장실을 이용할 때에는 여성고객들을 먼저 이용하게 하고 그 틈에 남성고객들은 티 샷 준비를 하도록 리드해야 한다. 고객 4명이 남성고객일 때에는 빨리 준비를 시켜야 합니다. 그늘집이란 상시개념보다는 급하게 이용을 하는 곳이라고 생각하는 것이 좋습니다. 그리고 고객들이 생리 현상이 급하여 코스 안에 그늘집을 미리 물어보는 경우가 많이 있는데, 이럴 경우 캐디라면 당연히 그늘집 위치를 알려주어 급한 용무를 처리할 수 있도록 해 주어야 합니다.

모든 골프장이 그늘집을 운영하는 것은 아닙니다.

무인으로 운영되는 곳이 있고 직원이 상주하는 곳도 있습니다. 무인 운영시에는 고객이 어떤 물품을 가져왔는지 파악 후 캐디가 보고를 해야 합니다. 보고할 때에는 태블릿PC로 물품과 개수를 함께 파악을 해서 보고를 해야 합니다.

직원이 상주하고 있는 그늘집은 직원이 본인 업무로 주문 사항을 처리해 주기 때문에 캐디는 신경 쓰지 않아도 됩니다. 인천에 있는 스카이72란 골프장에서는 겨울철에는 오뎅과 붕어빵을 서비스로 주는 홀도 있습니다. 이렇듯 그늘집은 급한 용무가 있거나 잠시 쉬는 곳으로 생각하는 것이 좋습니다.

5. 전반 종료 이전 스타트 하우스 대기 상황 파악하여 고객에게 대기시간 안내

이제는 전반종료 이전 스타트 하우스 대기 상황을 파악하여 고객에게 대기시간 안내하는 것에 대하여 설명하겠습니다.

우리가 앞에서 배웠듯이 골프라는 운동은 전반과 후반으로 나누어집니다. 한 라운드는 총 18홀을 플레이하는 운동이며 전반 9홀과 후반 9홀을 나누어서 경기를 합니다. 그래서 전반 9홀을 돌고 후반 9홀을 돌아야 하기 때문에 쉬는 시간이 존재합니다. 다른 운동도 마찬가지지만 전, 후반으로 나누어 잠깐의 휴식시간을 갖게 되며, 다른 운동과는 달리 정해진 쉬는 시간이 없다는 것이 큰 차이점입니다.

골프장 대기 상황에 맞추어 쉬는 시간을 운용합니다. 이때에 대기시간이 고객들 팀마다 다르기 때문에 미리 알고 있어야 고객들에게 정확한 정보를 전달하고 쉬는 시간에 무엇을 할 수 있는지 미리 알려줄 수 있습니다. 전반 코스를 돌고 난 후 대기 시간을 알 수 있는 방법은 여러가지가 있습니다.

1. 무전을 통하여 알 수 있습니다.

무전은 코스 안에서 미리 알 수 있는 방법입니다. 앞 팀이 홀 아웃을 한 후 뒤 팀에게 대기시간이 몇 분 남아 있는지 혹은 몇 팀이 대기하고 있는지 뒤 팀들에게 알려주면 캐디가 듣고 고객들에게 미리 안내할 수 있습니다.

몇 분이라고 들었을 경우에는 그대로 전달 가능하지만 몇 팀이라고 전달을 받았을 경우에는 팀당 6~7분으로 계산을 하여 알려주어야 합니다.

예를 들어 "광장에 대기 3팀 있습니다."라고 대기 팀 수를 들었다면, 18~20분 정도 대기시간이 발생된다고 생각하면 됩니다.

2. 스마트 스코어 태블릿PC메시지로도 가능합니다.

태블릿 기능 중 메시지 기능으로도 코스 안에서 뒤 팀에게 혹은 경기과에서 단체 메시지로 쉬는 시간을 공지하기도 합니다. 이럴 경우 메시지를 확인한 후에 고객들에게 알려주면 됩니다.

3. 나인 턴 후 광장으로 돌아와 관제 시스템을 이용해서 확인할 수 있습니다.

골프장마다 경기과 혹은 캐디 대기실에 모니터를 이용하여 관제 시스템을 띄어 놓은 골프장이 대부분입니다. 그 관제 시스템을 보면 코스 안에 몇 팀이 있는지 대기팀이 몇 팀인지 알 수 있습니다. 캐디가 이런 대기 상황들을 알아야 하는 이유는 간단합니다. 바로 대기 시간을 고객들에게 알려주어야 합니다. 고객이 대기 시간을 정확히 알아야 그 시간 동안에 식사를 하거나 가벼운 다과를 할 수 있습니다.

캐디는 고객들이 음식을 먹고 싶다고 하면 미리 음식을 주문해 주기도 합니다. 대기시간이 긴 상황이라면 상관없겠지만 대기시간이 짧은 상황이면 전반 9번 홀에서 미리 음식 주문을 하여 고객들이 음식 섭취를 하고 맞춰진 시간 내에 준비를 할 수 있도록 유도할 수 있기 때문입니다. 대기시간이 긴 상황이 아닌데 고객들 음식 주문을 미리 하지 않는다면 준비시간이 길어져서 티잉 구역 대기 시간이 발생할 수도 있습니다.

지금까지 10차시 코스별 경기 진행하기에 대해서 설명하였습니다. 다음 시간에는 "고객 응대하기"에 대해서 알아보도록 하겠습니다.

Part 3

고객 서비스

SECTION 11 고객 응대하기
SECTION 12 고객 특성 파악하기

SECTION 11

고객 응대하기

강의주제

1. 서비스 매뉴얼에 따른 용모와 복장
2. 서비스 매뉴얼에 따른 인사
3. 서비스 화법
4. 상황에 맞는 안내

강의내용

　11 차시에 강의할 내용은 캐디의 용모와 복장에 관한 내용과 골프장에 내장한 고객이 라운드 시작부터 종료될 때까지 캐디가 반드시 지켜야할 인사와 서비스 화법, 상황에 맞는 고객 안내에 대해 설명하도록 하겠습니다.

　캐디는 골프에 관한 전문 지식을 가지고 있어야 하는 전문직인 동시에 고객이 편안하게 골프를 즐길 수 있도록 만들어주는 서비스직입니다.

　서비스직에 종사하는 사람들이 알아야 하고 지켜야 할 부분 중에 제일 중요한 출발점은 바로 "나" 자신에 대한 피알(PR, Public Relations)입니다.

마케팅 용어 중에 아주 중요한 개념인 4P가 있습니다. 제품을 뜻하는 Product, 가격을 뜻하는 Price, 유통을 의미하는 Place, 촉진을 의미하는 Promotion 이 네 가지가 각각 전략을 가지고 있고, 이 네 가지를 적절하게 섞어서 사용하는 것을 4피 믹스 전략(4P Mix Strategy)이라고 합니다.

피알은 위 촉진 전략(Promotion Strategy) 중에 한 가지입니다.

촉진 전략은 대중들에게 제품에 대한 정보를 빠르고 정확하게 전달할 수 있도록 하는 것으로 촉진 전략으로 사용되는 방법에는 광고(Advertising), 판매촉진(Sales Promotion), 피알, 인적/직접 판매(Personal / Direct Selling), 전시회(Trade Show)와 온라인 기반으로 한 촉진 전략이 있습니다.

피알을 보다 자세하게 설명하자면, 피알의 사전적 의미는 대중과의 관계를 효율적으로 맺어서 개인이나 기업에 호의적인 결과를 만드는 것을 말합니다. 즉, 마케팅 주체가 대중과의 호의적인 관계를 위해 하는 모든 활동을 피알이라고 합니다. 피알과 광고는 다른 개념으로 광고는 소비자에게 직접적으로 메시지를 전하고 있지만, 피알은 이해 집단에게 정치적, 도덕적 관심을 전하고 있습니다. 보도자료 등을 대중 매체에 배포하면서 하는 홍보를 통한 피알과 마케팅 주체가 직접적으로 통제할 수 있는 광고를 통한 피알로 나누어 볼 수 있습니다.

SECTION 11

고객에게 서비스를 제공하고 있는 캐디는 "나"를 고객에게 올바로 알리기 위해서 단정하고 청결한 상태를 유지하도록 노력해야 하며, 고객을 응대할 수 있는 준비와 마음 가짐을 가지고 있어야 합니다.

캐디는 골프장이 할 수 있는 최고의 마케팅 방법입니다. 명문 골프장일수록 캐디의 서비스 마인드와 역할에 대한 교육을 지속적으로 하고 있습니다.

캐디는 라운드 동안 고객과 최소한 4시간을 같이 있어야 하며, 고객에게 골프에 관한 전문지식을 전달해야 합니다. 그렇게 하기 위해서는 먼저, 단정한 용모와 복장을 갖춰 입은 캐디의 이미지는 고객에게 호감을 줄 뿐만이 아니라 자신의 마음자세를 바르게 가지게 하는 가장 기본적인 예절이기도 합니다.

가장 효과적인 캐디의 용모와 복장에 대하여 한번 알아보도록 하겠습니다.

- 여성 Make up -

1. 내 피부색에 가까운 파운데이션을 사용한다.

화장을 하기 전 스킨 로션을 바르고 썬크림을 자연스럽게 펴서 바른 뒤 제일 기본적인 피부메이크업을 진행합니다. 이때 피부 톤이 어두운 사람이 밝은 톤을 사용하게 되면 턱과 얼굴 쪽에는 경계선이 생기기 때문에 기초적인 피부화장을 할 때에 사용하는 파운데이션은 꼭 나의 피부 톤과 비슷한 파운데이션을 사용하여 얼굴과 목의 경계가 생기지 않도록 얇게 잘 펴서 발라 주어야 합니다.

2. 립스틱은 코랄 빛 또는 핑크 계열로 내츄럴하게 한다.

고객을 직접 대면해야 하는 서비스인으로서 만일 입술이 너무 빨갛거나 푸

르스름하거나 혹은 누드계열에 라인이 두꺼운 메이크업이라면 고객과 마주함에 있어 인상이 야하거나 천박하다는 느낌을 줄 수 도 있기 때문에 너무 진한 색상은 피하는 것이 좋습니다.

3. 짙은 눈 화장은 피해야 하며, 마스카라는 검정색을 사용한다.

과도하게 펄이 많이 들어가 있는 아이쉐도우는 상대방에게 부담을 줄 수 있으므로 피해야 합니다. 또한 마스카라는 속눈썹을 찍어 올려서 화장을 하는 방법인데 이 때 사용할 마스카라는 반드시 검정색이여야 합니다.

만일 검정색이 아닌 갈색으로 마스카라를 짙게 사용하는 경우 상대방에겐 단정하지 못한 느낌을 줄 수 있기 때문에 서비스인들에 있어서는 나의 얼굴과 통일성이 있는 가장 기본적인 아이 메이크업(EYE-Makeup)을 연출하여야 합니다.

4. 긴 머리는 반드시 뒤로 묶어 올린 후 머리 망을 착용한다.

캐디가 필드에 나가서 바람에 머리가 휘날린다면 4명의 고객들을 대상으로 다양한 서브를 해야 하는 입장에서 업무에 지장을 초래할 수 있으며, 나아가 휘날리는 머리가 업무를 방해할 수 있기 때문에 머리가 긴 캐디는 머리를 뒤로 단정하게 말아 묶어 올린 후 머리 망을 착용하거나 혹은 양 갈래로 머리를 땋아 흘러나오는 잔머리가 없도록 잘 묶어 주는 것이 좋습니다. 이 때 사용해야 하는 머리 끈은 꼭 검정색이여야 한다는 점도 잊지 말아주세요.

5. 정해진 유니폼을 착용한다.

캐디는 골프장에서 지급하는 정해진 유니폼을 착용하고 명찰과 그 외 회사에서 지정된 부착물들을 꼭 부착해야 합니다. 유니폼은 구김이 없도록 해야 하고 바지의 주름도 잘 세워서 관리해야 하며, 바지의 길이는 하단의 끝부분이 약 3cm 정도를 넘지 않도록 해야 합니다. 물론, 유니폼도 깨끗해야 합니다. 유니폼의 소매 깃이 청결한지도 점검해야 하며, 단추가 떨어져 있는지도 확인해야 합니다.

모자의 창은 너무 구부러져 있지 않도록 하며, 모자를 너무 눌러 깊숙하게 써서 고개를 들었을 때 손님의 시선을 볼 수 없으면 안 됩니다. 캐디화를 신을 때에는 신발 뒤를 구겨 신지 말아야 하며, 흰색 캐디화일 경우 얼룩이 져 있는 상태가 되면 안 됩니다.

6. 귀걸이는 하나만 착용을 하고 눈에 띄게 큰 귀걸이는 피한다.

귀걸이는 지름이 약 1cm의 크기가 적당하며 너무 큰 귀걸이는 업무에 지장을 초래할 수 있기 때문에 일에 지장을 주지 않을 정도의 크기를 선택하는 것이 좋습니다.

7. 반지를 착용할 때는 눈에 띄지 않게 크지 않은 것으로 착용한다.

캐디가 근무를 나가면 오랜 시간 장갑을 착용하고 있어야 합니다. 반지 착용은 허용이 되지만 너무 크지 않은 것을 착용해야 하는 이유는 장갑을 착용할 때에 반지가 장갑에 걸리기 때문입니다.

8. 향수는 너무 과하지 않게 사용한다.

향수를 사용함에 있어서 고객에게 짙은 향기에 대한 거부감을 주지 않도록 약하게 뿌려야 합니다.

코스에 나가면 벌과 곤충들이 많이 있습니다. 지나치게 과한 향기는 벌들과 많은 벌레들을 불러들일 수 있기 때문에 고객에게 발생하는 불편이 없도록 하기 위해 사용하더라도 소량을 사용하는 것이 좋습니다. 또한 한여름에는 향수와 땀 냄새가 섞여서 악취를 내뿜을 수 있기 때문에 과도한 향수 사용은 자제하는 것이 좋습니다.

9. 과도한 네일 아트는 피한다.

네일 아트를 안 한 여성들을 찾기 힘든 것처럼 네일 아트는 일반화된 패션입니다. 캐디가 네일 아트를 하지 않아야 할 이유는 없지만, 지나치게 짙은 색상과 과하다 싶은 장식을 하는 경우에는 업무에 지장을 초래할 수 있습니다. 예를 들어, 장식이 많이 올려져 있는 경우에는 장갑을 착용하기 불편하며, 고객에게 피해를 줄 수도 있기 때문입니다.

지금까지 간략하게 여성 캐디가 기본적으로 갖춰야할 용모와 복장 관리에 대하여 알아보았는데요. 이상과 같은 기본만 지켜도 고객의 신뢰를 얻을 수 있으며 일과 성과에도 영향을 미칠 수 있습니다.

SECTION 11

지금부터는 남성 캐디의 용모와 복장에 대해서 알아보도록 하겠습니다.

1. 썬크림은 골고루 피부에 펴 발라준다.

남자들의 경우에는 여성들과 달리 따로 피부 메이크업을 하지 않아도 되는 부분이 있지만 그래도 기초 메이크업을 해줘서 피부를 보호해야 합니다. 즉 야외에서 근무를 하는 캐디들의 대부분은 자외선에 노출되기 때문에 썬크림을 사용해야 하는데 이때 피부에 썬크림이 뭉쳐서 얼룩이 생기지 않도록 골고루 펴서 발라줘야 합니다.

2. 면도는 반드시 해야 한다.

남성은 매일 콧수염과 수염이 자랍니다. 콧수염도 안 보이게 정리해야 하며, 면도도 매일 해 주어야 깨끗한 인상을 줄 수 있습니다. 고객을 응대해야 하는 캐디가 콧수염을 기르고 나가 고객을 응대한다면 첫 인상이 프로가 아닌 아마추어로 비춰질 수 있습니다. 바른 몸가짐과 용모 관리는 행동의 기본이 되기 때문에 나의 이미지를 상승시키기 위하여 조금 더 청결에 주의를 해야 합니다.

그 외에 복장과 향수 및 액세서리는 앞서 설명드린 것처럼 여성 캐디와 동일함으로 남성 캐디가 지켜야 할 점은 간략하게 여기서 마치기로 하겠습니다. 지금까지 가장 기본적인 서비스인의 용모와 복장관리에 관하여 알아보았습니다.

이제부터는 기본적으로 숙지해야 할 올바른 자세에 관해서 알아보겠습니다. 기본만 지켜도 고객에게 호감을 주고 신뢰를 얻을 수 있는 효과가 있다는 점 잊지 않으셨으면 좋겠습니다.

고객 응대하기

인사는 고객과 첫만남에 있어서 어색한 분위기를 깨트릴 수 있는 최고의 방법입니다. 또한 감사의 표현이기도 하며 서비스인이 갖춰야할 가장 기본적인 예절이기도 합니다.

이제부터 '바르게 인사하기'에 대해서 알아보도록 하겠습니다.

인사의 기본은 고객보다 내가 먼저 인사하기 입니다. 인사할 때는 아이 콘택트(Eye Contact)를 해야 하며, 상대의 시선을 맞추어서 해야 합니다. 또한 인사할 때는 밝은 표정으로 웃으며 인사해야 합니다. 바르고 정확한 자세와 태도는 캐디가 갖추어야 할 가장 기본적인 표현이라고 할 수 있습니다.

1. 양 팔은 자연스럽게 내려 바지 봉제선 옆에 붙여 줍니다.
2. 오른손이 왼손 위에 오게 하고 양손을 앞으로 모아서 잡아 줍니다.
3. 양 발은 붙이고 무릎을 곧게 펴 줍니다.
4. 턱은 몸 쪽으로 살짝 당기고 어깨선은 굽지 않도록 허리와 상체를 반듯하게 펴 줍니다.
5. 상체를 굽힌 상태에서 자기 발끝의 15도 정도 앞을 보며, 시선이 머문 상태에서 엉덩이가 뒤로 빠지지 않도록 해 줍니다.
6. 허리를 펼 때에는 굽힐 때 속도의 절반으로 서서히 펴 줍니다.
7. 인사는 내가 먼저 자연스럽고 자신 있게 해야 하며 누구를 보든 반사적으로 인사를 하되 항상 밝고 상냥한 미소와 함께 해야 합니다.

이처럼 인사라는 것은 나의 마음 속에서 진실되게 나와서 해야 하는 것이며, 위에서 언급한 것처럼 고객과의 첫 만남의 시작이라고 할 수 있으며, 인사는 상대방에 대한 존경과 친절을 나타내는 방법이며 캐디가 고객에게 줄 수 있는 감동과 감사의 표현인 것입니다.

세 번째! 서비스 화법에 대하여 배워보도록 하겠습니다.
서비스 화법에는 1, 2, 3원칙이 있습니다.
"1번 말하고 2번 이상 들어주고 3번 이상 맞장구를 쳐 주어라" 입니다. 말을 잘하는 사람은 자신의 말만 잘하는 것이 아니라 남의 말도 잘 듣고 남과 공감할 수 있는 능력이 뛰어난 사람입니다. 고객의 말을 들어주고, 공감을 표하는 것은 고객과의 대화 중에 가장 필요한 부분입니다.
"안녕하십니까! 오늘 플레이를 도와드릴 캐디 박규빈입니다."
"반갑습니다. 고객님"
"필요한 것이 있으시면 언제든지 말씀해 주세요."
"도와 주셔서 감사합니다. 고객님"
"앞 팀 고객님이 세컨 샷 중이시니 잠시만 기다려 주시면 감사하겠습니다."
"죄송하지만, 사고 위험이 있으니 티잉 구역에는 한 분 씩만 모시겠습니다."
"고객님, 앞이 급커브 구간입니다. 안전 손잡이 꼭 잡아 주시기 바랍니다."
"오늘 즐거운 라운드였습니다. 다음에 또 오시면 정성껏 모시겠습니다. 즐거운 하루 되십시오."
이와 같은 말은 듣는 이로 하여금 긍정적이면서 오해의 소지가 없는 말이기 때문에 긍정형 화법으로 바꿔서 사용을 할 수 있도록 해야 합니다.

여기서 주의 해야 할 부분은 명령형 화법은 절대 사용을 해서는 안 됩니다.

예를 들면 "나인 홀 턴 후에 고객님 식사 끝나셨으면 빨리 나오세요"와 같은 명령형 화법보다는 "고객님 앞 팀 티 샷이 끝났습니다. 식사 다 하셨으면 빠르게 티로 이동 부탁드리겠습니다."의 차이점이 있듯이 가급적이면 권유형 화법을 사용하는 것이 좋습니다.

골프장에서는 캐디가 고객에게 말을 하는 것을 멘트(Ment)라고 합니다.

캐디가 해야 할 멘트는 광장에서 고객을 처음 만났을 때 하는 광장멘트, 라운드를 시작하면서 하는 스트레칭 멘트, 해당 홀을 설명하는 홀 멘트, 카트 운전할 때 안전을 당부하는 안전멘트 등이 있습니다. 이런 다양한 멘트를 할 때, 유의해야 할 것이 권유형 화법과 긍정형 화법을 사용해야 한다는 것입니다.

코스에서 공략지점을 알려주고, 그린에서 캐디가 본 라인을 어드바이스 할 때도 확정적, 명령적 화법이 아니라 "전방에 보이는 IP 깃발 보고 치시는 것이 좋습니다.", "홀 컵 좌측으로 두 클립 봤습니다."와 같이 권유형 화법을 사용하는 것이 좋습니다. 부정형 화법은 고객의 컴플레인을 야기할 수 있으므로 말 하기 전에 한번 더 생각해서 긍정적 화법을 사용해야 합니다.

예를 들어 "광장에서 드라이버 연습하지 마세요."라고 이야기하는 것보다 "광장에서 드라이버 연습을 하면, 다른 고객이 다칠 수가 있기 때문에 정해진 곳에서 드라이버를 연습하시는 것이 좋습니다."라고 이야기하는 것이 고객에게 어필하기 좋습니다.

거절해야만 하는 상황에서는 단호하게 잘라서 전달하기보다는 의뢰형 화법을 사용하는 것이 더 좋은 결과를 얻을 수 있을 것입니다. 예를 들어 "고객님 주문하신 김치찌개가 모두 소진이 되어 주문이 어려울 것 같은데 다른 음식으로 변경해서 주문해 주셨으면 합니다." 이렇게 나의 말 한마디로 적절하게 유연한 언어를 선택하여 사용한다면 고객을 존중하고 있다는 느낌을 갖게 만들 수 있습니다.

항상 나의 대화가 상대방이 잘 이해할 수 있는 대화인지를 생각해야 하며, 고객의 입장에서 대화를 이끌어 나가야 합니다.

11차시의 마지막으로 상황에 맞는 안내에 대하여 설명하겠습니다.

안내를 할 때는 하고자 하는 말을 정확하게 그리고 친절하면서 성의 있게 말을 해야 하며, 고객이 하는 이야기를 들을 때에도 항상 웃는 자세로 성의를 보이면서 들어야 합니다. 라운드 시작부터 종료하기까지의 상황을 간단히 적절한 멘트와 함께 설명하겠습니다.

1. 스타트 광장에서 고객을 처음 만났을 때(광장멘트)

"안녕하십니까! 오늘 플레이를 도와드릴 캐디 ○○○입니다. 오늘 플레이할 코스는 인코스 아웃코스입니다. 카트 운행 중에는 위험하오니, 안전손잡이 꼭 잡아주시기 바랍니다. 즐거운 라운드 되십시오."

2. 티오프 시작 전인데, 동반자가 오지 않아 티오프가 미뤄질 때

"고객님! 죄송하지만, 티오프 시간입니다. 아직 도착하지 않은 손님은 도착 후 경기과에서 안내해 드릴 예정입니다. 준비되신 오너 분 먼저 티오프 부탁드리겠습니다."

고객 응대하기

3. 티잉 구역에서 여러 고객이 있을 때

"고객님, 죄송하지만, 티잉 구역에는 고객 한 분 씩만 올라가 주시기 바랍니다. 여러 고객님이 한꺼번에 올라가 계시면 사고의 위험성이 높습니다."

4. 고객이 공략 지점을 다시 물어볼 때

"정면에 보이는 벙커 우측 방향을 보고 치는 것이 좋습니다."

5. 티 샷이 지연되고 있는 상황일 때

"고객님, 앞 팀 홀 아웃[34]하였습니다. 티 샷 준비해서 진행하겠습니다."

6. 친 볼이 OB에 들어갔는지 물어볼 때

"고객님, 가서 확인해 보겠습니다." 또는 "잠정구 하나 치고 출발하겠습니다."

7. 친 볼이 어디에 떨어졌는지 물어볼 때

"페어웨이 가운데로 잘 갔습니다.", "좌측 벙커 앞에 떨어졌습니다."

8. 현재 위치에서 홀 컵까지 거리를 물어볼 때

"150미터입니다. 몇 번 클럽 드릴까요?"

9. 홀 컵의 위치를 물어볼 때

"앞 핀입니다.", "중 핀입니다.", "백 핀입니다."

10. 경기 진행이 느려 진행 협조를 부탁할 때

"고객님, 죄송하지만 앞 팀과 간격이 너무 벌어졌습니다. 진행 협조 부탁드리겠습니다. 순서와 상관없이 준비되신 분부터 안전하게 샷해 주시기 바랍니다." "고객님 샷은 천천히 단, 이동만 빨리 부탁드립니다."

11. 마지막 인사를 할 때

"고객님, 마지막으로 클럽 확인 부탁드리겠습니다. 오늘 즐거운 라운드를 할 수 있도록 도와 주셔서 대단히 감사드립니다. 안녕히 조심해서 들어가십시오.

다음에 또 뵙겠습니다."

끝으로 자연재해로 인한 날씨에 관한 안내 화법 입니다.
"폭우로 인하여 페어웨이와 그린 곳곳에 물이 고여 경기를 잠시 중단하였다가 괜찮아지는 대로 경기를 진행하도록 하겠습니다. 양해 부탁드리겠습니다."
"고객님, 안개때문에 플레이하기 힘드시겠지만 방향은 제가 알려드릴 테니 잠시만 기다려 주십시요."
"고객님, 죄송하지만 낙뢰로 인해 위험하기 때문에 경기를 잠시 중단하겠습니다. 양해 부탁드립니다."
지금까지 고객 응대하기, 서비스 용모, 화법, 안내 화법에 대해서 설명하였습니다. 다음 시간에는 "고객 특성 파악하기"에 대해서 설명하도록 하겠습니다.

고객 응대하기

SECTION 12

고객 특성 파악하기

강의주제
1. 고객 기호 및 요구 상황 사전 문의하여 파악하기
2. 단체 팀 라운드 특성 파악하기
3. 고객 분석을 통한 서비스 제공

강의내용

이번 12차시에 강의할 내용은 고객 특성에 따른 요구 상황을 사전 문의하여 고객을 조금 더 쉽게 파악하기 위한 방법과 예약자 정보에 따른 고객정보관리 규정에 대한 교육을 진행하는 시간을 갖도록 하겠습니다.

캐디가 업무를 쉽게 하기 위해서는 먼저, 오늘 플레이할 고객의 특성을 짧은 시간 내에 파악해야 합니다. 내가 먼저 고객을 파악해서 다가가는 것과 고객이 먼저 캐디를 파악하고 다가오는 것에 대해서는 많은 차이점이 있습니다. 고객을 네 가지 분류로 나누어서 설명하겠습니다.

1. 잠재고객

잠재고객(Potential Customer)이란 현재는 고객이 아니지만 잠재적으로 고객이 될 가능성이 있는 사람을 뜻합니다. 고객이 될 수도 있다고 예상을 한다는 의미로 예상고객이라고도 합니다. 아직은 골프장의 고객은 아니지만 나의 캐디 업무와 서비스 역량으로써 골프장의 고객 혹은 나의 고객이 될 수 있는 사람을 잠재고객이라고 생각하시는 것이 좋을 것 같습니다. 처음에는 호기심과 주변 환경 또는 블로그 등을 통하여 단순 호기심으로 내장하는 고객을 뜻하지만 신규고객이 될 수 있는 장점을 갖고 있는 가능성이 있는 고객이기도 합니다.

2. 신규고객

신규고객(New Customer)은 잠재고객의 단계를 거쳐 이제는 우리 골프장에 신규로 회원이 되신 고객입니다. 막연히 신규로 회원이 되는 경우보다는 골프장의 인프라나 환경과 조건을 보고 회원이 되는 경우가 더 많습니다.

신규회원이 된 고객이 골프장에 회원으로서 처음 왔을 때, 캐디는 회원 입장이 되어서 어떤 서비스를 받기를 원할지에 대해서 고민을 해야 합니다. 라운드를 시작해서 마칠 때까지 불편함을 덜어 줄 수 있는 센스 있는 캐디가 되어야지만 나의 고객을 확보할 수 있습니다. 골프장의 고객은 즉 나의 고객과도 같기 때문에 고객이 또 다시 오고 싶은 골프장을 만들어 줄 수 있어야 하겠습니다.

3. 우수고객

　골프장의 우수고객(Excellent Customer)이란 골프장을 자주 방문하기 때문에 특별한 관리가 필요한 고객을 의미합니다. 우수고객은 골프장에 라운드 하러 자주 오기 때문에 매출부분에도 많은 기여를 하고 있는 회원입니다. 비싼 회원권과 많은 매출을 발생을 시켜야지만 우수고객이 된다는 것보다는 여러가지로 다회 내장자, 매너, 품위, 인성, 회원기여도가 있는 분에 한한 고객을 뜻합니다. 골프장에서 우수고객이 라운드 예약을 했을 경우에는 라운드 전에 고객 또는 회원의 특성을 배치받을 때 전달하기도 합니다.

　고객/회원의 성향과 혹은 평균 스코어 등 미리 파악할 수 있는 정보를 전달 받는 것이지요. 고객/회원을 처음 마주하는 캐디에 있어서는 정보는 가장 중요한 것이기 때문에 미리 준비하여 고객/회원에게 다가갈 수 있는 캐디가 되어야 경기를 진행하는 동안 고객행동에 대하여 유연하게 대처할 수 있습니다.

4. 충성고객

　골프장의 충성고객(Loyal Customer)이란 자사 골프장만 고집하며 라운드 하는 고객을 뜻하는 말입니다. 즉, 우수고객보다 한단계 위 등급으로 생각하면 됩니다. 충성고객이 아닌 다른 모든 고객에게도 양질의 서비스를 제공하는 것도 중요하지만, 우리 골프장에 대한 애착과 호감을 많이 갖고 있는 충성고객에게 보다 더 많은 관심을 기울여야 합니다.

　이처럼 우리는 잠재고객을 관리하여 신규고객으로 이끌 수 있는 서비스를 해야 하며, 신규고객이 우수고객 나아가 충성고객이 될 수 있도록 끊임없이 노력하는 캐디가 되어야 합니다.

이처럼 캐디는 골프장을 대표하여 고객과 짧게는 4시간에서 5시간까지 함께 라운드를 해야 하는 직업입니다. 이 시간 동안 고객이 골프를 더 잘 즐기고 스코어를 높게 만들기 위해서 최선의 서비스를 제공해야 합니다. 캐디가 고객에게 제공하는 기본적인 서비스에는 고객에게 홀에 대한 정보부터 홀 컵까지의 거리를 불러 주고, 거리에 맞는 클럽을 추천하거나 전달하기, 고객의 볼을 찾아주고 닦아 주기, 그린을 읽고 라인(Line)을 보고 라이(Lie)를 놓고 불러주기 등 고객이 골프를 잘 칠 수 있도록 다양한 정보와 어드바이스(Advice)를 제공해야 합니다.

이번에는 조금 더 깊이 있게 들어가서 팀 라운드의 특성을 파악할 수 있는 기본적인 방법을 알아보겠습니다.

앞에서도 말씀드렸듯이 캐디는 우수고객 혹은 충성고객 혹은 다른 특이사항이 있는 고객들과 라운드를 함께하게 됩니다. 이 때 특이사항이 있는 경우에는 배치표를 받게 될 때 경기과에서 예약자에 대한 고객의 특성을 미리 전달 받고 라운드를 준비해야 합니다.

미리 전달받은 고객 정보를 바탕으로 고객의 특성을 사전에 짐작하여 첫 대면에 준비를 할 수 있다면 고객과 첫 만남에 있어서 호감이 가는 캐디가 될 수 있습니다. 미리 알고 첫 대면을 하는 것과 그 사람의 특성을 모르고 시간이 경과함에 따라 자연스럽게 파악하게 되는 특성에는 내가 미리 대처를 할 수 있고 없고의 차이가 있기 때문에 고객의 신뢰를 얻을 수 있는 중요한 부분입니다. 서비스와 신뢰가 고객에 대한 충족이 없다면 고객과 유대감을 쌓을 수 없습니다. 또한 고객의 분류에는 "좋은 사람과, 진상 고객"이 있듯이 안 좋은 단점을 미리 파악을 할 수 있다면 내가 먼저 주의해서 천천히 다가가서 고객의 눈높이에 맞는 서비스를 제공할 수 있습니다.

고객의 마음을 움직여 고객과 신뢰감을 쌓을 수 있도록 만들어야 하는 것이 캐디의 자세입니다. 고객별 성향을 파악하여 스타트 광장에서 고객 안내와 응대하는 방법을 알아보겠습니다.

라운드를 하기 위하여 고객과 첫 만남이 이루어지는 곳이 스타트 광장입니다. 고객을 광장에서 처음 마주하게 되는데, 고객과 아이 콘택트를 하고 인사를 드린 후에 고객 4명의 백과 클럽을 매칭(Matching)해야 하는데 이때 고객님의 성향도 빠르게 파악을 할 수 있다면 고객과의 신뢰를 구축하는데 용이할 것입니다.

스타트 광장에서의 예절에 대해서 살펴보도록 하겠습니다.

고객에게 인사할 때 시선은 고객에게 집중을 하여야 합니다. 만일 내가 다른 일을 하고 있는 순간이라도 아이 콘택트를 할 수 있도록 고객을 마주보고 인사를 해야 합니다.

"안녕하십니까. 오늘 플레이를 도와드릴 캐디 박규빈입니다. 잘 부탁드리겠습니다."

라운드를 시작하기 전에 고객이 필요한 것이 있다면 무엇인지 파악하고 신속하게 준비할 수 있어야 합니다. 또한 스타트 광장에서 1번 홀로 이동할 때에는

고객 특성 파악하기

반드시 고객 전체가 들을 수 있도록 광장 멘트(인사 멘트)를 하고 1번 홀로 이동한 후에 스트레칭을 하고, 마지막 고객이 티 샷을 마치실 때까지 기다리면서, 드라이버를 받아 주는 근접 서비스를 제공해야 합니다.

고객을 응대하거나 안내할 때는 미소를 잃지 않도록 하여야 합니다.

경기과에서 전달받은 특이사항으로 혹은 나만의 기술로 먼저 고객을 알아보는 것도 중요하지만 밝게 웃는 얼굴이 아닌 굳은 표정으로 고객을 응대한다면 캐디로서의 자질에 문제가 있다고 할 수 있습니다. 나의 컨디션에 따라 고객을 응대하지 말고, 항상 부드러운 미소로 응대하는 것이 중요합니다. 나의 기분에 따른 나의 태도는 곧 나의 행동이 될 수 있다는 점을 명심하시기 바랍니다.

표정과 나의 음성에 대해 알아보도록 하겠습니다.
나의 표정이나 목소리 톤 즉, 음성은 나의 현재 상태를 보여주는 바로미터(Barometer)입니다. '내가 고객을 맞이할 준비가 된 것인가?'에 대한 자세가 담긴 기준이기도 합니다. 대답은 항상 "네 고객님", "감사합니다. 고객님", "확인해 보겠습니다. 고객님" 등으로 솔(Sol) 톤에서 마무리가 되어야 부드럽고 긍정적인 말투가 만들어집니다.

SECTION 12

1. 간단명료하면서도 정확하고 구체적인 대답을 해야 합니다.
2. 전문어나 약어 등과 같이 어려운 단어는 사용하지 않는 것이 좋습니다.
3. 비속어는 사용하지 않는 것이 좋습니다.
4. 상대방의 말을 경청해야 합니다.
5. 대화의 끝맺음은 "입니다", "입니까?", "알아보겠습니다" 등의 부드러운 단어를 사용하여야 합니다.
6. 질문을 정확하게 못 들었을 때는 "다시 한번 말씀 부탁드립니다." 등의 멘트를 사용하는 것이 좋습니다.
7. 골프와 관련된 용어나 존칭어를 사용하는 것이 좋습니다.
8. 반 존댓말은 고객의 거부반응을 일으킬 수 있고, 불편함을 야기할 수 있음으로 사용하지 말아야 합니다.
9. 항상 고객의 입장에서 생각해야 합니다.
10. 대화할 때는 한번 더 생각하는 습관을 만들어야 합니다.

고객의 불만 및 컴플레인(Complain)에 대한 올바른 응대에 대해서 알아보겠습니다.

'내 맘 같지 않다.'라는 이야기를 많이 합니다. 내 맘과 다르기 때문에 고객과 커뮤니케이션을 올바로 할 수 있어야 합니다. 내가 어떻게 하느냐에 따라 고객이 달라지는 이유도 사람과 사람간에 이루어지는 업무이기 때문입니다.

고객이 컴플레인을 제기할 때 가장 중요한 것은 최초의 응대를 어떻게 했느냐 입니다. 고객이 불편해하는 부분에 대하여 먼저, 경청을 한 후 고객이 원하는 바가 무엇인지를 빠르게 판단해야 합니다. 나의 잘못으로 인한 컴플레인의 경우

개인감정이 담겨있는 변명보다는 "죄송합니다."라는 단어를 먼저 사용하면 고객과 대립관계가 되지 않습니다. 이 또한 마찬가지로 내가 어떻게 하느냐에 따라 고객 또한 달라진다는 것이 중요한 부분입니다. 고객의 어렵고 불편한 점을 내가 적극적으로 먼저 처리하기 위해 다가간다면 고객과의 언쟁은 일어나지 않을 것입니다.

아울러 고객 분석을 통한 서비스에 관한 고객응대 3원칙을 알아보겠습니다.

첫 번째 맞춤형 서비스의 실행입니다.

맞춤형 서비스란 서비스 대상의 환경에 대하여 미리 알고 그 접점으로 이루어지는 서비스의 형태를 뜻합니다.

앞서 배웠듯이 팀 라운드의 분위기를 알고 먼저 대처할 수 있다면 고객 눈높이에 맞는 서비스가 가능합니다. 맞춤형 서비스는 고객과 근무자의 입장에서 밸런스를 맞추어 줄 수 있는 미리 예측할 수 있는 질 좋은 서비스입니다.

두 번째는 빠른 서비스의 실천입니다.

빠른 서비스는 고객의 입장에서 기다리지 않고 시간이 지체되지 않는 장점을 가지고 있습니다. 고객의 불편함을 즉각 알아차려 신속하게 응대하여 처리할 수 있다면 고객 만족은 높아질 것입니다. 고객 만족을 극대화하기 위하여 적극적으로 발 빠르게 행동한다면, 이를 통해서 골프장의 만족도와 캐디의 만족도가 높아질 것입니다.

세 번째로는 "VOC(Voice of Customers)" 고객의 소리 시스템 활용입니다.

VOC는 고객이 라운드를 마치고 퇴장하면서 골프장 만족도를 평가하는 시스템입니다.

VOC는 고객의 불만사항을 확인하고 처리가 될 때까지의 상황을 관리하는 것입니다. 고객의 의견을 수집하여 반영하고 수립이 될 때까지 골프장 혹은 자사의 하나의 자료가 되는 것인데요. 캐디에 대한 불만사항 뿐만 아니라 골프장 코스, 식음료팀, 프런트 등의 고객 불만사항 받을 수 있어서 골프장이 더 나은 방향으로 향상시킬 수 있는 고객관리시스템이라고 할 수 있습니다.

고객불만을 초기에 잘 응대함으로써 잠재고객, 신규고객, 우수고객, 충성고객이 이탈하지 않도록 미연에 방지하는 것이 가장 좋습니다. 고객의 접점에서 근접 서비스를 하는 캐디는 지속적으로 서비스인의 이미지를 메이킹해야 한다는 점이 중요하다는 것을 말씀드립니다.

12차시 강의는 여기서 마치도록 하며 다음 강의는 경기 안전 안내하기에 관해 알아보도록 하겠습니다.

고객 특성 파악하기

Part 4

경기 안전

SECTION 13　경기 안전 안내하기
SECTION 14　카트 안전 안내하기
SECTION 15　카트 및 안전사고 사례
SECTION 16　응급 상황 대처하기

SECTION 13

경기 안전 안내하기

강의주제

1. 부상 방지 준비운동, 라운드 안전 수칙
2. 사고 발생시 보고 요령
3. 사고 보고서 작성 요령

강의내용

　모든 스포츠는 기본적으로 안전 수칙이란 것이 있습니다. 경기에 임하기 전 부상 방지를 위해 준비운동을 충분히한 후 플레이하도록 합니다.

　몸이 뻣뻣하게 굳은 상태에서 좋은 샷을 기대할 수 없습니다. 최상의 컨디션으로 실력을 발휘하기 위해서는 워밍업(Warming-up), 준비운동이 아주 중요합니다. 워밍업은 말 그대로 (몸을) 따뜻하게(Warm) 만들어 주는 준비운동입니다. 준비운동을 하지 않고 바로 경기를 시작한다면, 근육과 관절이 손상되거나,

무리가 가기 때문에 반드시 준비운동을 해서 긴장을 풀어준 후 라운드에 임하는 게 좋습니다.

이렇게 준비운동이 필요함에도 불구하고 캐디는 준비운동을 고객들에게 강압적으로 지시해서는 안 됩니다. 이유는 준비운동 과정에서 웜업(Warm up)이 되지 않은 상태에서 급작스럽게 준비운동을 하게 되면 햄스트링(Hamstring)이 다칠 수 있기 때문입니다.

이제부터 클럽 스트레칭에 관해 알아보도록 하겠습니다.
캐디는 준비운동을 시작하기 전에 고객들에게 "고객님 스트레칭하시겠습니까?" 물어보고, 고객이 하겠다는 의사를 표시하면, "안녕하십니까 고객님, 지금부터 스트레칭 시작하겠습니다."라고 말한 후 스트레칭을 시작하면 됩니다.

스트레칭 순서는 다음과 같습니다. 머리부터 시작해서, 발끝까지
1. 목 스트레칭
2. 옆구리 스트레칭
3. 허리 스트레칭
4. 어깨근육 스트레칭
5. 허벅지, 종아리 스트레칭
6. 손목 발목 돌리기
7. 릴렉스(Relax) 심신 안정

① "안녕하십니까, 보다 나은 스코어와 부상 방지를 위해서 스트레칭을 시작하겠습니다. 클럽 하나씩 잡아 주시면 감사하겠습니다.
첫 번째 스트레칭은 목 스트레칭입니다. 먼저 왼손으로 클럽 헤드부분을 잡고 바닥에 그립 끝부분을 닿게 하시고 오른손바닥으로 머리를 오른쪽으로 당겨

주십시오. 하나~둘~셋~넷~…다음 손을 바꿔서 머리를 왼쪽으로 당겨주십시오. 둘~둘~셋~넷~…"

[그림13-1] 목 스트레칭

② "클럽을 양손으로 잡고 머리 위로 올려주십시오. 다음 천천히 오른쪽으로 왼쪽 옆구리가 뻐근할 정도까지 내려주십시오. 하나~둘~셋~넷~… 다시 반대편 같은 방법으로 내려주십시오. 둘~둘~셋~넷~…"

[그림13-2] 옆구리 스트레칭

③ "왼쪽 다리를 앞으로 한발짝 내밀어 살짝 굽히고 허리에 클럽을 끼워 주시기 바랍니다. 클럽은 팔꿈치로 고정하시고 왼쪽으로 천천히 가능한 범위 내에서 최대한 돌려주시기 바랍니다. 하나~둘~셋~넷~... 같은 방법으로 반대편으로 돌려주시기 바랍니다. 둘~둘~셋~넷~..."

[그림13-3] 허리 스트레칭

④ "왼손으로 클럽 넥(Neck)[35] 부분을 잡으시고 오른팔로 오른쪽으로 천천히 최대한 당겨주십시오. 하나~둘~셋~넷~... 다음 손을 바꿔서 왼쪽으로 천천히 최대한 당겨주십시오. 둘~둘~셋~넷~..."

[그림13-1] 어깨근육 스트레칭

⑤ "클럽을 한발 앞으로 내밀어 주십시오. 다음, 허리를 숙이시면서 양 발 뒤꿈치가 지면에서 떨어지게 발끝에 힘을 주시기 바랍니다. 하나~둘~셋~넷~... 같은 방법으로 양 발 발꿈치가 지면에서 떨어지게 발뒤꿈치에 힘을 주시기 바랍니다. 둘~둘~셋~넷~..."

[그림13-5] 허벅지, 종아리 스트레칭

⑥ "손목, 발목 돌리기입니다. 클럽을 한 손으로 짚으시고 손목 발목을 돌려주시기 바랍니다. 하나~둘~셋~넷~... 반대로 손 바꾸시고 반대편 손목 발목을 돌려주시기 바랍니다. 둘~둘~셋~넷~..."

[그림13-6] 손목, 발목 돌리기

경기 안전 안내하기

⑦ "마지막으로 근육의 긴장과 심신 안정을 위한 동작입니다. 클럽을 어깨위로 올려주시고 눈을 감아 주십시오. 숨을 크~게~ 들이 마시고 내뱉고... 들이 마시고 내뱉고... 함께 해주셔서 감사합니다."

[그림13-7] 심호흡 후 인사

라운드 중에는 예기치 않은 안전사고가 발생할 수 있습니다. 캐디는 고객 4명의 안전도 살펴봐야 하는 의무가 있습니다. 사고 발생시 사고 경위를 확인하고 캐디의 책임 여부를 따지며 캐디 책임으로 인한 안전사고일 경우 캐디 본인에게 불이익이 발생할 수 있습니다.

법원 판례를 찾아 보면 경기 운영자인 캐디는 플레이어를 보조하는 역할만 하는 게 아니라 플레이어의 안전을 위하여 예상할 수 있는 위험을 예방하거나 사후 조치를 위하는 역할도 해야한다고 명시하고 있습니다. 라운드 중 안전사고가 많이 발생하는 장소를 보면 티잉 구역, 일반 구역, 벙커, 코스 특이 지역 등이 있습니다.

먼저, 티잉 구역 안전 수칙을 살펴보겠습니다.

티잉 구역에서의 안전을 위한 기본 원칙은 한 사람씩만 티잉 구역을 이용해야 한다는 것입니다. 고객들은 티잉 구역에서 앞 팀 대기 시 연습 스윙을 많이 하는데, 이 때 클럽 길이를 인지 못하고 연습 스윙을 하기 때문에 스윙 중 상해 사고가 발생할 수 있습니다.

티잉 구역에서 고객이 티 샷을 준비하는 동안에 캐디는 앞 팀 간격을 보기 위해 전방을 주시하고 있는데, 연습 스윙하고 있는 고객이 캐디가 있는 것을 인지하지 못하고 스윙을 하다가 클럽 상해 사고가 일어날 수 있습니다. 그래서 캐디는 연습 스윙을 하는 고객에게 티잉 구역 외 지역에서 연습할 수 있도록 안내를 해주어야 합니다.

"고객님, 티잉 구역에서는 안전상 한 분씩만 이용해 주시면 감사하겠습니다."
"고객님 연습 스윙은 넓은 지역에서 이용해 주시면 감사하겠습니다."

Tee off 준비가 모두 끝이 나면 앞 팀 위치를 수시로 확인하고 티 샷을 진행하게 되는데 첫 홀 티 샷은 고객의 드라이버 거리 파악이 되지 않기 때문에 안전한 거리를 확보한 후 진행을 해야 하며 거리 확보가 되었다면 고객에게 "고객님, 플레이하셔도 괜찮습니다."라는 멘트를 하는 것이 좋습니다.

고객이 캐디의 지시없이 임의로 플레이를 해서 앞 팀과 타구 사고가 발생할 경우에 캐디에게도 잘못이 따른다는 점 꼭 명심하셔야 합니다. 앞 팀과 간격이 너무 가까워서 플레이를 하면 안 되는 상황이라면 단호하게 제재를 하셔야 합니다.

경기 안전 안내하기

"고객님, 플레이하시면 안 됩니다!"

앞 팀 타구 사고 발생시 캐디에게 책임 전가가 되는 경우가 대부분이기 때문에 단호하게 제재를 해도 됩니다.

한국 골프장은 지형상 계단식 형태의 홀이 많아 티 샷을 할 때 옆 홀로 넘어가는 볼들이 많습니다. 대부분의 고객들은 아마추어 골퍼로 볼이 똑바로 가지 않고 슬라이스[36] 혹은 훅[37] 구질이 많이 발생하기 때문에 옆 홀로 넘어간 볼도 위험 신호는 해주셔야 넘어간 볼로 인한 사고를 미연에 방지할 수 있습니다. 육성으로 "포~어~"라고 외치고 무전기를 사용해 이상 유무를 확인해야 합니다.

일반 구역 안전사고를 살펴보면 타구 사고와 벙커 샷으로 인한 사고가 가장 많습니다. 뒤에 있는 고객이 샷을 할 때 앞에 있는 고객에게 "고객님, 뒤에 볼 보십시오."라는 안전 멘트를 해야 타구 사고를 예방할 수 있습니다. 아마추어 골퍼들은 생크(Shank) 샷이 나올 확률이 높기 때문에 볼보다 앞으로 가는 행위는 피해야 합니다. 카트 또한 고객이 세컨 샷을 다 친 후 볼의 낙하 위치를 파악 하고 이동을 해야 생크(Shank)성 볼에 의한 타구 사고를 예방할 수 있습니다. 타구 선상에 있는 고객에게 위험하다는 고지는 수시로 해 주는 것이 예방책으로 가장 현명한 방법입니다.

벙커 샷은 페어웨이 벙커와 그린 사이드 벙커에서 플레이하는 샷입니다. 여기서 말하는 벙커란 코스의 난이도를 높이기 위해 만든 장해물이며 모래로 되어 있습니다. 아마추어 골퍼들은 벙커 샷을 할 때 큰 부담감을 느끼며 평소에 연습해 보지 못한 부분이기 때문에 많은 실수를 하게 됩니다. 정상적인 플레이가 아닌 상황이기 때문에 고객들에게 벙커 샷을 하고 있다는 걸 알려 주어야 합니다. "고객님, 벙커 볼 보십시오."라는 멘트를 하는 것이 좋습니다. 특히 그린 사이드 벙커에서 고객이 벙커 샷을 할 경우 캐디 본인도 위험을 감지해야 하지만 라인을 보고 있는 고객들에게도 위험하다는 멘트를 하는 것이 좋습니다.

[그림13-8] 그린 사이드에서 벙커 샷하는 사진

팀 배정을 받을 때 혹은 라운드 시작 전 경기과에서 금일 코스 작업에 관한 내용을 공지하는데 이를 잘 숙지하고 있어야 합니다. 코스는 잔디와 흙, 많은 나무들로 이루어져 있어서 지반이 다른 곳보다 약한 지역도 있습니다.

전날 폭우가 왔거나 잔디 보수 지역이 있다면 코스부에서 이를 경기과에 전달한 후 작업을 시작합니다. 작업은 보통 새벽이나 막 팀 뒤쪽으로 이루어지는데 간혹 라운드 도중에도 시작하는 경우도 있습니다. 작업을 시작하게 되면 많은 작업 차량과 페어웨이 보수 공사로 인해 안전사고가 발생할 수 있습니다. 광장에서 출발 전 공지사항이 있다면 반드시 전달을 해야 하며 그 지역에 도착을 하게 되면 다시 한번 재공지를 하고 고객들에게 양해 말씀을 드리는게 좋습니다. 코스부에서도 라운드 중인 고객에게 최대한 피해를 주지 않는 선에서 작업을 하게 되며 그 지역에서는 서로 조금씩 양보하는 미덕을 갖는 것이 좋습니다.

[코스 작업 안내 멘트]

"고객님, 양해 말씀 드리겠습니다. 금일 Out 코스 4번 홀 잔디 보수 작업이 있습니다. 양해 부탁드리겠습니다."

"고객님, 이번 홀이 잔디 보수 작업하는 홀입니다. 불편하시더라도 양해 부탁드리겠습니다."

또한 여름철과 겨울철 발생할 수 있는 안전사고도 많이 있습니다. 한국에서 골프장을 만들 때 산을 깎아 만드는 경우가 많기 때문에 코스를 살펴보면 대부분 산으로 둘러싸인 모습을 보실 수 있을 겁니다. 여름철 산에는 뱀, 말벌, 땅벌 등 위험 요소가 많은데 고객들은 산으로 들어간 볼을 찾기 위해 올라가는 경우가 많으며 깊이 들어 갈 때 반드시 경고 멘트를 해 주어야 합니다.

13 SECTION

비탈길을 올라갔다 내려오는 경우이기 때문에 미끄러져 발목 부상이 발생할 수도 있습니다. 이 점을 인지하시고 내려올 때 조심해서 내려오라는 멘트도 해 주어야 합니다. 골프장 측에서도 뱀 및 독충 경고판을 비치해 고객들에게 인지시켜 주고 있습니다. 코스에는 물로 만들어진 해저드(Hazard)가 존재하는데 해저드는 생각보다 깊습니다. 골프장마다 다르겠지만 평균 5m 이상 이며 인위적으로 만들었기 때문에 가장자리 부분이 비닐로 되어 있으며 퇴적물로 이루어졌기 때문에 미끄러진 경우에는 혼자 힘으로 올라오는 것이 불가능 합니다.

매년 해저드로 인한 인사 사고가 발생하는 이유가 이런 부분들 때문입니다. 고객이 해저드에 빠진 볼을 찾기 위해 가는 모습을 보게 되면 강하게 경고해주어야 합니다. 겨울철에는 기온이 영하로 떨어진 경우 해저드가 얼어 있습니다. 얼어있는 해저드 위에 볼이 있기 때문에 고객들은 볼을 줍기 위해 해저드로 들어가는 경우도 발생합니다. 이럴 경우 무게를 이기지 못하고 얼음이 깨질 수 있기 때문에 이렇게 얼음 위로 올라가서 볼을 꺼내 오는 행위는 너무나도 위험한 행동입니다. 반드시 경고성 멘트를 해주셔야 합니다. 그래서 골프장 측에서도 해저드 주위에 안전 표시판을 설치해 두었으며 이와 함께 구명튜브도 함께 비치해 놓고 있습니다.

[경고 멘트]
"고객님 뱀 or 독충 위험지역입니다. 깊이 들어가시면 안 됩니다."
"고객님 해저드가 깊습니다. 위험지역이니 가까이 가시면 안 됩니다."
"고객님 해저드 얼음이 단단하지 않습니다. 위험하오니 들어가시면 안 됩니다."

경기 안전 안내하기

1 뱀 or 독충 경고 표시판
2 구명튜브 사진
3 해저드 안전 표시판

캐디는 사고 방지를 위해 플레이어에 대한 3대 의무가 있습니다. 바로 제지, 주지, 경고 의무입니다. 이런 상황이 발생한다면 단호하게 이 부분에 있어서 경고성 멘트를 해주셔야 합니다. 고객의 안전에 관한 모든 것도 캐디의 역할이며 사고 발생시 캐디에게 불이익이 발생할 수 있다는 점도 명심하셔야 하고 안전에 대한 것은 강하게 어필해야 합니다.

고객 안전을 위한 캐디의 3대 의무는 플레이어가 사고를 유발시킬 수 있는 위험한 행동을 하지 않도록 하는 "제지 의무", 플레이어가 안전한 라운드를 위해 플레이 수칙을 준수하도록 안내하는 "주지 의무", 플레이어가 사고의 위험에서 벗어나도록 주의시키는 "경고 의무"가 바로 이것입니다.

[캐디의 3대 의무]

- 플레이어가 사고를 유발시킬 수 있는 위험한 행동을 하지 않도록 하는 "제지 의무"가 있다.
- 플레이어가 안전한 라운드를 위해 플레이 수칙을 준수하도록 안내하는 "주지 의무"가 있다.

- 플레이어가 사고의 위험에서 벗어나도록 주의시키는 "경고 의무"가 있다.

라운드 도중 사고가 발생했다면 1차적으로 무전기를 사용해 경기과에 보고해야 합니다. 보고 시에는 라운드 중인 코스 이름과 몇 번 홀, 몇 미터 지점이란 걸 알려주어야 하며 사고 난 부위와 고객 상태에 대해서도 알려주어야 합니다.

[무전기 보고 요령]

"경기과 송신 바랍니다."
"Out 코스 6번 홀 OOO 입니다."
"OOO 고객님께서 비탈길에서 내려오는 도중에 넘어져서 발목을 다친 것 같습니다."
"구급 약품 좀 가져다 주시면 감사하겠습니다." 또는 "OOO 고객님께서 비탈길에서 넘어지셨는데 라운드가 불가능할 것 같다고 하십니다. 어떻게 하면 되겠습니까?"

경기과에서 사용하는 무전기는 생활 무전기로 전파 송, 수신이 원활하지 않는 경우도 많이 발생합니다. 이런 경우 태블릿PC를 사용하는 골프장은 PC에 있는 관제 시스템을 사용해 경기과에 보고를 하면 됩니다. 관제로 보고를 할 때도 사고 내용은 자세히 적어 주어야 경기과에서 빠른 대처를 할 수 있습니다.

위급한 상황이라고 판단될 경우에는 개인 휴대폰으로 경기과에 보고 후 조치를 받아야 합니다. "Out 코스 5번 홀 OOO입니다. 저희 고객님께서 해저드

(Hazard)에 빠지셨습니다. 구명튜브를 던져 드린 상황입니다. 119에 신고 좀 해 주십시오." 응급 환자라고 생각이 들면 경기는 일단 중지하고 뒤 팀을 먼저 보내는 방법도 생각해야 합니다. 타구 사고의 위험이 있기 때문에 뒤 팀 캐디분에게 현 상황에 대해 간략히 설명을 해 주어야 합니다.

코스내 무전은 같은 주파수를 사용하기 때문에 뒤 팀 캐디분께 상황 설명을 해주셔도 같은 코스에 있는 모든 캐디분들이 들을 수 있으며 상황을 전파할 수 있습니다. 고객은 타구 사고 위험에 벗어난 위치로 안내를 해야 하며 상황을 들은 캐디는 본인 고객들에게 인지시켜 주어야 합니다. 혹시 모를 2차 사고에 대비를 해야 하며 사고 발생 홀에서 플레이할 때는 각별히 주의를 기울어야 합니다.

[위급상황 무전기 보고 요령]
"경기과 송신 바랍니다."
"네, 말씀하십시오."
"Out 코스 6번 홀 OOO 입니다."
"OOO 고객님께서 비탈길에서 넘어져서 발목을 다친 것 같습니다."
"구급 약품 좀 가져다 주시면 감사하겠습니다."

마지막으로 사고가 발생했다면 그에 따른 보고서를 작성해야 합니다. 사고 보고서는 육하원칙을 기본으로 작성해야 합니다. '누가, 언제, 어디에서, 무엇을, 어떻게, 왜' 이렇게 육하원칙을 지켜 보고서를 작성해야 정확하고 자세하게 쓸 수 있을 뿐만 아니라 읽는 사람도 이해하기 쉽기 때문입니다. 또한 보고서 작성시에는 중요 포인트만 간추려서 작성하는 것이 보는 사람도 이해하기 쉽고 이에 대한 신속한 처리가 가능합니다.

캐디가 사고 보고서를 작성하는 이유는 사고 상황을 파악하기 위함과 사고에 대한 반성 및 안전에 대한 중요성을 일깨움으로써 추후 같은 실수를 반복하지 않기 위함이고 이러한 사고가 발생했다는 것을 동료 캐디들에게 공지해 경각심을 일깨워주기 위함이라고 보면 됩니다. 또한 상해 사고가 발생했다면 보험회사 측에 사고 보고서를 전달해 상황 설명을 해주고 그에 따른 조치를 받기 위함이라고 생각하면 됩니다.

[그림13-12] 작성된 사고 보고서

사 고 보 고

담 당	대 리	팀 장	경영지원	대표이사

제 목 : 00사고 보고

☐ 일 시 : '18. 00. 00(금). (사인 00:00팀) 00:00경
☐ 장 소 : (000코스 0번홀) 000위치
☐ 관련자
　○ 사 고 자 : 홍길동 (내장객)
　○ 동 반 자 : 김철수, 김영희, 김미영
　○ 경기보조원 : 신짱구 (하우스 캐디)
☐ 사고 경위
　○ 2017년 11월 3일 금요일 후반 레이크코스 5번홀 대기 중 이창규 고객님이 우측 산에서 나뭇가지를 밟고 미끄러져 나무기둥에 이마가 부딪히는 사고임

☐ 피해 현황
　○ 인명 : 내장객 홍길동 (다친 부위 or 파손 위치)

☐ 조치사항
　○ 피해상황 확인 후 경기과 보고(11:20경)
　○ 피해자 1명 이창규 홀 아웃 후 상처부위 소독(11:25경)
　○ 출발 정산 후 마케팅 팀에 상황보고 (11:30경)
　○ 피해자 1명 이창규 청심국제병원 도착(11:55경)
　○ 회사 직원 동반 : 남우성 차장
　○ 10바늘 봉합수술 당사법인카드 결제

경기 안전 안내하기

14 SECTION

카트 안전 안내하기

강의주제

1. 카트 운행 방법 및 카트 충전 요령
2. 카트 출발 시 안전 유무 확인 후 카트 이동
3. 카트 정차 시 유의할 점 및 위험한 행동에 따른 상황 멘트

강의내용

한국은 2000년부터 1캐디 4백 시스템이 도입되기 시작했습니다. 이 시스템이 도입되어 정착하게 된 가장 큰 이유가 바로 5~6인용 한국형 골프 카트가 상용화 되었기 때문입니다.

한국에서 사용하는 카트는 충전식 배터리와 모터를 사용하는 전동 카트입니다. 캐디를 포함한 5인 탑승이 가능하며 골프 백도 4개를 실을 수 있습니다.

이 시기부터가 본격적인 한국형 캐디 문화가 확립되었다고 보시면 됩니다.

충전식 배터리와 전기 모터를 사용하기 때문에 운행 방법과 충전 방법을 숙지한 후 카트를 이용해야 합니다.

운행 전 점검해야 할 사항

1. 배터리의 잔량을 반드시 확인해야 합니다.
2. 타이어 공기압을 체크해야 합니다.
3. 카트 청결 상태를 확인한 후 운행을 해야 합니다.

운행 중 주의할 사항

1. 가속 페달(Accelerator Pedal, 엑셀레이터 또는 엑셀 페달이라고 함)과 브레이크 페달(Brake Pedal)을 사용할 때 양 발을 이용하면 안 되며, 오른발로만 조작해서 사용해야 합니다.
2. 손과 발 등을 카트 밖으로 내밀지 않아야 하며, 바른 자세로 운행해야 합니다.
3. 급경사 및 커브 길은 안전 운전해야 하며, 과속을 하면 안 됩니다.
4. 수동 및 자동 운전 구간을 준수해야 합니다.

운행 전 점검해야 할 사항

1. 세차 및 청소는 지정된 장소에서만 해야 합니다.
2. 지정된 주차 라인에 주차를 해야 합니다.
3. 충전기 커넥터(Connector)를 충전 소켓에 정확하게 연결해야 합니다.
4. 충전기 게이지(Gauge)를 확인하고, 충전이 잘 되고 있는 상태를 확인해야 합니다.
5. 리모컨(Remote Control) 및 카트 키(Key)는 지정된 장소에 보관해야 합니다.

카트는 크게 수동 조작과 자동 조작 두 가지로 구분되어 있습니다. 수동 운전 조작 방법과 자동 운전 조작 방법을 나누어서 설명하겠습니다.

1. 수동 운전 조작 요령

① 브레이크 페달을 밟은 상태에서 KEY 스위치를 "수동"으로 놓은 후 방향 선택 스위치 (전진 또는 후진)를 진행하고자 하는 방향으로 조작합니다.
② 브레이크 페달에서 발을 떼고, 천천히 엑셀레이터 페달을 밟으면 골프 카트가 움직이기 시작하며, 페달을 밟아 가속합니다.
③ 주행 중에는 절대로 키 스위치를 "OFF" 하지 않습니다. 급정지 위험이 있습니다.
④ 카트를 멈추려면 엑셀레이터 페달에서 발을 떼고 브레이크 페달을 밟습니다.
⑤ 카트가 정지하면, 주차브레이크가 자동으로 작동합니다.
⑥ 전, 후진 스위치는 골프 카트가 완전히 정지한 후에 선택 조작합니다.

2. 자동 운전 조작 요령

① 카트를 유도선 상에 유도선 방향과 일직선으로 정렬합니다.
② KEY 스위치는 반드시 "자동(AUTO)"으로 하고 방향 선택은 "F"로 합니다. (기어 전진) 골프 카트가 유도선 상 위에 있으면 "AG" 램프가 점등합니다.

카트 안전 안내하기

③ 카트의 출발, 정지는 리모컨으로 작동하면 됩니다.
④ 자동 운전 중에는 핸들 및 엑셀레이터 페달의 조작은 불가능하며, 브레이크 페달로 정지만 가능합니다.
⑤ 안전상, 주행 속도는 상황에 따라 자동으로 가속 및 감속합니다.
⑥ 지정된 정지 지점까지 리모컨 조작이 없을 경우 자동으로 정지합니다.
⑦ 자동 운행시 정차 중이라도 KEY 스위치를 "OFF"로 놓지 않도록 하며, "OFF" 시 추돌을 방지하는 안전장치의 기능이 상실됩니다. 초음파 센서 기능이 상실되기 때문입니다.
⑧ 수동 전환은 정지상태에서만 가능합니다.
⑨ 카트가 이상을 감지하면, 자동으로 정지하며, "ALARM" 경고가 점등됩니다.

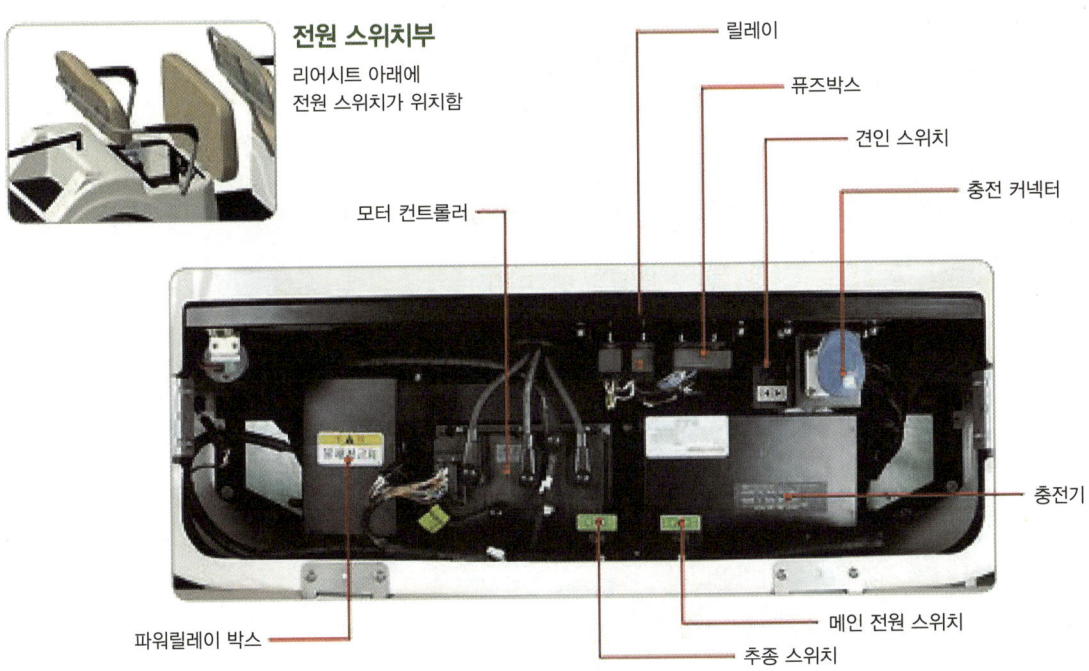

[그림14-1] 조작 스위치 장착 위치도 및 명칭

SECTION 14

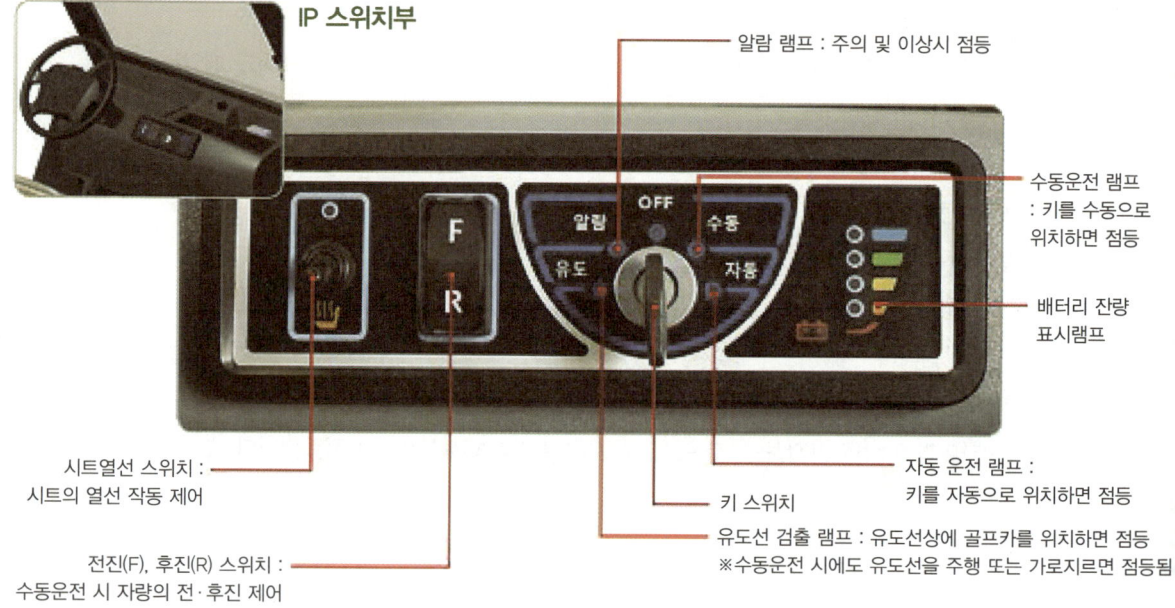

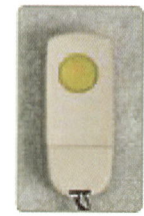

[그림14-1] 조작 스위치 장착 위치도 및 명칭

3. 카트 충전 요령

① 지정된 주차 라인에 주차 후 KEY 스위치를 "OFF" 상태로 합니다.

② 메인 전원 스위치를 "OFF" 합니다.

③ 지정된 주차 라인에 충전 릴 선이 있으며 충전 플러그를 충전기 소켓에 연결합니다.

④ 충전 표시등에 전원이 "ON" 되는 것을 확인합니다.

⑤ 카트 충전 시 감전의 우려가 있으므로 젖은 손으로 충전 플러그, 충전기를 만지면 안 됩니다.

카트 안전 안내하기

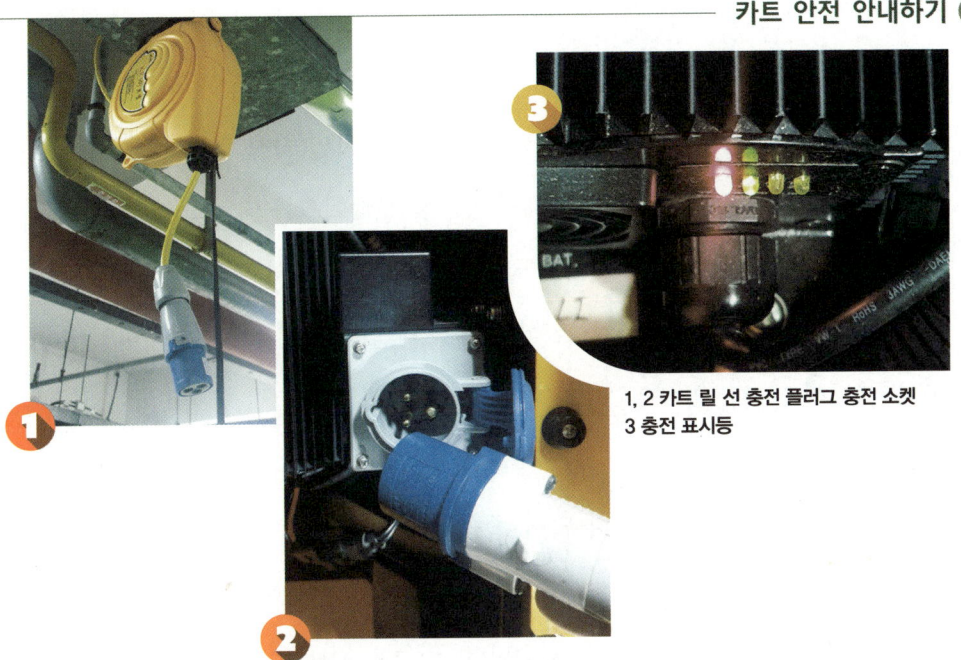

1, 2 카트 릴 선 충전 플러그 충전 소켓
3 충전 표시등

캐디가 처음으로 카트를 운행하는 곳은 카트 고라는 곳입니다. 카트 고는 골프장마다 위치가 다르지만, 카트가 주차되어 있는 곳이라고 생각하면 됩니다. 카트 고에서 카트를 빼서 고객의 골프 백을 상차하기 위해서는 먼저, 카트 전원 스위치를 "ON" 시킨 후 카트를 주행하게 되는데 여기서부터 안전 문제가 발생합니다. 충전 릴 선이 옆 카트에 걸려 있는 경우를 파악하지 못하고 출발하게 되면 충전 릴 선이 파손되며, 옆 카트 충전 릴 선이 걸려 있는 경우도 같은 결과가 발생합니다. 반드시 카트 출차(出車) 시에는 내 카트와 좌, 우에 있는 옆 카트의 충전 릴 선이 걸려 있는지 확인한 후 출차해야 합니다.

반드시 주행할 때, 견인 스위치를 "주행" 상태로 설정 후 KEY 스위치를 "ON"으로 놓아야 합니다. 또한 출차할 때 확인해야 하는 것이 바로 카트 공기압입니다. 좌, 우, 앞, 뒤 네 바퀴 공기압 체크 시 이상 유무가 발견되면 카트 담당자 및 경기과에 보고 후 조치를 받아야 합니다.

SECTION 14

　　출차 중 조향 장치 및 카트 내부에서 소리가 난다면 즉시 카트 담당자 및 경기과에 보고 후 조치를 받아야 합니다. 가속 및 브레이크를 밟았을 때 밀림 현상이 있는지도 체크해 보아야 합니다. 카트 사고 발생시 캐디 본인에게 책임이 전가될 수 있기 때문에 출차 시 카트 이상 유무는 꼼꼼히 살펴보아야 불이익을 피할 수 있으며 안전한 라운드를 할 수 있습니다.

　　카트 주차 공간은 생각보다 많이 좁습니다. 또한 카트는 일반 차량에 있는 좌, 우 사이드미러 및 백미러가 없으므로 주행하는 캐디 본인이 모두 확인한 후 운행해야 카트 사고를 예방할 수 있습니다. 카트는 절대 급출발을 해서는 안 되며 좌, 우 카트와 안전 거리를 유지한 후 이동해야 합니다. 카트 고는 경기과 직원들과 캐디들이 공동으로 이용하는 공간입니다. 주행 중 사람이나 사물이 보일 경우에는 일단 정지를 해야 하며 "카트 지나가겠습니다."라는 멘트를 함으로써 카트가 있다는 걸 인지시켜 주어야 합니다.

　　항상 전방 주시를 하면서 돌발 상황에 빠른 대처를 해야 사고를 예방할 수 있습니다. 카트 백 다이에 골프 백 적재 시 고정 끈을 정확히 묶어야 합니다. 골프 백을 고정시키지 않을 경우 운행 중 커브 길에 골프 백이 떨어져서 고객의 골프 백과 골프클럽이 손상될 수 있으며, 이렇게 해서 고객의 물품에 손상이 왔을 경우 캐디가 다 책임져야 되기 때문에 사전에 미리 체크하는 것이 좋습니다.

　　고객의 골프 백을 적재한 후 카트 고를 지나 스타트 광장으로 이동하게 되면 많은 고객들과 이동하는 카트들을 보게 됩니다. 가장 복잡한 곳이 스타트 광장이라고 생각하면 됩니다. 광장에서 카트 주행 시 주의할 점 1순위는 전방 주시 및 돌발 상황 대처입니다. 광장에 지나가는 고객을 보면 일단 정지한 후 "카트 지나가겠습니다."라고 멘트를 한 후 자신의 순번대로 대기 선상으로 이동하면 됩니다. 광장에서는 골프장 작업 차량도 지나다니기 때문에 전방 좌, 우를 살피면서 주행을 해야 합니다.

자신의 팀원 모두가 탑승한 후 첫 티잉 구역으로 이동할 때에는 광장 멘트 마지막에 반드시
"운행 중에는 위험하오니 안전 손잡이를 꼭 잡아주십시오."
라는 안전 멘트를 해야 합니다. 카트는 일반 차량과 다르게 문과 안전 벨트가 없기 때문에 급커브 및 내리막 길에서 고객이 카트 밖으로 튕겨 나갈 수도 있으며 안전 손잡이를 잡지 않은 경우 머리를 손잡이 부분에 부딪칠 수도 있습니다. 고객 평균 연령대가 50대 이상이란 걸 감안한다면 안전 손잡이를 잡지 않고 사고가 발생할 경우 대형 사고로 이어질 수도 있다는 점 명심해야 합니다.

캐디는 고객 4명이 모두 탑승 완료 후 반드시 고객 수를 확인한 후에 마지막으로 탑승해야 합니다. 이 때 고객이 바른 자세로 착석을 하지 않은 경우 경고 멘트를 해야 합니다.
"고객님 바른 자세로 착석 부탁드리겠습니다."
고객보다 먼저 캐디가 탑승하게 되면 백미러가 없는 카트 특징상 고객 탑승 여부 및 착석 상태를 모를 수 있으므로 안전사고가 발생할 수 있습니다.

카트 출발 시에는 "카트 출발 하겠습니다."라고 안내를 하면 고객들도 '이제

카트가 출발 하는구나...' 라는 생각이 들 수 있게 해주어야 안전사고 예방에 도움이 됩니다. 여기서 조금 더 센스 있는 캐디라면 뒷좌석 왼쪽과 오른쪽에 앉아 있는 고객 신발이 카트 밖으로 나와 있는지, 바른 자세로 되어 있는지 확인하는 것이 사고 예방에 좋습니다.

라운드 중 카트 출발 시 캐디가 유의해야 할 것들이 있습니다.
　첫 번째, 고객 볼 선상보다 카트가 앞으로 가면 위험합니다.
　고객들은 대부분 아마추어 골퍼로서 생크 샷이 나올 확률이 매우 높기 때문에 볼보다 앞으로 가는 행위는 매우 위험할 수 있습니다. 생크 볼이 카트를 맞추어 카트가 파손될 경우 캐디가 고객보다 카트를 앞으로 이동했나 안했나를 판가름하여 수리비 청구를 캐디에게 할지 고객에게 할지를 결정하게 됩니다. 즉 카트는 고객 선상에 있어야 이러한 불이익도 피할 수 있으며 또한 캐디 본인의 안전도 보장할 수 있습니다.

　두 번째, 코스 내 카트 주행 시 클럽은 절대로 파지하고 운행하면 안 됩니다.
　클럽을 파지(把持)하고 운행할 경우 언듈레이션(Undulation)이 많은 골프장 특성상 조향 장치 조작이 어려워져 커브 길과 같은 돌발 상황이 발생했을 때 올바른 대처를 하지 못해 사고가 발생할 수 있습니다.

　세 번째, 운행 중 왼발을 카트 밖으로 노출시키면 안 됩니다.
　캐들 중에서 카트 운행 중에 습관적으로 왼발을 카트 밖으로 내놓고 운행하는 캐디들이 많이 있는데 이 또한 안전사고 위험이 높습니다. 왼발을 노출하며 운행

카트 안전 안내하기

을 할 경우 나무나 바위 등에 부딪혀서 골절이 되는 사고가 발생하기도 합니다.

네 번째, 조수석에서 운전하면 안 됩니다.

급한 마음에 조수석에서 카트 운전을 하는 경우가 있는데 절대해서는 안 되는 행동입니다. 조수석에서 운전을 하게 되면 조향 장치 조작이 어려우며 브레이크 조작이 힘들기 때문에 사고 발생 위험이 더욱 커집니다. 안전한 라운드를 위해 카트 운행시 캐디와 고객 모두 바른 자세를 유지해야 합니다.

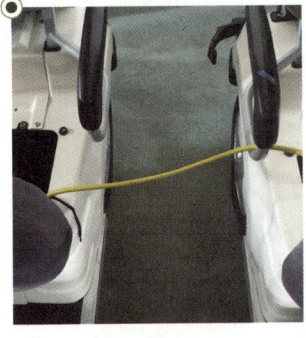

[그림 14-4] 충전 릴 선이 옆 카트에 걸려 있는 사진

[그림 14-5] 주행 / 견인 스위치 중 주행 상태

[그림 14-6] 공기압 체크

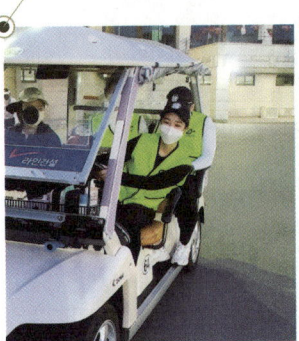

[그림 14-7] 광장에서 "카트 지나가겠습니다" 멘트하는 모습

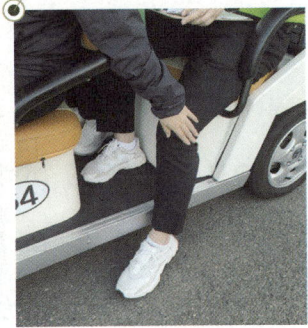

[그림 14-8] "카트 출발하겠습니다" 후 오른쪽 왼쪽 신발 체크하는 모습

SECTION 14

[그림 14-9] 볼보다 앞에 있는 카트

운행 중 왼발 노출 사진

조수석 운행

클럽 파지 후 운행하는 사진

이번에는 카트 정차에 대해 알아보겠습니다.

카트를 정차할 경우 고객들에게 "카트 정차하겠습니다."라는 멘트를 하는 것이 좋습니다. 이러한 멘트를 함으로써 고객들도 '이제 카트가 멈추는구나 안전 손잡이를 잡아야지…' 라는 생각을 가질 수 있기 때문입니다.

주행 중 카트를 정차할 경우 볼의 위치와 일직선을 유지한 장소에 정차를 하는 것이 좋습니다. 카트에는 골프 클럽이 있고, 페어웨이에는 볼이 있기 때문에 동선(動線) 상 카트와 볼은 일직선이 되어야 캐디의 동선이 짧아져 캐디의 움직임이 빨라질 수 있기 때문입니다.

하지만 볼과 카트가 일직선으로 정차를 할 때 유의해야 할 점이 있습니다. 바로 카트 엑셀레이터 페달과 유도선이 일직선이 되도록 정차해야 합니다. 그래야만 리모컨을 이용한 카트 컨트롤이 가능하게 됩니다. 카트 유도선과 카트가 일직선이 되지 않은 상태에서 카트 리모컨을 사용할 경우 카트는 유도선을 벗어나며 카트가 이동을 하지 않고 경고음만 발생하는 경우가 생깁니다.

카트는 자동적으로 안전 브레이크가 잡히게 되어 있는데 그렇다 하더라도 비탈길에 카트를 정차하면 안 됩니다. 고객이 카트에서 내리는 과정 중 비탈길에 카트가 정차하게 된다면 내리는 와중에 고객 발목에 무리가 생겨 안전사고가 발생할 수 있기 때문입니다. 또한 비탈길은 평지와 달리 지면과 높이 차이가 생기므로 사고 위험이 더욱더 높아질 수 있습니다.

"카트 정차 하겠습니다."

라는 멘트가 나오기도 전에 성격 급한 고객은 먼저 내리려는 모션을 취하는 경우도 있는데 이럴 때는 확실한 경고성 멘트를 해주어야 합니다.

"내리시면 안 됩니다.!"

단호하게 말을 해도 됩니다. 정차 후 고객 4명 모두에게

"고객님, 카트가 완전히 정차하면 내리십시오. 사고 발생시 절대 책임지지 않습니다."

라는 멘트를 덧붙이는 것이 사고 예방에 좋습니다.

음주 상태인 고객이 카트에서 내릴 때에도 체크를 하는 것이 좋습니다. 과도한 음주 상태일 때는 다리에 힘이 풀려 넘어지는 사고가 발생할 수 있으며 이런 상태의 고객을 볼 경우 4명의 고객이 전부 들을 수 있게 멘트를 해야 합니다. "고객님 안전한 플레이를 위해 음주 자제 부탁드리겠습니다." 혹은 이미 만취 상태의 고객이라면 경기과에 보고 후 조치를 받는 것이 현명합니다. "경기과 송신 바랍니다. 저희 고객님 만취 상태라 라운드가 어려울 것 같습니다." 경기과에서는 상황을 직시하고 적절한 대응책을 마련해 줄 겁니다.

티잉 구역에서 카트를 정차할 경우 티잉 구역이 카트 도로보다 위에 있을 경우 올라가는 계단들이 많이 있습니다. 이럴 때 카트를 계단에 너무 붙여서 정차를 하게 되면 사고 발생 위험이 생길 수 있습니다. 카트에서 고객이 내릴 때 계단에 발이 걸려 넘어지는 사고가 자주 발생하기 때문입니다.

세컨 지점에서 카트를 정차할 경우에도 배수구가 있는 곳은 피하는 것이 좋습니다. 배수구에 스파이크가 걸려 발목이 접질려지는 사고가 발생할 수도 있기 때문입니다.

주행 중에 카트를 한쪽으로 치우쳐 운행하면 고객들이 불안해할 수 있으므로 카트는 유도선 중앙에 맞추어 주행하는 것이 좋으나 혹시라도 카트 도로 폭이 좁은 경우에는 좌, 우에 치우치지 않게 운행하는 것이 좋습니다.

카트를 정차할 때는 항상 지면이 평평한 곳에 정차하고 정차하는 장소에 배수구나 내리막길, 벽면에는 가급적 정차를 안하는 것이 안전사고 예방과 고객 편의에도 좋습니다.

카트 안전 안내하기

[그림 14-10] 유도선에 맞춰 정차한 카트
유도선에 맞추지 않고 정차 후 리모컨을 사용한 카트

[그림 14-11] 비탈길에 정차 카트와 평평한 지면에 정차한 카트

[그림 14-12] 카트가 정차도 하기 전에 내리려는 고객

[그림 14-13] 배수구에 스파이크가 걸린 모습

[그림 14-14] 티잉 구역 계단에 붙여 카트에 내리는 고객 발 모양

SECTION 15
카트 및 안전사고 사례

강의주제
1. 안전사고 사례
2. 카트 사고 사례

강의내용

라운드 중에 발생하는 사고를 스포츠 안전사고라고 하는데, 이는 스포츠 환경 내에서 또는 스포츠 활동 중에 발생하는 안전사고로서 환경변화, 불안전한 행동, 기술상의 미숙, 사전 지식 부족, 잘못된 태도와 습관 등에 의해 발생되는 사고를 뜻합니다.

사고가 발생하면 그에 따른 책임이 누구에게 있는지 판단해야 하는데 안전사고에 대한 책임은 경영자(골프장), 관리 감독자(경기과), 근무자(캐디) 등 모두에게 있습니다. 여기에서 캐디는 근무자로서 업무지시를 받고 현장에서 업무를 수행하는데 자신의 안전을 스스로 도모해야 할 주의 의무가 있으며 업무를 안전하게 수행할 책임도 있습니다.

캐디는 원칙적으로 플레이어의 경기 보조자이지만 경우에 따라서는 골프장 이행 보조자이며, 대리감독자로서 플레이어들이 안전하게 라운드할 수 있도록 보조할 의무가 있습니다. 즉 캐디 자신의 안전은 물론 플레이어의 안전과 안전사고 방지를 위한 주의 의무를 다하도록 보조해야 할 의무가 있습니다.

캐디는 라운드 중 사고방지를 위해서 자신은 물론 동반 플레이어가 타구하는 플레이어보다 앞으로 나가지 않도록 하고 플레이어가 타구할 경우 전방을 확인하여 안전상 문제가 있다고 예상될 경우 타구를 하지 않도록 제지하고, 러프 지역 등 미스 샷을 유발할 수 있는 지역에서 타구할 경우 안전한 타구를 위해 조언을 해 주어야 합니다.

뒤 팀이 타구를 할 수 있도록 웨이브(Wave)를 줄 경우에는 고객들이 안전지대로 들어섰는가를 확인한 후 웨이브를 주어야 합니다.
카트 운행 시에는 고객들에게 안전사고에 대한 주의를 주고 급경사, 급커브 등 사고의 위험성이 높은 지점을 통과할 경우에는 안전 손잡이를 잡도록 안전멘트를 해야 합니다. 페널티 지역, 러프 지역의 급경사면, 겨울철 결빙되기 쉬운 지점 등 골프코스 특성상 사고 위험이 많은 장소에 대해서는 사전 고지를 하는 등 고객의 안전에 대한 책임을 다하여야 합니다.

15 SECTION

캐디 개인의 능력으로 제어할 수 없는 불안전한 상태에는 감독자 즉 경기과에 보고를 하고, 스스로 불안전한 행동으로 인해 자신이나 다른 캐디들의 업무를 방해하여 사고를 유발해서는 안 됩니다. 캐디는 경기과의 지휘나 지시에 따라야 하며, 안전 수칙을 준수해야 할 의무와 책임이 있습니다. 플레이어는 공정거래위원회에서 만든 '골프장 이용 표준약관' 제14조 '이용자 안전 준칙'에 지켜야할 사항이 명시되어 있습니다. 이 약관은 2016년 10월 10일에 최종 개정된 약관입니다.

약관의 내용을 살펴보면 다음과 같습니다.

① 비거리는 경기보조원의 조언에 관계없이 이용자 자신의 판단으로 선행조에 맞추지 않을 정도로 타구하여야 한다.
② 이용자는 타인의 전방에 진입하여서는 안 된다.
③ 경기 진행 중 후속 팀에 사인을 보낸 때에는 후속 팀의 타구가 끝날 때까지 안전한 장소에 대피하여야 한다.
④ 퍼팅을 끝마쳤을 때에는 퍼팅 그린에서 즉시 비켜나서 안전한 진입로를 이용하여 다음 홀로 향하여야 한다.
⑤ 페어웨이, 그린, 벙커 등에서 타구 등으로 손상시킨 부분이 있으면 이를 복구하도록 노력하여야 한다.

또한 동 표준약관 제17조 '안전사고 책임 등'에 보면 사고 책임에 대해서도 규정하고 있습니다. 내용을 살펴보면 다음과 같습니다.

① 경기도중 이용자의 고의, 과실로 인하여 다른 이용자, 경기 보조자 등 제3자에게 손해를 입힌 경우 이용자는 이에 대한 책임을 부담한다.
② 경기도중 사업자의 지휘 감독을 받는 경기 보조자의 고의, 과실로 인하여 사고가 발생한 경우에는 사업자도 이에 대한 책임을 진다.
③ 사고의 발생에 대하여 사업자에게 귀책사유가 있는 경우에는 사업자도 책임을 진다.

캐디는 플레이어 즉 고객이 준수해야 하는 안전 의무를 인지하고 상황에 맞게 주지, 제지, 경고의무를 내세워 사고 위험 발생시 경고성 멘트를 반드시 해야만 합니다.

지금부터 안전사고 사례에 대해 알아보겠습니다.

사례1. 초보 플레이어가 친 볼에 동반플레이어가 맞은 사고입니다.

플레이어 A씨는 B씨 등과 함께 라운드 중 골프 볼이 놓인 지점으로부터 왼쪽으로 약 20m, 앞쪽(그린 방향)으로 약 5m되는 곳에 서 있다가 B씨가 경사진 러프에서 친 볼에 오른쪽 눈을 맞아 실명했습니다. 이에 A씨가 볼을 친 B씨와 캐디 과실에 대해 공동 피고로 손해배상 청구 소송을 제기했습니다. 서울고등법원에서는 사고를 미연에 방지하지 못한 캐디의 주의 의무 책임을 인정하였습니다.

캐디의 경우 원고가 볼이 놓인 선상보다 앞서 나가 있지 않도록 주의를 주거나, 그보다 뒤쪽으로 이동하도록 요구하여 불의의 사고를 미리 방지하였어야 하나 그러지 못한 과실이 있다고 보았습니다.

원고도 B씨가 골프 초보자여서 그가 친 볼이 통상 예상하지 못한 방향으로 날아갈 수도 있음을 예상하며 그에 대비하고, B씨의 볼이 놓인 선상보다 앞서 나가 있지 말고, 치는 볼의 진로를 예의주시해야 하나 그러하지 못한 과실을 40%로 보았습니다. 플레이어는 항상 볼을 치는 플레이어를 예의주시하고 볼을 치는 플레이어보다 앞 선 위치에 있어서는 안 되며 캐디는 이를 제지해야 할 주의 의무가 있습니다.

사례2. 티잉 구역에서 티 샷한 볼에 캐디가 맞은 사고입니다.

캐디 A씨는 빠른 진행을 위해 5번 홀 티잉 구역으로부터 약 40m 앞에 위치한 레이디 티 옆에 여성 플레이어와 함께 서 있다가 B씨가 티 샷한 볼에 왼쪽 팔꿈치를 맞아 골절상을 입자 B씨와 골프장을 상대로 손해배상을 청구했습니다.

용인지방법원에서는 볼을 친 플레이어에 대해 티잉 구역에서 티 샷하는 경우 전방에 다른 사람들이 있는지 확인 후 사고 발생의 위험이 있을 때 안전하게 뒤로 물러날 때까지 기다린 다음 스윙을 하거나 뒤로 물러나도록 경고를 했어야 함에도 불구하고 이를 소홀히 한 과실이 있다고 판단했습니다.

또한 원고에게도 캐디로서 플레이어를 보조해 경기를 진행하면서 안전수칙을 지켜 사고 발생을 미연에 방지할 의무가 있음에도 오히려 피고가 티 샷을 한다는 것을 알면서도 전방으로 앞서 나갔다가 사고를 당했으므로 70%의 책임이 있다고 인정하였습니다.

골프장에 대해서는 골프장이 캐디들에게 빠른 경기 진행을 하도록 재촉하였기 때문에 빠른 경기 진행을 위해 티잉 구역보다 앞선 지점에 서 있다가 맞았다는 주장에 대해 골프장이 캐디들에게 빠른 경기 진행을 하도록 재촉한 것이 이 사고와 인과관계가 없다고 보고, 캐디는 골프장 시설운영자에게 사용종속관계 하에서 임금을 목적으로 근로를 제공하는 근로자로 볼 수 없어 원고가 입은 손해를 배상할 책임이 없다고 판결하였습니다.

유사한 사례로 잠정구 등을 칠 경우에는 캐디 또는 동반 플레이어들이 앞서 나가지 않도록 반드시 주위에 알려야 합니다. 첫 번째의 샷이 OB인지 아닌지 애매하여 볼을 칠 경우 간혹 동반자가 잠정구를 치는 줄 모르고 앞서갈 경우가 있기 때문입니다. 또한 트러블 샷을 할 경우 클럽에 맞은 돌이나 나뭇가지 등이 장해물에 맞고 튀어나온 볼로 인해 예상치 못한 부상을 당할 수 있으므로 동반 플레이어에게 알려야 합니다.

안전을 위한 기본 수칙은 타구하는 플레이어와는 충분한 거리를 두고 떨어져 있되 절대 앞서 나가지 말아야 한다는 것입니다. 일반적으로 동반자는 타구하는 플레이어의 뒤 쪽 좌측 편에 위치하는 것이 가장 안전합니다. 업무상 주의 의무 책임이 있는 캐디가 티잉 구역보다 앞선 지점에 서 있다가 볼에 맞은 경우, 볼을 친 플레이어보다 캐디에게 더 큰 과실책임을 묻고 있습니다.

사례3. 라운드 도중 페널티지역(워터 해저드)에 빠져 익사한 사고입니다.

A씨가 해저드에 빠진 볼을 건지려다가 5m 깊이의 해저드에 빠져 허우적거리는 것을 캐디가 발견, 구조해 병원으로 옮겼으나 사망한 사고입니다.

캐디는 코스 안내 시에 반드시 고지하여 플레이어의 안전의식을 환기시켜

주어야 사고를 예방할 수 있으며 사고가 발생했다면 주변에 구명 튜브를 이용해 신속히 경기과에 보고해야 합니다. 수영을 할 수 있다고 해서 직접 구조를 하다가 2차 사고가 발생할 수 있습니다.

[그림 15-1] 페널티지역 (워터 해저드) 사진

사례4. 낙뢰에 의해 사망한 사고입니다.

골프장에서 비를 맞으며 골프를 치던 A씨와 일행은 천둥과 번개가 치자 6번 홀 플레이를 마친 후 7번 홀로 향하여 걸어가던 중 B씨가 나무 옆을 지나갈 무렵 그 나무에 낙뢰가 떨어지면서 심폐정지로 사망한 사고가 있었습니다. 낙뢰 사고는 천재지변으로 보지만 낙뢰의 위험이 상당한 정도로 예상되는 경우 경기과의 안내 지시에 따라 경기를 중단 후 안전한 장소로 대피해야 합니다.

사례5. 뱀이나 독충에 의한 사고입니다.

우리나라에 서식하는 것으로 알려진 뱀 중 독이 있는 뱀은 네 가지 정도로 알려져 있습니다. 라운드 중 볼을 찾기 위해 깊은 러프에 들어갈 경우 뱀과 바로 마주칠 수 있습니다. 뱀은 자신이 위험하다고 판단되지 않는 이상 먼저 공격하는 경우는 거의 없기 때문에 건드리거나 밟지 않으면 물릴 일은 없다고 합니다. 만약 라운드 중 뱀을 발견하였을 경우에는 자극하지 말고 조심해서 물러나는 것이 가장 좋은 방법입니다. 캐디는 깊은 러프에 플레이어가 가급적 가지 못하게 막아야 하며, 골프장 측에서는 이러한 위험에 대하여 경고 표지판을 만들어 플레이어들에게 인지시켜주고 있습니다.

[그림 15-2]
뱀, 벌 조심 표지판

지금까지 골프장에서 발생한 안전사고에 대해서 알아보았습니다.

다음은 카트 사고 사례에 대해 알아보겠습니다.

대부분의 카트 사고는 캐디에게 매우 불리하게 적용됩니다. 캐디의 역할 중에 가장 기본이 되는 것이 바로 카트 운전입니다. 카트는 일반 차량과 다르게 좌, 우에 몸을 지탱해주는 문이 없어 낙상 사고에 취약합니다. 이 사실을 캐디는 반드시 인지하고 수시로 플레이어에게 바른 자세로 탑승할 것과 카트 운행 중에는 안전 손잡이를 꼭 잡아줄 것 등에 관한 안전 멘트를 생활화 하는 습관을 만들어야 사고를 미연에 방지할 수 있습니다.

캐디 또한 카트 운행 시 서행을 기본으로 해야 하며 급커브 길이나 내리막길에서는 반드시 안전 운전을 해야 하며, 안전에 대한 멘트를 해야 합니다. 카트 사고 발생 시 큰 사고로 이어질 수 있으며 이로 인한 책임을 캐디가 지게 될 확률이 높기 때문에 카트 사고만큼은 사전에 예방하는 길이 플레이어와 캐디 모두에게 중요합니다.

사례1. 카트 낙상 사고로 사망한 사고입니다.

캐디가 운전하던 카트를 타고 이동 중 카트 왼쪽 뒷좌석에 탑승했던 A씨가 도로로 떨어져 뇌좌상으로 사망한 사고입니다.

재판부는 피해자인 A씨가 카트를 타고 이동 중 바닥에 떨어진 볼을 줍기 위하여 뛰어내리다가 발생한 사고로써 캐디의 과실로 인한 사고가 아니므로 손해배상의 책임이 없다고 캐디 측은 주장하나 카트를 타고 이동 중 사고가 났다면 승객의 고의나 자살행위로 인한 것이 아니란 게 분명할 경우 운행자 측이 책임을 면할 수는 없다고 판단했습니다.

이는 캐디에게 책임이 있다는 판례입니다.

사고자도 카트의 뒷좌석 양 옆에 난간이 있고 카트 천장에는 손잡이가 설치되어 있었던 점, 카트의 최고 주행속도가 시속 20km이고 사고 지점은 원만한 내리막길이어서 최고 주행속도보다 크게 빠르지는 않을 것이라는 점, 사고현장 도로는 커브 길이 아니라는 점 등을 감안할 때 사망한 A씨가 안전 손잡이를 붙잡지 않았고 타고 있는 자세도 불안정한 상태로 있다가 발생한 사고로 보고 사망한 A씨의 과실을 40% 운행자인 캐디는 60%로 판단했습니다. 만약 A씨가 안전 손잡이만 잡고 있었다면 혹은 캐디가 안전 멘트를 생활화 했다면 이러한 사고는 발생하지 않을 수도 있을 것입니다.

사례2. 급하게 커브를 틀어서 고객이 카트에서 떨어진 사고입니다.

라운드 중이던 A씨는 캐디가 카트를 급하게 우회전을 하는 바람에 카트에서 떨어지면서 아스팔트에 머리를 부딪쳐 두개골이 골절되고, 내출혈 등의 상해를 입었다며 골프장과 캐디를 상대로 손해배상 청구를 했습니다.

재판부는 안전 운행을 하지 않은 캐디의 과실과 사용자로서 골프장의 손해배상책임을 인정했습니다. 이 사건은 카트의 좌석 옆과 지붕에 손잡이가 설치되어 있으므로 피해자인 원고도 운행 중인 카트에서 떨어지지 않도록 손잡이를 잡는 등의 주의를 기울였어야 함에도 이를 하지 않아 그 과실을 20%로 보았습니다. 이 사건 또한 플레이어가 안전 손잡이만 잡았다면 일어나지 않을 수도 있던 사고였습니다.

사례3. 카트가 연못으로 추락한 사고입니다.

카트가 출발과 동시에 오른쪽 연못으로 돌진, 타고 있던 A씨가 추락해 전치 8개월의 부상을 입은 사고입니다. 재판부는 연못이 카트가 진행하는 도로에서 불과 3m 떨어져 있음에도 골프장 측은 안전 가드레일 등 추락사고를 방지할 방어벽을 설치하지 않은 책임을 골프장 측에 있다고 했습니다. 또한 캐디도 카트를 운전하기 전에 핸들 방향을 확인하고 주행 페달을 서서히 밟으며 서행 운전을 해야 하는데 이를 지키지 않아 추락 사고를 발생시킨 책임이 있으므로 50%의 과실이 있다고 판단 했습니다.

골프장 측 50% 캐디 측 50%의 과실을 인정한 판례입니다.

카트는 일반 차량과 달리 파워 핸들이 아닙니다. 또한 자동 주행으로 인해 핸들의 위치가 차량처럼 일정하지 않고 핸들의 방향과 바퀴의 방향이 일정하지 않습니다. 파워 핸들이 아니기 때문에 내가 좌측으로 돌린 만큼 또는 우측으로 돌린 만큼 반대 방향으로 돌려야 카트는 일직선을 유지할 수 있습니다. 습관적으로 바퀴의 방향을 보는 습관이 생기면 이러한 사고 발생은 사전에 예방을 할 수 있습니다.

사례4. 카트에 부딪쳐 상해를 당한 사고입니다.

일행 4명과 라운드를 하던 A씨는 동료가 친 볼을 찾기 위해 러프에서 페어웨이로 나오던 중 카트 도로에서 운행 중이던 카트에 부딪쳐 오른쪽 다리 골절상을 입은 사고입니다.

재판부는 안전 운행을 하지 못한 캐디의 과실을 인정했습니다.

골프장에서 카트에 의해 부딪치는 사고는 빈번하게 발생하는 사고 중의 하

카트 및 안전사고 사례

나입니다. 카트를 자동 운전으로 전환 시에 대부분 전방 확인을 제대로 하지 않아 카트 도로에 있는 플레이어 또는 카트 도로변에서 타구하는 플레이어와 부딪치는 사고가 발생합니다.

이는 캐디와 플레이어 모두 주의 의무 소홀에 의한 사고로서 이를 방지하기 위해서는 안전 운행이 습관화되어야 하며 자동 운전으로 전환 시에는 카트 도로 주변에 고객이 있는가를 확인해야 하며 수시로 카트를 체크하여야 합니다. 카트 사고는 운전 미숙과 부주의가 대부분이기 때문에 운전 미숙자는 카트 교육을 통해 카트 운전에 숙달되어야 하며 위험성 높은 코스에 대해서는 사전에 미리 파악하고 운행 중에는 지속적인 주의를 기울이도록 해야 합니다.

이상에 언급 사례 이외에도 많은 사례들이 있습니다.

- 핸드폰 통화를 하다 카트가 급 경사지를 통과하고 도로 옆 경사지로 미끄러져 인접한 홀로 추락하여 부상을 입은 사고
- 세컨 지점에서 클럽을 플레이어들에게 전달하기 위해 페어웨이로 들어가면서 자동 운행 키를 누르자 카트가 좌측으로 쏠리면서 유도선을 이탈하며 언덕으로 추락한 사고
- 경기 진행이 지연되어 마음이 조급했던 캐디는 카트 운전석에서 플레이어를 태우기 위해 대기하던 중 마지막 플레이어가 승차하자마자 착석하지 못한 상황에서 카트를 출발시켰다가 낙상하는 사고

내리막 길에서 카트 골프 백 거치대 연결고리가 떨어지면서 골프 백이 바닥에 떨어져 백과 골프클럽이 손상되는 사고 등 많은 사건 사고 사례가 있습니다.

SECTION 15

캐디는 전문 직업인으로서 플레이어 이상의 전문지식을 가지고 18홀 동안 플레이어의 조언자로서 라운드를 이끌 뿐만 아니라 플레이어의 안전사고 예방활동 및 위험한 플레이 제지 등 매우 중요한 역할을 수행합니다.

라운드 중에 가장 많이 발생되는 타구 사고 및 카트 사고는 거의 대부분이 가장 기본적인 안전수칙을 지키지 않기 때문에 발생하고 있으며 동일한 유형의 사고가 지속적으로 발생하고 있습니다. 캐디는 안전사고 매뉴얼을 숙지하고 사고 발생시 사고 내용을 상세하게 보고하고, 상황에 맞게 대처를 해야 합니다. 또한 라운드 전 코스 내 공사, 작업내용, 지시사항 및 특이사항을 미리 숙지하고 있어야 사고를 미연에 방지할 수 있습니다.

> 66 카트 운행은 서행을 기본으로 급커브 길이나 내리막 길에서는 반드시 안전 운전을 해야 하며, 안전에 대한 멘트를 해야 합니다. 99

카트 및 안전사고 사례 ⭕

SECTION 16 응급상황 대처하기

강의주제

1. 응급상황 시 플레이어의 상태 파악: 심정지 및 기도 폐쇄에 대한 지식
2. 매뉴얼을 기반으로 비상연락 및 신고: 소화기 사용법
3. 신속한 응급조치: 심폐소생술, RICE 처치 능력
4. 안전사고 일지 작성: 안전관리점검 및 기록일지 작성 능력

강의내용

이번 차 시에서는 '캐디가 고객들을 모시고 나갔을 때 갑작스러운 긴급상황이 생긴다면 어떻게 대처해야 할까?'에 대하여 알아보는 시간입니다.

캐디는 골프장에 플레이를 하러 온 고객이 편리하고 즐겁게 골프를 즐길 수 있도록 관리하고 도와주는 역할을 합니다. 전 시간에 캐디가 해야 할 업무에 대해서 자세하게 말씀드렸는데, 모두 골프와 관련된 구체적인 일과 안전에 관한 일들이었습니다.

사고를 미연에 방지하기 위해서 경기를 안전하게 하는 방법과 카트를 안전하게 모는 방법 등을 설명하였는데, 이렇게 캐디가 사고를 막기 위해서 열심히 노력을 해도 예고치 않은 사고가 발생할 수 있습니다.

갑자기 사고가 발생했을 경우에 캐디가 1차적으로 사고에 대한 대처를 해야 하는데요. 상황에 맞게 적절하고 안전하게 처치하는 캐디가 되기 위해서 미리 준비를 하고 있어야 합니다.

사고가 발생하면, 가장 먼저 플레이어의 상태를 정확하게 파악해야 합니다.

여러 응급상황 중 가장 위험한 단계인 심정지와 기도 폐쇄에 대하여 알아보도록 하겠습니다.

심정지(Cardiac Arrest)란 심장이 효율적으로 수축하는데 실패하여 피의 일반적인 순환계가 멈추는 현상을 말합니다. 즉, 심장에서 나오는 혈액 공급이 닫힌 상태를 말합니다. 심정지를 다른 말로 심장마비(心臟麻痺, Arrest), 심장정지(心臟停止, Heart Arrest), 심폐정지(心肺停止, Cardiopulmonary Arrest)라고도 부릅니다. 심정지 상태에서 캐디가 알아야 할 가장 중요한 것은 바로 심정지가 일어나고 4분 이내에 환자의 생존율이 바뀐다는 것입니다.

4분입니다.

SECTION 16

　심정지가 발생한 경우 4분 이내에 심폐소생술이 시행되면 생존율이 높지만, 4분이 지나면 생존율이 매우 낮아집니다. 만약 심폐소생술을 하지 않은 상태 즉, 산소공급이 중단된 상태에서 4분이 지나게 되면 심장 팽창으로 시작해 뇌 손상이 발생하게 되고, 10분이 지나면 정말 생명이 위험해집니다.

　이런 갑작스러운 심정지 현상이 발생하기 전에 먼저 이상 증세를 나타내는 전조증상이 있습니다.

　첫 번째 증상은 평소보다 배로 힘들고 피곤하며, 심장이 두근거리면서 호흡이 가팔라지는 것이 첫 증상인데요. 이는 심정지 당사자만이 정확히 느낄 수 있지만, 캐디 또한 고객의 상태를 체크해서 지켜보는 것이 좋습니다.

　두 번째 증상은 식은 땀이 나거나 혈압이 급속도로 떨어지는 증상입니다. 또한 흉통(Chest Pain), 가슴 통증입니다. 즉, 가슴부위에 나타나는 통증으로 가슴쪽에 압박감이 들어 가슴을 움켜쥐는 행동을 보입니다. 이런 증상이 심정지 전조 증상이므로 고객이 이러한 상태를 보인다면, 바로 심정지 전조현상으로 의심을 해 보고, 고객의 상태를 계속해서 파악해야 합니다.

　다음으로 설명할 것은 기도 폐쇄(Airway Obstruction)입니다.

　기도 폐쇄는 말 그대로 공기가 지나다니는 길인 기도가 막혀 호흡이 어려운 상태를 말합니다. 이러한 기도 폐쇄는 보통 음식이 목에 걸려 발생하는 사례가 많습니다. 일반적으로 1라운드 플레이 시간은 4시간 30분에서 5시간입니다. 장시간 동안의 플레이 진행으로 고객들이 미리 주전부리를 가져오거나 그늘집에서 음식을 포장하여 이동 중에 카트에서 식사를 하는 경우가 많습니다. 이때 급하게 먹다가 기도 폐쇄가 올 수 있습니다.

이러한 기도 폐쇄 증상은 갑자기 기침을 하거나, '초킹사인(Chocking-sign)'을 하게 됩니다. 여기서 초킹사인이란, 숨이 막혀서 목을 감싸는 행위를 말합니다. 다른 증상으로는 쌕쌕거리는 숨소리, 푸른색으로 변하는 얼굴색의 증상 등을 발견하면 기도 폐쇄를 의심해볼 필요가 있습니다.

라운드 중에 발생하는 모든 일은 경기과 보고가 1순위입니다. 하지만 심정지와 기도 폐쇄의 경우에는 119신고가 가장 먼저 이루어지고, 경기과에 보고를 하고 응급처치를 해야 합니다.

다음은 매뉴얼을 기반으로 한 비상연락 및 신고, 소화기 사용법입니다.

먼저 소화기 사용방법을 배우기 전에 알아야 할 것이 골프장에는 지정된 흡연 구역이 있습니다. 담뱃불로 인한 화재사고 위험이 있기 때문에 라운드 중에는 반드시 지정된 장소에서 흡연을 할 수 있게 멘트해 주셔야 합니다.

"꺼진 불도 다시 보자!"

일반적으로 가장 접하기 쉬운 분말 소화기입니다.

SECTION 16

사용 방법

1. 꼭 바닥에 소화기를 놓고 안전핀을 뽑아야 합니다. 당황할 경우 안전핀을 잘 못 뽑는 경우가 발생합니다.
2. 바람이 부는 반대방향에서 불을 향하여 호스를 잡고 있어야 합니다. 바람이 부는 반대방향에서 분사를 하려는 이유는 분말 가루가 화재가 일어난 곳에 정확하게 닿을 수 있도록 하기 위해서입니다.
3. 다른 한 손으로는 검은색 손잡이를 누르면서 분사하면 됩니다.

여기서 분사 꿀팁!

분사를 할 때에는 넓게 위에서 덮는 느낌으로 분사하는 것이 더 효율적입니다. 또 다른 종류의 소화기에는 투척용 소화기가 있습니다.

투척용 소화기는 분말용 소화기보다 사용방법이 더 간단하며, 노인이나 어린이들도 사용할 수 있습니다.

사용 방법

1. 보호커버를 벗겨냅니다.
2. 통을 꺼내 발화 요인을 알아냅니다. 발화 요인을 알아내서 유류의 경우 발화점을 덮는 것이 효과적이고, 목재 화재의 경우 발화점에 투척하는 것이 효율적입니다.
3. 마지막으로 발화 지점을 향해 투척하면 됩니다.

신속한 응급처치 및 RICE 처치 방법에 대하여 알아보겠습니다.

심정지 고객의 상황입니다.

이 때 기억해야 하는 건 '깨!신!압!사!' 입니다. 깨우고, 신고하고, 압박하고, 사용하기. 무엇보다 심정지는 시간이 생명입니다. 방치 시간이 지속되면 심정지 확률이 높아집니다. 만약 고객이 힘들어하면 미리 안부를 물어보고 경기과에 먼저 무전으로 보고해야 합니다.

고객이 플레이 도중 갑작스럽게 쓰러졌다면 먼저 고객의 양 어깨를 흔들면서 의식을 확인해야 합니다. 만약 의식을 차리지 못하고 있다면 그 즉시 119에 신고를 해야 합니다. 심정지의 경우 주위 사람들에게 119신고를 부탁하고, 심장재세동기(AED)를 찾아봐 달라고 부탁해야 합니다.

심장재세동기는 자동심장충격기(Automated External Defibrillator, AED)라고 부르며, 심실세동 또는 심실빈맥으로 인해 심장의 기능이 정지하거나 호흡이 멈추었을 때 사용하는 응급처치 기기입니다. 심폐소생술 교육을 받지 않은 일반인도 사용할 수 있으며, 공공장소 및 다중이용시설의 경우 보건복지부 응급의료에 관한 법률 제47조의2 및 동법 시행령 26조의2를 따라 자동재세동기 설치가 의무입니다.

보통 심장재세동기는 경기과에 비치되어 있기 때문에 경기과에 무전으로 상황보고 후 심장재세동기를 빨리 가져다 달라고 하면 됩니다. 골프장의 위치는 보통 산에 있는 경우가 많아 구급차가 오는 시간이 오래 걸립니다. 만약 심

SECTION 16

정지 고객이 4~5분 내에 응급처치를 받지 못한다면 산소 공급이 원활하지 못해 뇌 손상으로 인한 장애 뿐만 아니라 목숨까지 위험할 수 있습니다. 그렇기에 신고를 한 후 구급차를 기다리는 동안, 경기과에서 심장재세동기를 가져오기 전에 고객의 호흡이 없을 경우 바로 심폐소생술(Cardio-pulmonary Resuscitation), 일명 CPR을 해야 합니다.

캐디가 해야하는 심폐소생술에 대해서 알아보겠습니다.

심폐소생술은 심장을 마사지해 줌으로써 심정지 고객의 혈액공급을 도와주는 일입니다. 먼저 고객을 딱딱한 평지로 옮겨야 합니다. 그 이유는 바닥이 딱딱해야 효과적으로 심장 압박이 가능하기 때문입니다.

본격적으로 심폐소생술을 시작하겠습니다.

처치 방법

1. 먼저 고객의 겉옷은 벗기고, 환자의 가슴뼈 아래쪽 1/2 중앙에 한 손바닥을 올려 놓고 그 위에 다른 손을 겹칩니다. 손가락이 가슴에 닿지 않도록 주의해야 합니다.
2. 자세는 고객 옆구리 방향에 무릎을 대고 상체를 앞으로 숙여 압박 지점과 팔이 90도로 유지된 상태로 진행해야 합니다. 이때 꼭 손바닥의 두툼한 부분으로 진행해야 합니다. 압박 강도는 약 5cm 들어갈 정도로 눌러줍니다. 일반 여성의 경우 아주 강하게 했을 때 5cm 정도 들어가며, 건장한 남성분들은 적당한 흉부 압박이 필요합니다.

> 3. 압박 횟수는 1분당 100 ~ 120회 사이로 진행하면 됩니다.
>   심폐소생술은 구급차나 심장재세동기가 도착할 때까지
>   압박해야 하며 중간 쉬는 타임은 10초 이상 넘어가면
>   안 됩니다. 그렇기 때문에 주위사람 중에서 심폐소생술
>   하는 방법을 알고 있는 사람과 30회씩 번갈아가며
>   압박을 진행하시는 것이 좋습니다.

다음으로 CPR 도중 심장재세동기(AED)가 도착한 경우 사용방법을 알려드리겠습니다. 여기서 주의해야 할 점은 심장재세동기를 작동하는 중간에도 심폐소생술을 진행해야 합니다.

AED 사용 방법

1. 먼저 심장재세동기의 전원을 킵니다.
2. 전원을 켠 후에는 기계의 음성 지시에 따라 진행합니다.
3. 그 후 전기충격을 전달할 패드를 부착합니다. 이때 부착 위치는 패드에 그려져 있습니다. (패드를 붙이는 동안에도 가슴 압박은 계속 진행되어야 합니다.)
4. 패드를 붙인 후 패드 커넥터를 기계에 꼽습니다. 그 후 고객으로부터 떨어져 있습니다.
5. 기계에서 심장리듬 분석 후 전기를 충전할 동안 다시 가슴 압박을 진행합니다.
6. 기계에서 "환자로부터 떨어지세요." 와 함께 "깜박이는 재세동 버튼을 누르세요."라는 말이 나오면 고객으로부터 주위 사람들이 떨어져 있는 것을 확인한 후 버튼을 누릅니다.
7. 재세동 버튼을 누른 후 즉시 심폐소생술을 진행합니다.

SECTION 16

심장충격기(자동제세동기, AED) 사용법

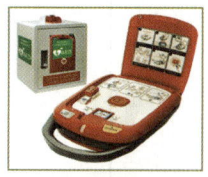
119 신고 및 전원켜기
환자의 의식을 확인하고 만약 10초 이내에 환자의 맥박 유무가 불확실할 경우 주위에 알려 119 신고를 한 후, 심장충격기를 준비한다. 준비하는 동안 심폐소생술을 시행한다.(가슴압박 30회→기도개방→인공호흡 2회 반복) 심장충격기가 준비되면 전원을 켠다.

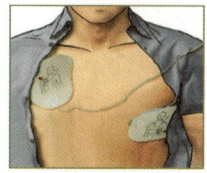
패드부착
그림과 같이 두 개의 패드를 붙인다. 패드 부착부위에 이물질이 있다면 제거하며, 패드와 본체가 분리되어 있는 경우에는 연결한다.
패드 1 – 오른쪽 빗장뼈 바로 아래
패드 2 – 왼쪽 젖꼭지 옆 겨드랑이

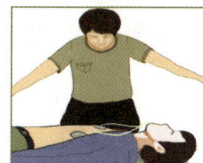
심장리듬분석
'물러 나세요' 라는 신호가 나오면 심폐소생술을 멈추고 환자에게서 손을 뗀 후 분석을 기다린다. 분석결과 제세동이 필요하다라는 신호가 나오면 자동으로 충전이 된다. 충전이 되는 동안 심폐소생술을 하여야 한다.
충전이 완료되기 직전에 신호가 나오면 모두 물러나게 하고 쇼크버튼을 누른다.

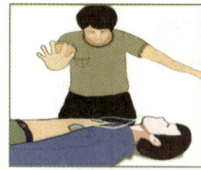
심장충격(제세동)시행
심장충격이 필요한 경우에만 심장충격(제세동) 버튼이 깜박이기 시작한다. 깜박이는 버튼을 눌러 심장충격(제세동)을 시행한다.
버튼을 누르기 전 반드시 환자와 접촉하는 사람이 없는지 확인하여야 한다.

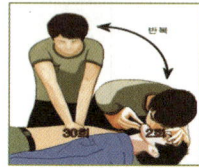
즉시 심폐소생술 다시 시행
쇼크가 전달된 후 즉시 가슴압박을 시작한다.
가슴압박 30회, 인공호흡 2회를 반복한다.
심장충격기는 2분 간격으로 분석 단계를 반복하므로 119 구급대가 현장에 도착할 때까지 지속해야 한다.

[그림 16-1] 심장충격기 사용방법

이때 심장충격기가 재세동되는 2분마다 심폐소생술을 계속 진행하면 됩니다.

다음은 기도 폐쇄의 경우를 알아보겠습니다.

라운드 중에 기도 폐쇄 사고가 발생하면 가장 먼저 119에 구조 요청을 하고 전문구조요원이 오기까지 하임리히법(Heimlich Maneuver)을 이용해 응급처치

응급상황 대처하기

를 하는 것이 좋습니다. 하임리히법은 음식 조각이나 다른 사물에 의해 기도가 폐쇄되었을 때 시행할 수 있는 응급처치로 성인과 어린이 모두에게 비교적 안전하게 시행될 수 있으나 단, 1세 미만에게는 하지 않는 것이 좋습니다.

하임리히법은 폐에 있는 공기를 강제로 밀어내어 기도의 이물질이 밀려 나오게 만드는 방법으로 배꼽과 명치 중간 부위를 등쪽으로 누르면서 올려 치듯이 빠르게 위로 밀어 올려줍니다. 이유는 압박위치를 정확히 하고 빠르게 밀어 올려 쳐야 순간적으로 공기가 밀려나오면서 기도를 막고 있던 이물질이 배출되기 때문이며, 천천히 누르면 순간적인 공기 배출이 안 되기 때문에 이물질도 나오지 않습니다.

처치 방법

1. 먼저 고객 또는 환자가 목을 감싸고 있는 경우 주변인에게 119구급 요청을 합니다.
2. 고객님이 스스로 기침을 할 수 있게 유도합니다.
3. 만약 자체적으로 빼내기 힘든 경우 하임리히법을 시도합니다.
4. 고객님의 등 뒤로 가 주먹을 쥔 후 배에 닿도록 합니다. 이때 주먹의 위치는 명치와 배꼽 중간 정도에 위치합니다. 또한 주먹은 오른손으로 왼 주먹을 감싸주어야 합니다.
5. 그 후 발 한쪽은 고객님의 양 발 사이로 넣어 중심을 잡습니다.
6. 주먹으로 배 안쪽을 누르며 이물질이 빠질 수 있게 도와줍니다. 주먹으로 누를 때에는 주먹을 아래에서 위로 퍼 올리는 느낌으로 해줍니다.

이런 처치를 119구급차가 오거나 이물질이 빠질 때까지 계속합니다.

하임리히법

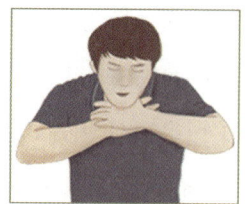

환자가 숨쉬기 힘들어 하거나 목을 감싸 괴로움을 호소할 경우 기도폐쇄로 판단. 주변 사람들에게 119를 불러달라고 요청한 후, 환자가 스스로 기침이 가능할 경우에는 방해하지 말고 기침을 유발한다.

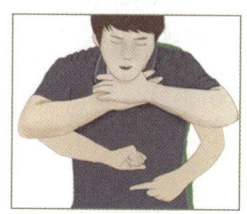

환자의 등 뒤에서 주먹 쥔 손을 배꼽과 명치 중간 정도에 위치시킨다. 배꼽과 명치 중간 위치에 주먹 쥔 손의 엄지 손가락이 배에 닿도록 놓는다.

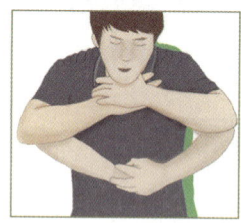

다른 한 손으로 주먹을 감싼다.
한쪽 다리는 환자의 다리 사이로, 다른 한쪽 다리는 뒤로 뻗어 균형을 잡는다.
팔에 강하게 힘을 주고 배를 안쪽으로 누르면서 상측 방향으로 5회 당겨준다.

무한 반복

이물질이 제거되거나 119 도착 시까지 복부 밀어내기를 반복한다. 환자가 의식이 없다면 심폐소생술을 진행하도록 한다. 심폐소생술 과정에서 구조호흡시 이물질이 입안에 있는지 확인하고, 보인다면 손을 이용해 제거한다.

[그림 16-2] 하임리히법

기도폐쇄 응급 상황 시 주의할 사항

1. 등 두드려 주기는 기도에 걸린 이물질이 더 밑으로 내려가게 만들기 때문에 해서는 안 됩니다.
2. 물이나 음식을 먹이면 안 됩니다.
3. 걷게 해서도 안 됩니다. 걸을 경우에도 이물질이 더 밑으로 내려가서 상황이 악화될 수 있습니다.

다음으로는 타구 사고 등 운동 상해를 초기에 대처할 수 있는 RICE 처치 방법에 대하여 알아보겠습니다. 여러분, RICE의 의미에 대하여 알고 계신가요? 이 처치를 하기 위해서는 이 단어의 의미를 알아볼 필요가 있습니다. RICE는 근본적 치료가 아닌 부상 후 초기에 할 수 있는 적절한 처치 방법입니다. 초기 대처 후 반드시 가까운 병원으로 가서 부상 부위에 대한 진료를 받아야 합니다.

1) Rest

: RICE의 첫 약자인 R은 Rest이며 안정이라는 의미를 가지고 있습니다. 먼저 다친 부위를 안정시키기 위해 움직임을 줄여야 합니다. 만약 이를 어기고 다친 부위를 계속해서 움직이게 된다면 회복력이 떨어지고 부기가 증가하며 출혈이 더 심해질 것입니다. 이 때문에 안정이 먼저입니다.

2) ICE

: RICE의 두 번째 약자인 I는 Ice이며 차가움을 의미합니다. 부상 시 안정을 취한 후 다친 부위에 냉 찜질을 해주는 것이 좋습니다. 냉 찜질은 부기와 통증 완화에 도움을 줍니다. 이때 얼음팩이 직접 피부에 닿는 것보다 수건이나 옷에 감싸 찜질해주는 것이 좋습니다. 그리고 첫날과 다음날에는 냉 찜질을 해주고 세 번째 날부터는 온 찜질을 하여 회복에 도움을 주는 것이 좋습니다.

3) Compression

: RICE의 세 번째 약자인 C는 Compression이며 압박이라는 의미를 가지고 있습니다. 압을 할 때에는 붕대를 이용하여 압박하는 것이 좋습니다. 하지만 강한 압박은 다친 부위의 부기를 고조시키거나 저림 현상이 올 수 있어 좋지 않으므로 적당한 압박으로 처치해주면 됩니다. 또한 적절한 압박은 내부의 출혈을 예방할 수 있습니다.

4) Elevation

: RICE의 네 번째 약자인 E는 Elevation으로 고도라는 의미를 가지고 있습니다. 즉, 다친 부위의 고도를 높여 중력으로 인한 혈액 고임 현상을 막아 줍니다. 이러한 혈액 고임을 예방하면 부기 완화에 도움이 됩니다. 다친 부위를 높일 때에는 베개, 쿠션과 같은 물체를 다친 부위 밑에 두어 고도를 높여줍니다.

이렇게 해서 RICE 요법과 의미를 함께 알아보았는데요. 핵심 요점은 이렇습니다. 안정, 냉 찜질, 압박, 환부 높임입니다.

RICE는 근본적인 치료가 아니고 부상 후 초기에 대응할 수 있는 적절한 처치 방법입니다.

응급상황 대처하기

타박상 처치 방법

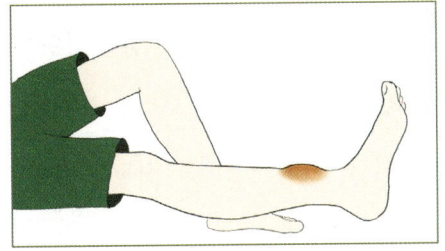
다친부위를 안정화 시키고 편안한 휴식을 취해줍니다.

냉찜질을 해서 출혈과 부기를 가라앉혀 통증을 감소시킵니다.

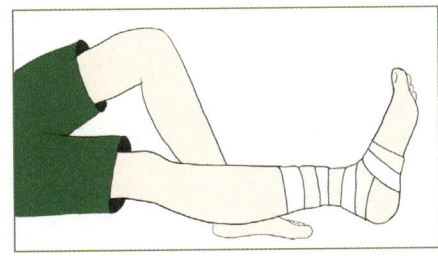
붕대를 이용해 압박하여 부기를 예방합니다.

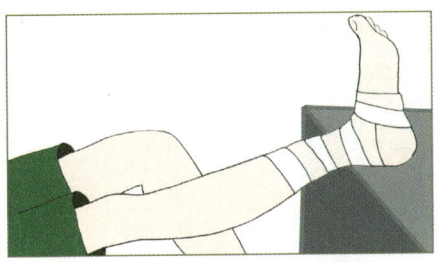
혈액순환을 원활히 하기위해 상처 부위를 높이들어 올려줍니다.

[그림 16-3] 타박상 처치 방법

끝으로 안전사고 일지 작성에 대하여 알아보겠습니다.

1. 안전관리점검

사고예방을 위해 미리 안전점검을 진행해야 합니다. 카트 타이어 공기압, 브레이크 작동 유무 등을 미리 살펴본 후 정상적인 운행이 가능한지 체크합니다. 이러한 안전점검은 플레이 전에만 체크하는 것이 아닌 플레이가 끝난 후 카트 청소 후에도 카트 충전선과 충전코드에 문제가 없는지 반드시 확인해 둡니다.

플레이하기 전에는 캐디로서 응급 상황에 대비하여 휴대용 파스, 밴드, 소독제(이물질을 씻겨 내릴 수 있는 물) 등을 미리 준비해 두는 것이 좋습니다.

16 SECTION

2. 기록일지 작성 능력

사고 또는 응급상황 이후에는 사고 보고서를 작성하여 경기과에서 상황을 확인할 수 있게 해야 합니다. 사고 보고서는 육하원칙으로 누가, 언제, 어디서, 무엇을, 어떻게, 왜의 순서대로 사실을 기재합니다. 이러한 기록일지는 다음 응급상황을 대비할 수 있습니다.

여기까지 16차시 응급상황 대처하기에 대하여 배워보았습니다. 어떠셨나요, 이제 응급상황 대처 확신이 생기셨나요? 여러분의 캐디 생활을 응원하며 이번 차시 마무리 짓겠습니다. 다음 차시는 카트 상태 점검하기입니다.

응급상황 대처하기

Part 5

카트 활용

SECTION 17 카트 상태 점검하기
SECTION 18 카트 운전하기
SECTION 19 카트 반납하기

SECTION 17
카트 상태 점검하기

강의주제
1. 라운드 전 카트 점검하기
2. 카트 충전기 사용 방법
3. 카트 안전 비치 용품 파악
4. 사용하지 않은 카트에 관한 관리법

강의내용

이번 17차시에 교육할 내용은 카트 상태 점검하기 입니다.

일단 질문 하나 드리고 진행하겠습니다. 캐디가 카트를 왜 알아야 할까요?

캐디가 해야 하는 일에는 여러 가지가 있지만, 이 일은 500년 전 캐디의 직업이 시작되었을 때부터 해왔던 일입니다. 바로 고객의 골프클럽을 운반하는 일입니다. 과거 카트가 골프장에 도입되기 전, 국내에서는 30년 전만 해도 모든 캐디들은 고객의 골프클럽이 들어가 있는 골프 백을 짊어지거나 트롤리(Trolley)를 이용하여 1명의 캐디가 고객 2명의 골프 백을 운반하였지만, 현재는 캐디가 트롤리를 이용하여 골프 백을 운반하는 것을 거의 보기 힘든 상황이 되었습니다.

[출처: www.pixabay.com]

[그림 17-1] 트롤리를 이용해서 골프 백을 운반하고 있는 고객 모습

    우리가 골프장에서 볼 수 있는 가장 흔한 광경은 카트 뒤편에 4개의 골프 백을 싣고, 캐디가 운전하는 카트를 타고 이동하는 고객들의 모습입니다.
    이렇게 카트에는 고객이 타고, 고객의 골프 백이 적재되지만, 여기에 캐디가 필요한 물품 예를 들어, 고객들이 마실 물과 물통, 클럽 세척에 필요한 솔과 물이 들어 있는 물통, 비상 상품 등을 비치하고 있어야 하기 때문에 이렇게 많은 물품을 싣고 효과적으로 이동할 수 있는 카트가 필수적인 장비가 되었습니다.

물론, 카트가 없는 골프장도 있습니다.

모노레일에 골프 백을 끌고 다니며 라운드를 하는 골프장도 있지만 우리나라 대부분의 골프장은 고객들이 카트 비용을 지불하고 캐디가 카트를 준비하여 라운드를 하는 방법으로 이루어지고 있습니다.

그럼 안전하게 카트를 운용하기 위하여 라운드 전 카트를 점검하는 법과 카트를 어떻게 준비해야 하는지 알아보겠습니다.

카트는 일반적으로 골프장 직원 중 한 명이 담당하게 됩니다. 수리 시나 카트가 사고 났을 때 수리를 하는 인원이 있어야 하기 때문입니다. 카트를 항상 안전한 상태로 사용하기 위해서 카트의 점검, 정비 및 카트 주행로의 안전 확보를 해야 합니다.

직원들이 정기적으로 점검해야 하는 시기도 있지만, 가장 많이 카트를 사용하는 캐디가 카트를 사용할 때에는 항상 사전에 안전점검을 실시하여야 하고 카트를 점검했는데 이상이 있을 경우에는 반드시 수리를 해달라고 직원에게 보고를 하고 점검을 받아야 합니다. 카트를 사용하는 캐디는 사전에 카트 사용법 및 안전 지도를 받은 후 운행해야 합니다.

캐디 스스로가 운행 전 안전 점검을 하는 방법에 대하여 알아보겠습니다.

1. 배터리 충전량 검사

카트는 배터리로 가는 전동차이기 때문에 배터리 잔량이 부족하지 않은 지 항상 확인 후 운행을 해야 합니다. 카트 충전량이 적으면 코스 안에서 카트가 멈출 수 있기 때문에 카트를 운행하지 않을 때에는 카트를 항상 충전하는 습관을 만들어야 합니다. 또한 충전을 하더라도 충전이 제대로 되지 않는 경우도 있기 때문에 항상 확인을 해주고 카트 운행을 해야 합니다. 충전이 충분하지 않아서 라운드 중에 멈출 것으로 예상되면 다른 카트로 교체한 후 라운드를 나가야 합니다.

2. 조작 부분 이상유무

핸들, 브레이크 페달, 엑셀 페달, 발진, 정지 스위치가 올바르게 작동되는지 반드시 확인을 해야 합니다. 기본적인 체크 사항은 다음과 같습니다.

> 1. 핸들은 잘 돌아가는지
> 2. 브레이크 페달을 밟았을 때 정상적으로 작동하는지
> 3. 엑셀 페달을 밟았을 때 잘 전진하는지
> 4. 발진 정지 스위치가 잘 작동되는지 확인을 해야 합니다.

카트는 후진 스위치로 변경을 하면, 소리가 울리게 됩니다. 카트에는 사이드 미러가 없기 때문에 뒤에 무엇이 있는지 정확하게 확인할 수 없습니다. 그래서 후진 스위치 변경 시 들리는 알람 소리를 듣고 주위 사람들이 조심하라는 의미이기도 합니다. 코스 내에서는 후진을 하지 말아야 하지만 정차 시나 주차 시에는 후진이 필요하기 때문에 후진할 때 소리가 나는지 여부를 꼭 확인해야 합니다.

3. 유도 센서의 이상 유무 및 리모컨 송수신기 확인

유도 센서는 휴대용으로 가지고 다니는 리모컨 송수신기로 자동 운전 시 카트를 원격으로 제어하는 센서 및 장치를 뜻하는 것으로 카트에 비치되어 있지 않습니다. 카트 번호와 리모컨 송수신기 번호가 같아야 작동을 하며 운행 전 리모컨 배터리가 충분한지 확인 후 사용하여야 합니다.

코스 안에서 리모컨을 한번 누르면 자동으로 카트가 전진이 되고 한번 더 누르면 카트가 자동으로 멈추게 됩니다. 편리한 기능이지만 유도 센서와 리모컨이 고장나거나, 작동이 되지 않는다면 불편할 뿐만 아니라 큰 사고로 이어질 수 있기 때문에 잘 작동되는지를 반드시 확인해야 합니다.

4. 골프 백 거치대에 있는 백 홀더(Bag Holder)의 이상유무

골프 백이 흔들리거나 이동 중 떨어지지 않도록 고정시켜주는 역할을 하는 것이 백 홀더입니다. 백 홀더는 고객들의 골프 백을 카트에 고정해주는 역할을 하기 때문에 버클과 백 홀더가 잘 고정되는지 확인을 하고 골프 백을 실어야 이동 중에도 안전한 플레이를 할 수 있습니다.

5. 타이어 이상 유무

카트를 장시간 이용하게 되면 자동차와 마찬가지로 타이어 마모가 발생합니다. 타이어 마모 상태와 타이어 공기압을 수시로 체크하고 확인을 해야 하며, 타이어가 펑크나지 않았는지도 운행 전 발로 밟아보며 체크해야 합니다.

6. 풍우막(風雨幕) 및 비(雨) 커버 확인

풍우막이란 카트에 장착되어 있는 것으로 바람과 비를 막을 수 있는 천으로 만든 막(幕)입니다. 풍우막은 고객과 캐디 본인을 보호해주는 역할을 하지만 반대로 풍우막을 설치하게 되면 시야가 좁아 지기 때문에 잘못 설치했다가는 사고로 이어질 수 있습니다. 풍우막을 설치할 때는 밑부분에 있는 고리를 확실하게 채워주고 고객들이 타고 내릴 때 걸리지 않게 해준다면 사고 위험성이 낮아지게 됩니다.

비 커버는 골프 백 거치대에 걸쳐 고객들의 골프 백을 보호해주는 커버입니다. 비가 오거나 눈이 와서 골프 백이 젖으면 고객들이 불쾌해하기 때문에 비커버가 카트에 있는지 상시 확인을 하여야 하고 갑자기 비가 오거나 눈이 올 경우 바로 사용할 수 있도록 카트에 꼭 비치해 두어야 합니다. 사용하지 않을 경우에는 비 커버와 풍우막을 깔끔하게 정돈된 모습으로 접어 주어야 합니다.

[그림17-2] 풍우막과 비 커버

SECTION 17

이처럼 캐디 본인이 운행 전 확인해야할 사항들이 많이 있습니다. '오늘은 괜찮겠지'라는 안일한 생각을 가지고 카트를 점검하지 않는다면 큰 사고로 이어질 수 있기 때문에 항상 확인하는 습관을 가져야 합니다. 이제부터는 안전한 운행을 위한 카트 배터리 충전 방법에 관하여 알아보겠습니다.

카트 충전 순서

1. 카트 조작 스위치를 중립으로 한 후 카트 키를 뽑습니다.
2. 카트 시트 중 뒤에 있는 시트를 엽니다.
3. 전원 스위치를 OFF로 바꿉니다.
4. 충전 스위치 부분의 충전용 소켓의 뚜껑을 열고 충전 플러그를 충전용 소켓에 꼽습니다.
5. 충전 코드의 플러그를 아랫방향으로 잠길 때까지 누릅니다.
6. 시트 밑의 충전 스위치부의 충전 램프가 점등되고 충전이 시작됩니다.

하우스 캐디가 되면 지정 카트를 받게 됩니다. 지정 카트란 본인이 주체적으로 관리를 하고 특이사항이 없을 시 본인만 사용하는 카트를 말합니다. 근무 전 상시 안전점검이나 카트 운행시 카트가 충분한 전력량을 확보하지 않는다면 지정 카트라도 코스 안에서 카트가 멈출 수 있기 때문에 카트는 항상 충전을 충분히 하여야 하고 카트가 충전되어 있지 않은 상태라면, 충전이 되어 있는 예비용 카트로 교체 후 라운드를 나가야 합니다. 그렇지 않으면 본인 포함 고객들이 불편을 겪을 수 있습니다.

카트 상태 점검하기

다음으로 카트에 비치해야 할 품목에 관하여 알아보겠습니다.

카트에는 본인이 필요한 물품 혹은 카트에 기본적으로 비치되어야 하는 물품, 안전상 필요한 물품으로 나눌 수 있습니다. 앞에서 이야기했듯이 지정 카트를 받게 되면 본인이 라운드 중 필요한 물품을 적재하고 나가야 합니다.

고객들이 원하는 물품과 본인이 필요한 품목은 다음과 같습니다.

1. 네임 펜과 볼 라이너: 고객들의 골프 볼에 선을 그리고 고객들이 라인을 보게 될 때 필요한 물품입니다.
2. 볼펜: 태블릿PC가 없을 때 수기로 스코어를 작성하거나 메모를 할 때 필요합니다.
3. 오너(Honor) 봉: 플레이 순서를 정해서 오너를 뽑을 때나 뽑기 게임을 할 때 사용합니다.
4. 물통과 종이컵: 라운드 중에 고객들이 물을 요구하는 경우가 많아서 여름철에는 차가운 물을 준비하고 겨울철에는 따뜻한 물을 준비해야 합니다.
5. 땀 타월과 볼 타월: 여름에는 고객들이 땀을 많이 흘리기 때문에 캐디에게 땀 닦을 타월을 요구하는 경우가 있습니다. 볼 타월은 고객의 클럽 및 볼을 닦아줄 때 사용합니다. 잔디가 초록색이기 때문에 볼 타월도 같은 색인 초록색으로 준비하는 것이 좋고 우천시에는 클럽의 그립 부분을 감싸야 하기 때문에 여분의 볼 타월을 더 챙기는 것이 좋습니다.
6. 에어 파스 및 비상 약품: 에어 파스는 고객들이 갑작스러운 타구 사고나 햄스트링이 왔을 때 긴급하게 처리할 수 있게끔 준비를 해주는 것이 좋습니다. 파스나 비상 약품은 현재 보건법에 따라 비치해서는 안된다고 하는 골프장도 있지만 본인을 위해서 필요할 경우도 있기 때문에 간단하게 준비하는 것이 좋습니다.
7. 풍우막 및 비 커버: 항상 챙겨야 합니다.

SECTION 17

왜 이런 물품들을 가지고 다녀야 할까요?

의아해할 수도 있지만, 고객들이 캐디에게 라운드 후 캐디피를 지급할 때 이 모든 것이 서비스라고 인식하는 고객들이 많기 때문에 이 물품들을 항상 챙기는 것이 좋습니다. 이 물품들을 제외하고도 고객들이 원하는 물품들이 있다면 추가적으로 구비하여 비치해 놓는다면 고객과의 플레이가 좀더 원활하게 진행될 수 있을 것입니다.

안전상 필요한 물품들은 소방 안전에 관한 물품들입니다. 사고가 나지 않는 것이 최선이지만 사고가 나지 않는다고 확신할 수는 없습니다. 배터리가 과부하가 걸려서 코스 안에서 배터리 이상으로 화재사고가 발생할 수도 있습니다. 이런 상황에 대처할 수 있도록 카트에는 소화기나 투척용 소화기가 비치되어 있어야 합니다.

이 물품들은 캐디가 준비하지 않고 대부분 카트 관리자가 비치하고 관리합니다. 이렇다 보니, 카트에 비치되어 있어도 그 존재를 모르는 캐디들도 있습니다. 사고라는 것은 언제 어떻게 발생할지 누구도 알 수 없기 때문에 이런 물품들이 어디에 비치되어 있고 어떻게 사용하여야 하는지는 알고 있어야 갑작스럽게 일어난 사고에 발빠르게 대처할 수 있습니다.

사용 카트 및 사용하지 않은 카트에 관한 관리법은 여러 종류가 있습니다.

1. 정기 점검: 정기적으로 카트 검사를 하고 있습니다. 기계에 대한 정기점검은 관리 직원이 하겠지만 캐디들은 분기에 한번이나 한 달에 한번 주기적으로

카트 상태 점검하기

카트 청소를 합니다. 골프장마다 다르지만 캐디 본인들이 직접 청소를 하거나 외주업체를 이용해서 카트 청소를 하고 있습니다. 정기점검 시 자동차처럼 이상유무를 판단할 수 있고 평소에도 기본 청소를 진행하지만 불상사가 일어날 수 있는 지점을 정기 점검 때 청소하여 확실하게 보존함으로써 카트 수명을 늘리고 카트 사고를 예방할 수 있습니다.

2. 장기 보관 카트 및 고장 카트: 장기 보관 카트는 이용하지 않거나 수리가 되지 않아 보관해야 하는 카트를 말합니다. 이 카트들은 충전을 상시 진행하게 되면 배터리가 과부하가 걸리거나 기능이 떨어지기 때문에 3개월 장기 보관에 들어가는 카트가 있다면 마지막 3개월차부터 충전을 하여야 기능이 원활하게 유지됩니다.

이번 17차시에서는 라운드 전 카트 점검법과 카트 충전법, 카트 관리하는 방법에 대해서 알아보았는데요, 카트는 전문가의 손길이 필요한 부분들도 많지만 캐디들이 운행 전, 후 검사도 매우 중요합니다. '괜찮겠지?'라고 생각하기보다는 사소한 이상이 발생했을 때에도 바로 보고하여 조치를 취할 수 있게 노력해주어야 사고 발생률을 줄일 수 있습니다.

다음 18차시에는 카트 운전하기에 대해서 알아보겠습니다.

18 SECTION

카트 운전하기

강의주제

1. 카트 안전 멘트
2. 리모컨 작동법 및 유의사항
3. 카트 정지점 파악 및 역주행 상황에 따른 대처방법
4. 사고발생시 조치 방법

강의내용

이번 시간에는 카트 운전에 관해 알아보겠습니다.

2000년도부터 본격적으로 도입된 골프 카트는 캐디 업무 전반에 많은 영향을 주었습니다. 이제는 캐디에게 없어서는 안 되는 존재가 바로 카트입니다. 카트가 없을 때는 캐디 1명이 고객 2명을 서브하는 1캐디 2백 시스템이었는데, 카트가 보급되면서 캐디 1명이 4명의 고객을 서브하는 1캐디 4백 시스템으로 변경되었으며, 이로 인해 캐디 피가 인상되었고 캐디 업무가 현재처럼 더욱 많아지

게 되었습니다. 카트는 4명의 고객만이 타는 것이 아니라 고객이 가지고 온 4개의 골프 백도 같이 싣고 운행을 합니다.

카트 사고가 발생하게 되면 고가의 골프 클럽과 캐디 포함 5명의 인사 사고로 이어지는 대형 사고가 될 수 있기 때문에 안전에 있어서는 철저한 체크가 필요합니다. 카트 사고로 인해 골프 클럽이 파손될 경우에도 그 책임이 캐디에게 있어서 캐디는 금전적인 피해를 입을 수 있기 때문에 캐디 본인도 안전 운전에 집중해야 손해를 피할 수 있습니다.

캐디에게 너무나도 중요한 카트 안전, 사고를 미연에 방지할 수 있는 카트 안전 멘트에 관해 알아보도록 하겠습니다.

캐디는 카트 운행을 시작하는 시점부터 안전 멘트를 생활화 해야 카트 사고를 미연에 방지할 수 있고, 피해를 줄일 수도 있습니다. 자동차에는 클락션이 존재하기 때문에 운행에 있어 보행자에게 차량이 지나간다는 것을 미리 알려줄 수 있지만 카트에는 이러한 장치가 없습니다. 그렇기 때문에 카트 고 안이나 광장에서 모든 보행자 즉 고객 혹은 동료 캐디 등에게 카트가 지나간다는 것을 알려줄 수 있는 방법은 육성으로 "카트 지나가겠습니다."라고 외치는 방법 밖에 없습니다.

캐디는 고객과 라운드를 시작하기 전 광장에서부터 미리 카트 안전 수칙에 관해 공지하는 것이 좋습니다.

카트 이동 시나 정차 시 안전 손잡이를 잡아 주어야 하며 카트가 완전히 정

SECTION 18

차 할 때까지 바른 자세로 기다려 주어야 안전하다는 것을 고객들에게 전달해 주어야 합니다. 이는 광장에서 출발 전

"고객님, 카트 운행 중에는 안전손잡이를 꼭 잡아 주십시오."
"카트가 정차될 때까지 바른 자세를 유지해 주십시오."

등의 강제성 멘트를 하는 것이 카트 사고 후 캐디가 받게 될 불이익으로부터 위험을 피할 수 있습니다.

안전 멘트를 생활화 한다는 의미는 카트가 출발할 때는 "카트 출발하겠습니다." 카트가 정차할 때는 "카트 정차하겠습니다." 등의 멘트를 함으로써 고객들에게 미리 공지하고 이에 따른 대비를 할 수 있는 시간을 준다고 생각하면 이해하기 편할 겁니다.

내리막길 혹은 내리막 커브 길에서 많은 카트 사고가 발생하기 때문에 커브 길 진입 시에도 "내리막 커브 길입니다. 안전손잡이를 꼭 잡아주십시오."라는 멘트를 함으로써 고객들 스스로가 '위험한 지역이구나…' 라는 생각을 가질 수 있게 만들어 주는 것이 좋습니다.

코스 내 특이사항이나 위험지역이 있을 때에는 미리 경기과에 확인을 해 보고 이를 고객들에게 전달해 주어야 하며 위험지역 구간을 통과할 때에도 고객들에게 다시 공지해 주어야 사고를 미연에 방지할 수 있습니다.

카트가 정차 구간에 정차를 하기도 전에 미리 뛰어내리려는 고객에게는 단호히 경고성 멘트와 사고 위험에 대한 고지 및 사고 발생 시 캐디는 책임을 지지 않겠다는 발언을 해주는 것이 고객에게 위험을 인지시켜주는 가장 좋은 방법입

카트 운전하기

니다. 돌발행동을 하는 고객에게는 단호하게 "고객님, 위험합니다!"라는 의사를 전달해 주어야 하며 고객 4명이 모두 모인 자리에서 "고객님, 카트가 완전히 정차하시면 내리십시오. 사고 발생 시 절대 책임지지 않습니다."라는 의사를 명확하게 전달해 주어야 합니다.

그린에서 홀 아웃한 후 다음 홀로 이동할 때, 캐디는 고객 4명보다 가장 늦게 탑승하는 습관을 가져야 합니다. 자동차와 달리 카트는 문이 없이 개방된 상태로 주행을 하게 됩니다. 이 때 대부분의 고객들은 카트 속도가 저속이기 때문에 안전사고에 대한 걱정을 하지 않고, 정 자세보다는 다리를 꼬고 앉아 있는 경우가 많습니다. 카트는 이동 중 특히 커브 길에서는 몸이 쏠리는 현상이 발생하게 됩니다. 몸이 쏠리는 구간에서 속력을 내거나, 고객이 정 자세가 아닌 다리를 꼬고 앉아 있다가 카트 밖으로 떨어지는 안전사고가 발생할 수 있습니다.

고객이 바른 자세로 탑승했는지 꼭 확인 후 이동해야 하며 만약 고객이 불안한 자세로 탑승을 했다면 "고객님, 카트 이동 시에는 바른 자세로 탑승 부탁드리겠습니다."라는 멘트를 해야만 합니다.

안전 멘트의 필요성은 사고 발생 시 캐디에게 사고 책임이 전가되는 것을 막기 위한 최소한의 방패라고 생각해야 합니다. 캐디의 업무 중에는 카트 운전이 포함되어 있으므로 카트 사고가 발생하면 그에 따른 책임은 캐디에게 불리하게 적용하는 부분이 많으며 이는 금전적인 손해 및 법정 소송까지도 이어질 수 있다는 걸 캐디는 인지하고 있어야 합니다. 최소한의 방어책을 마련하고 상황마다 체크하는 방법만이 사고를 예방할 수 있으며 이렇게 해야지 불이익을 피할 수 있다는 걸 꼭 명심하시길 바랍니다.

지금부터는 리모컨 사용방법 및 작동법에 대해 알아보겠습니다.

카트의 운행 방법에는 크게 두 가지가 있습니다. 수동 방식과 자동 방식입니다. 수동 방식은 캐디 본인이 카트를 조작하며 서브 및 이동을 하는 방식이며 자동 방식은 카트에 장착되어 있는 센서가 카트 도로에 있는 유도선을 인식하고 이를 카트 리모컨이라고 하는 물품을 이용해서 조작하는 방식입니다.

리모컨 작동 방법은 매우 간단합니다.

카트를 카트 유도 선상에 일직선으로 정렬 후 카트 리모컨에 있는 버튼을 누르게 되면 '삑~' 소리 후 카트는 유도선을 따라 움직이게 됩니다. 만약 카트가 유도선 정렬이 되지 않았다면 리모컨 버튼을 눌러도 카트는 움직이지 않을 수 있으며 유도선 정렬 중 앞 바퀴가 중간 정도만 걸치고 있을 시에는 자동 운행으로 변경했을 때 '삑~ 삑~ 삑~' 소리가 지속적으로 발생하게 됩니다. 이러한 상황이라면 즉시 카트 운전석으로 가서 브레이크 페달을 밟으며 핸들을 좌측 혹은 우측으로 돌려주시면 자동 운행이 풀리게 됩니다. 카트를 다시 유도선에 정렬 후 리모컨 버튼을 사용하면 정상적으로 자동 운행이 가능하게 됩니다.

자동 운행 중인 카트는 지정된 정차 구간이 존재합니다. 이 정차 구간에 자동 운행 중인 카트가 도착하게 되면 '삑~삑~' 소리 후 정지를 하게 됩니다. 다시 리모컨 버튼을 사용하면 자동 운행이 가능하게 됩니다.

카트 운전하기

 코스 내 특이사항이나 위험지역이 있을 때에는 미리 경기과에 확인을 해서 고객들에게 전달해 주어야 합니다.

　자동 운행으로 정지된 카트를 수동으로 전환시키는 방법은 운전석에 탑승 후 브레이크 페달을 밟고 핸들을 좌측 혹은 우측으로 돌리고 가속페달을 밟으면 출발을 하게 됩니다. 카트가 자동 운행이 안될 시에는 일차적으로 카트 범퍼를 밀었다가 끝까지 당겨보고 이렇게 해도 운행이 안될 시에는 경기과 또는 카트 담당자에게 보고를 하시면 됩니다.

　카트 범퍼에는 충격을 받을 경우 자동 운행을 강제적으로 멈추게 하는 안전장치가 있는데 이 장치가 충격에 의해 범퍼가 눌려 있을 경우 수동으로는 카트가 운행되기 때문에 육안상으로는 문제점을 파악하지 못하는 경우가 많습니다.

　겨울철에는 리모컨 배터리 문제로 인해 자동 운행이 작동하지 않는 경우도 있습니다. 날씨가 추워지면 배터리가 방전되는 상황이 나오기 때문입니다. 리모컨 버튼을 사용 시 '삑~' 소리가 나는데 평상시에 소리가 약하거나 작동을 불규칙적으로 할 경우 리모컨 배터리를 교환해 주시는 것이 좋습니다. 카트 담당자 혹은 경기과에서 배터리를 비치해두기 때문에 이상이 발견되면 즉시 보고하고 조치하면 됩니다.

SECTION 18

자동으로 카트를 운행할 경우 주의해야 할 사항들이 있습니다.

먼저, 한 홀 당 지정된 정차 구간은 대략적으로 세 군데 정도로 세컨 지점, 어프로치 지점, 그린 지점으로 나누어 볼 수 있으며, 지정된 정차 구간이 존재하는 이유는 혹시 모를 사고를 예방하기 위해서입니다. 캐디는 4명의 고객을 살펴봐야 하는 직업인데 여기에 카트를 추가해서 총 5명(?)의 고객을 체크해야 합니다. 아무리 꼼꼼한 성격이라고 한들 잠깐 방심해서 잘못하여 카트 자동 운행 상황을 놓치게 된다면 큰 사고로 이어질 수 있습니다.

카트 자동 운행 시 사고 유형을 살펴보면 카트의 이동 경로를 파악하지 못하고 사용했을 경우와 카트가 정차 구간에서 무조건 정차한다는 안일한 생각으로 이 부분을 확인하지 못한 경우가 대부분입니다.

예를 들어, 자동 운행을 하는 카트 앞에 고객이 세컨 혹은 어프로치 샷을 하고 있을 경우 부딪치는 사고가 생길 수 있으며, 지정된 정차 구간에 정차하지 않아 지속적으로 운행되다 앞 팀 카트와 충돌하는 사고가 발생할 수 있습니다.

자동 운행 중인 카트와 고객 간의 사고는 인사 사고이며 이는 캐디에게 불리한 입장이 되고, 앞 팀 카트와 충돌 시 카트 백 다이에 있는 고가의 골프 클럽이 파손되므로 금전적인 손실이 크게 발생하게 됩니다. 자동 운행 중에는 정차 구간까지 한번에 카트를 이동시키는 것보다는 20~30m씩 끊어서 이동시키는 것이 체크하기도 편하며 안전사고를 예방할 수 있습니다.

또한, 카트 리모컨을 바지 주머니에 넣고 업무를 수행하다 나도 모르는 사이 리모컨 버튼이 눌려지는 상황이 발생할 수 있습니다.

카트 운전하기

고객 볼을 찾아보기 위해 언덕으로 이동하다 리모컨이 눌리는 경우, 그린에서 라인을 보기 위해 앉았다 일어서는 순간에 눌리는 경우 등이 있는데 이럴 경우 카트는 캐디의 통제권에서 벗어나 대형 사고로 이어질 수 있습니다. 라운드 중 카트는 캐디의 그림자 같은 존재이므로 수시로 확인하는 것이 좋으며 카트 리모컨은 호주머니가 아닌 목걸이 형태로 걸고 다니는 것이 안전합니다.

자동 운행 중인 카트는 자칫 잘못하면 사고로 이어질 수 있기 때문에 캐디는 카트 체크를 소홀히 해서는 안 되며 자동 기능은 캐디 업무에 있어 편리한 기능이긴 하지만 사고를 유발할 수 있다는 걸 꼭 명심하셔야 합니다.

라운드 중 카트 정차 구간 파악 및 역주행, 작업 차량에 대한 대처방법에 대해서 알아보도록 하겠습니다.
경기 중에 카트가 골프와 가장 밀접한 관계를 가지게 되는 순간은 페어웨이에 골프 볼이 있을 때입니다. 골프라는 스포츠가 성립되기 위해서는 볼과 클럽이 있어야 하는데 카트에는 골프 클럽이 있으며 페어웨이에는 골프 볼이 있습니다.

캐디는 기본적으로 고객들이 샷 한 볼의 위치를 파악해야 합니다.

볼의 위치가 파악이 되어야 그린까지 남은 거리를 확인할 수 있고, 볼이 오비가 되었거나, 페널티 구역으로 넘어갔는지를 알아야 그에 따른 룰을 적용할 수 있으며, 홀 아웃을 한 후 고객의 스코어까지 계산할 수 있습니다.
이러한 이유로 인해 캐디는 1차적으로 카트 정차 구간이 티잉 구역 티 샷한 볼의 위치에서 일직 선상에 카트를 정차해야 합니다. 정차 후 볼의 위치를 다시 한번 파악하여 볼과 그린까지의 거리를 불러 주거나, 그 거리에 맞는 클럽을 고객에게 전달하는 세컨 서브가 이루어지게 됩니다.

여기에서 캐디가 기억해야 할 중요한 사항은 항상 카트를 고객 볼과 일직 선상에서 정차를 해야 최단 거리로 클럽을 전달할 수 있다는 것입니다. 최단 거리라는 말은 캐디의 이동 동선을 이야기하는 것으로 이동 동선이 짧으면 짧을수록 캐디 업무에 대한 피로감이 줄어 들어서, 클럽 전달이 빨라지므로 수월한 라운드가 이루어 질 수 있습니다.

세컨드 지점에서 서브가 끝나면 캐디는 카트를 이용해 그 홀의 높은 지점 혹은 볼의 낙구가 가장 잘 보이는 지점으로 이동하게 됩니다. 티잉 구역에서 볼을 봐주는 것과 마찬가지로 세컨 지점에서도 볼을 봐주어야 합니다. 세컨 지점에서 샷 한 볼의 낙구를 보아야 어프로치 서브가 쉽게 이루어질 수 있으며 카트를 이용해 고객보다 한발 앞서 어프로치 지점에 도착할 수 있게 됩니다.

어프로치 서브가 끝나면 그린으로 이동하게 되는데 홀 컵 위치에 따라 카트 정차 구역이 달라질 수 있습니다.

보통 홀 컵이 앞 핀일 경우 카트 또한 앞 핀에 가까운 지역에 정차를 하지만 중 핀과 뒤 핀일 경우는 뒤 핀 쪽 정차 지역에 정차를 하게 됩니다. 이는 그린 서브 이후 다음 홀로 빠른 이동을 하기 위한 목적과 그린에서 빠르게 빠져나와야 뒤 팀 플레이에 방해가 되지 않기 때문입니다.

카트 운전하기

캐디는 고객보다 항상 한 템포 빠르게 움직여야 합니다.

이는 캐디 1명이 4명의 고객 플레이 속도에 맞추기 위해서이며 이렇게 해야 경기 진행에 여유가 생깁니다.

코스 내에는 라운드 중인 카트만 있는 것이 아니라 코스에 보수작업 등을 위해 코스부가 이용하는 작업 차량이나 근무를 마치고 배토 작업을 하기 위해 이동하는 동료 캐디들의 카트도 있으며 마샬이 경기 진행을 위해 이용하는 카트 및 늦게 도착한 고객을 태운 카트 등이 있습니다.

이러한 카트나 작업 차량은 일반적인 주행을 하지 않고 역주행하는 경우가 많이 있습니다. 코스 내 1순위는 라운드를 즐기고 있는 고객이기 때문에 카트 또한 라운드 중인 카트가 1순위가 되지만 같은 업종 및 공존 관계로 이루어진 타부서와의 관계를 위해 서로 양보하며 업무를 수행해야 합니다.

잔디를 최상의 컨디션으로 보존하기 위해 노력하고 있는 코스부 업무 특성상 코스에서 자주 업무를 수행하게 되는데 이러한 경우 경기과에서 미리 고지를 하는 경우가 많습니다. 경기과 또한 이러한 경우 배치를 받고 있는 캐디에게 특이사항을 전달하며 캐디는 이러한 사실을 미리 인지하고 있어야 역주행으로 오는 차량과의 사고 등 안전사고를 예방할 수 있습니다.

캐디는 업무 수행 중 자동 주행을 사용하는데 경기과에서 금일 코스 내 특이사항을 전달받은 경우라면 평소보다 카트 자동 주행에 더더욱 신경써야 합니다.

SECTION 18

원활한 진행을 위해 마샬들이 코스에 있어도 미리 인지를 했다면 자동주행 및 역주행으로 올 수 있는 경우를 대비하는 것이 좋으며 좁은 카트 도로가 대부분이기 때문에 카트를 정차할 때는 비켜 갈 수 있는 공간을 만들어 정차해 두는 것이 좋습니다.

또한 수동 운행 중 역주행 카트와 마주치면 무리하게 비켜 가려고 하지 말고 두 카트 중 한 카트는 정지하여 다른 카트가 최대한 조심히 비켜 가도록 해야 합니다. 코스 내 역주행 카트나 코스부 작업차량으로 인한 사고가 발생하는 경우가 자주 생기는데 이는 서로 양보하지 않고 무리한 주행으로 인해서 발생합니다.

캐디는 진행으로 인해, 코스부는 작업으로 인해, 마샬은 급한 용무로 인해, 라운드를 마친 캐디는 빠른 퇴근을 위해 안전수칙을 소홀히 하여 운행하게 되면 반드시 사고가 발생하게 됩니다.

서로서로 조금만 양보하며 안전운행하길 바랍니다.
사고가 발생하면 신속히 조치를 해야 2차 사고를 예방할 수 있습니다.
코스에서 발생할 수 있는 사고 유형은 여러 가지가 있는데 타구 사고,
카트 사고, 안전사고로 나누어 볼 수 있습니다.

타구 사고를 살펴보면 뒤 팀이나 인접 홀 또는 동반자에 의해 발생하는 경우가 대부분입니다. 일반적으로 드라이버 샷을 할 때 볼의 속도는 약 250km 정도라고 합니다. 이는 맞는 부위에 따라서는 사망에 이를 수도 있다는 것입니다. 타구 사고로 출혈이 발생했다면 깨끗한 거즈나 패드 등으로 출혈 부위를 덮고 직접 압박을 실시해야 합니다. 그 후 경기과에 무전기를 이용해 상황설명을 자세히 보고해야 합니다.

만약 무전기 송신 상태가 좋지 않다면 개인 휴대폰으로 연락을 해야 합니다. 경기과에서는 보고를 받은 후 그에 따른 조치를 하며 출혈 부위가 심하거나 위독한 경우 119에 신고 후 병원으로 이송해야 합니다. 사고 환자를 무리하게 경기과로 이동시키지 말고 경기과 직원이 도착할 때까지 자리를 지키는 것이 좋습니다.

2차 타구 사고를 방지하기 위해 뒤 팀 동료 캐디에게 무전기를 이용해서 상황을 설명해 주어야 하며 부상당한 환자를 카트 안쪽이나 나무가 많은 곳에 몸을 피하게 하는 것도 2차 사고를 예방하는 방법입니다.

소식을 전달 받은 캐디는 그 지역을 플레이할 때 고객들에게 상황설명을 하고 신속한 플레이로 홀 아웃하는 것이 좋습니다. 카트 사고나 안전사고 발생시에도 경기과에 보고를 꼭 해야 하며 그에 따른 조치를 해야 합니다.

카트 낙상사고나 추락사고 발생시에는 119에 먼저 신고하고 사고 환자의 상태를 살피고 불필요한 움직임 없이 편안한 자세로 눕힌 후 허리띠와 옷 등을 풀어 혈액순환을 원활하게 유도시켜 주면 됩니다. 또한 정상 체온을 유지하기 위해 지면의 냉기를 막아주는 것이 좋습니다.

경기과 직원 및 구급 요원이 도착할 때까지 사고현장을 지켜야 하며 사고 환자가 의식을 잃지 않게 대화를 유도하며 팔과 다리에 감각이 있는지 혹은 통증

SECTION 18

이 있는지 미리 파악해 둔다면 구급요원 도착 시 큰 도움이 될 수 있습니다.

사고가 발생했다면 경위서를 작성해야 합니다.

이는 사고 상황을 파악하기 위함이며 사고에 대한 반성과 안전에 대한 중요성을 일깨움으로써 추후 동일한 사고가 발생하지 않도록 하기 위함입니다. 사고 경위서를 작성할 때는 육하원칙을 기반으로 작성해야 사고 상황을 정확히 전달할 수 있습니다.

카트 운전하기

캐디는 고객들이 샷 한 볼의 위치를 파악해서
그린까지 남은 거리를 불러주어야 합니다.

SECTION 19

카트 반납하기

강의주제

1. 카트 청결 상태 파악 후 세차
2. 카트 상태 확인 후 이상유무 파악
3. 카트 반납 후 카트일지 작성

강의내용

이번 19차시에 교육할 내용은 카트 반납하기 입니다.

카트를 이용한 후에 카트를 반납한다는 의미는 고객과의 라운드 후 카트 청소 및 상태 점검을 한다는 의미가 됩니다. 사용한 카트는 지저분해지기 때문에 청소를 하여야 하고, 카트가 라운드 후 이상이 있는지 없는지를 파악, 다음날에도 카트를 이용할 수 있도록 카트를 충전하고, 카트 이상유무 혹은 배터리 잔량이 얼마나 남았는지 등 카트일지를 작성해야 합니다.

카트를 사용하는 것도 중요하지만 마무리도 잘하여야 다음날에도 혹은 다음 라운드도 문제 없이 사용할 수 있기 때문에 마무리 또한 중요하게 생각하여야 합니다.

지금부터 카트 마무리 순서에 대해 알아보겠습니다.

캐디는 라운드 후 기본적인 카트 청소를 하여야 합니다.

라운드 후 카트 바닥면에 잔디 혹은 이물질들이 있기 때문에 쾌적한 카트 이용을 위하여 간단한 세차를 해야 합니다. 추운 겨울이 아닌 경우에는 일단 카트에 붙어있는 잔디나 먼지 등을 물로 세척한 후에 에어 건을 이용하여 청소를 합니다.

추운 겨울에 물로 세척을 하게 되면 카트 바닥면이 얼어 붙어서 고객과 캐디 본인이 미끄러질 수 있기 때문에 에어로만 손질 및 청소를 해야 합니다. 비가 오거나 눈이 올 때는 카트를 사용한 후에 카트에 묻어 있는 수분을 마른 걸레나 볼 타월로 닦아주고 말려 주어야 합니다.

사용한 풍우막[38]과 비 커버[39]는 카트에 잘 말려서 재사용을 하기 때문에 수분이 있는 상태로 접어두게 되면 습기가 차서 곰팡이가 생길 수 있으므로 잘 말려야 합니다. 특히 장마 기간에는 잘 마르지 않을 수 있기 때문에 수분을 마른 걸레나 볼 타월로 한번 닦아내고 카트에 잘 말려 두어야 합니다. 또한 카트에 더러워진 부분은 중성세제를 묻힌 걸레로 닦아내고 마른 걸레로 세제가 남아 있지 않도록 닦아서 청결한 상태로 유지해 주는 것이 좋습니다.

SECTION 19

카트 자체의 손질 방법은 다음과 같습니다.

차체 손질과 정비는 라운드 전, 후 또는 일정 정기점검 기간에 해주어야 합니다. 앞서 얘기했듯이 카트는 항상 청결한 상태를 유지해야 하는 것과 더불어 카트 자체의 파손 유무를 항시 확인하여야 합니다.

고객들이 카트 탑승 시 청결한 상태로 이동할 수 있도록 청소 및 손질을 하여야 합니다. 타이어의 경우는 매번 청소할 수는 없지만 정기점검 기간에는 청소를 해주어야 하며 타이어의 공기압은 매 라운드마다 점검을 해 두어야 하며, 타이어 공기압의 이상 유무 혹은 타이어 펑크 상태를 확인하고 이상이 있을 때에는 담당직원에게 보고하여 교체 및 수리를 하여야 합니다.

카트의 기본 청소는 대부분 고객이 탑승하는 시트와 매트 청소를 주로 하게 됩니다.

봄, 여름 기간에는 쿨 시트를 씌워 쾌적한 라운드를 할 수 있도록 해야 하고 겨울철에는 따뜻한 시트를 설치함으로써 조금이라도 따뜻하게 카트를 이용할 수 있도록 만들어 주어야 합니다. 물론 시트 교체 시기에는 시트를 세탁하여 청결한 상태로 유지해야 합니다. 발 매트 같은 경우에는 카트와 분리형이 많기 때문에 카트 청소할 때 발 매트를 따로 세척하고 카트 뒤쪽 거치대에 걸어 두어 말려야 합니다. 말리지 않고 운영할 경우 가운데에 물이 차서 미끄러질 수 있기 때문에 안전상 위험할 수 있습니다.

카트 내에 있는 장비와 비품을 확인해야 합니다.

카트 반납하기

1. 수납함(컵 홀더)과 바스켓

고객이 라운드 중 필요한 물품을 가지고 이동하지 못하기 때문에 카트에 비치 후에 라운드가 끝나면 챙겨가게 됩니다. 일반적으로 고객들이 스스로 필요한 소모품은 골프 백에 넣어 놓고 다니지만 여분의 옷이나 손가방, 간식 등은 카트에 놓아두는 경우가 많습니다.

이럴 때 수납함과 바스켓에 두게 되는데 라운드마다 고객의 소지품을 챙겨 주는 것도 필요하지만 고객들의 물품을 놓아두는 곳을 청결히 해놓아야 고객들이 물품을 놓았을 때 눈살을 찌푸리는 일이 없도록 청소를 깨끗하게 해 두어야 합니다.

수납함(컵 홀더)은 분리가 되기 때문에 에어 건이나 물청소를 해줌으로써 깨끗하게 유지하고 바스켓 같은 경우는 카트 차체를 청소할 때 에어 건을 이용하여 청소를 해주어야 합니다. 그리고 고객들이 자신의 개인 물품을 수납함이나 바스켓에 종종 놓고 다니기 때문에 라운드 후 고객들에게 소지품 확인하라는 멘트를 해 주어야 하며, 이렇게 했는데도 가지고 가지 않을 경우에는 경기과에 보고 후 고객들이 소지품을 챙겨갈 수 있도록 도와 주는 것이 좋습니다.

2. 카트 거치대 점검

골프 백 홀더나 버클 같은 경우도 유심히 살펴서 관리해 주어야 합니다. 카트는 고객들의 이동 수단이기도 하지만 고객들의 백을 싣고 이동하는 교통수단이기도 합니다. 카트 거치대에는 밴드를 이용하여 골프 백을 고정시키는데 이때에 버클이 정확히 물리지 않는다면 골프 백이 이동 중에 코스에 떨어져서 골프 백이 파손되거나 클럽이 손상 될 수 있기 때문에 항상 라운드 전, 후로 확인을 함으로써 안전하게 플레이할 수 있도록 노력을 해주어야 합니다.

3. 클럽 세척 통 관리

클럽 세척 통은 말 그대로 라운드 중간 중간에 고객의 골프 클럽을 물과 세척 솔을 이용하여 세척하는 물통을 이야기합니다. 물통에 클럽을 넣어서 세척하게 되면 잔디나 모래, 이물질 등이 물과 함께 남아 있기 때문에 라운드 전, 후로 물을 갈아 줌으로써 클럽 해드(Head) 부분이 이물질로 스크래치가 나지 않도록 관리를 해 주는 것이 중요합니다.

클럽 세척 통은 카트 세척할 때 같이 관리해주는 것이 좋습니다. 물통에 물을 가득 채워 넣어두면 카트 이동시 흔들려서 바닥에 물이 떨어져 미끄러워질 수 있기 때문에 60~70% 정도 물을 채우며 라운드하는 것이 좋습니다.

반대로 겨울철에는 물이 얼 수 있기 때문에 지속적으로 관리가 필요합니다. 춥다고 뜨거운 물로 이용하게 되면 클럽 세척 통이 변질이 될 수 있으므로 주의하여야 합니다.

4. 휴지통 관리

고객들이 한 라운드를 할 동안 라운드 시간이 대개 4시간 30분 정도가 소요되기 때문에 대부분의 고객들이 간단한 간식이나 음식을 가지고 오거나 클럽하우스 및 스타트 하우스에서 음식을 구매합니다. 그렇게 될 경우 쓰레기가 많이 나오기 때문에 라운드 종료 후 카트 세척할 때 분리수거를 통해 쓰레기를 항시 분류해서 버려야 하며 휴지통 같은 경우도 물로 세척을 하여 냄새가 나지 않도록 관리 및 유지를 해주는 것이 좋습니다.

5. 라운드에 쓰였던 캐디 물품 반납(리모컨, 태블릿PC, 무전기)

캐디가 원활한 라운드를 위해 사용했던 물품들이 있습니다. 대부분 빠른 경기 진행을 위한 자동 운전 리모컨, 고객의 스코어를 관리하고 홀 설명을 해 줄 수 있는 태블릿PC, 무전기 등이 있습니다. 리모컨 같은 경우는 개인 카트마다 지정이 되어있는 부품이기 때문에 라운드가 끝나면 집으로 가져가지 말고 관리하고 있는 장소에 반납을 하여야 하며, 카트와 마찬가지로 태블릿PC 같은 경우는 전자기기이기 때문에 항상 충전을 해 두어 다음 라운드나 다른 사람이 사용할 수 있도록 준비해 놓아야 합니다.

> 66 카트 이용 후 청소를 하여야 하며,
> 카트 이상유무를 확인한 후 카트 충전을
> 하고 일지를 작성하여야 합니다. 99

SECTION 19

무전기 같은 경우는 골프장에서 직접 관리하는 경우도 있고 집에서 개인적으로 충전하고 관리하는 골프장도 있습니다. 코스 내에서나 대기 시 무전기를 활용하여 대화를 많이 하고 있기 때문에 라운드가 끝나면 무전기도 항상 충전을 해두어야 합니다.

이처럼 카트를 이용하고 반납할 때에 세척이나 청소를 해 두어야 하는 부분이 많기 때문에 항상 청결한 상태로 카트를 유지함으로써 고객들이 카트에 탑승시 쾌적한 상태로 라운드를 할 수 있도록 노력을 해야 합니다.

카트 청소 부분에서 가장 예민하고, 사고가 많이 날 수 있는 부분이 카트 배터리와 충전 플러그입니다. 감전이나 방열같은 경우는 화재의 원인이 되기 때문에 항상 주의해야 합니다. 카트 충전 시나 혹은 평상시에 유의해야 하는 부분에 대해서 알아보겠습니다.

1. 충전 코드, 플러그는 훼손되지 않도록 조심해서 다뤄야 합니다.

훼손된 상태로 카트를 충전할 경우 감전 위험이 있으므로 위험이 감지되거나 훼손이 되었을 때에는 카트 담당직원에게 보고한 후 교체하여야 합니다.

2. 충전 플러그를 깨끗하게 유지해야 합니다.

충전 플러그에 먼지나 이물질이 쌓이게 되면 절연 불량이 되어 화재의 원인이 되므로 정기적으로 마른 수건으로 청소를 해주어야 합니다.

카트 반납하기

3. 젖은 손으로 충전 코드의 플러그를 꽂거나 빼면 안 됩니다.

감전 위험이 있으므로 손이 젖어 있을 때에는 마른 수건을 감싸고 만지거나 꽂고 뺄 때에는 플러그 쪽을 잡고 해야 합니다. 전선 쪽을 잡게 되면 전선에 마모 현상이 일어나 그것 또한 감전 사고가 날 수 있으므로 유의해야 합니다.

4. 충전 플러그가 완전히 끼워져 있는지를 확인해야 합니다.

완전히 끼워져 있지 않은 상태로 운용할 경우 카트 충전이 되지 않아서 다음 라운드 때에 카트를 운용할 수 없고 절연 현상이 날 수 있기 때문에 위험합니다.

5. 충전용 소켓은 젖은 손으로 만지거나 안쪽에 이물질 등을 넣어서는 안 됩니다.

충전용 소켓에 물이나 먼지가 들어갔을 경우 마른 수건이나 카트 청소 시 에어 건을 이용하여 에어로 청소를 하고 말려야 합니다. 무리하게 청소를 할 경우 위험할 수 있기 때문에 유의하는 것이 좋습니다.

6. 충전 코드를 꽂아 둔 채로 카트를 운용해서는 안 됩니다.

대부분의 카트가 충전 코드를 꽂아 놓은 채로 운용되지 않겠지만 혹여라도 부품 결함으로 운용될 수 있기 때문에 충전 코드를 확인하고 카트를 운용하여야 합니다. 내 카트에 충전 코드를 확인하는 것도 좋지만 옆에 있는 다른 카트들의 충전 코드도 항상 확인을 같이 해 주는 것이 좋습니다.

그 이유는 골프장들의 카트 고(카트 주차장)가 면적이 협소하기 때문에 카트가 빼곡히 주차되어 있어서, 다른 카트의 충전 코드가 내 카트에 걸려 있는지 확인하지 않고 운용을 하게 되면 카트에 걸려 충전 코드가 빠질 수 있고 감전 사고가 일어날 수도 있기 때문에 내 카트와 옆에 카트들도 확인하며 운용을 하여야 합니다.

7. 충전 이외에는 충전용 소켓을 닫아 두어야 합니다.

플러그가 꽂혀야 하는 곳에 먼지나 이물질이 들어가게 되면 충전 코드에 이상이 생길 수 있으므로 충전하지 않고 운용을 할 때에는 소켓 뚜껑을 닫고 보호를 해주어야 합니다.

8. 충전기나 배터리 쪽에 물건을 적재하면 안 됩니다.

대부분의 캐디들은 지정 카트를 이용함으로써 본인의 물품을 카트에 비치하게 되는데 보여지는 곳에 물건을 적재하게 되면 지저분하게 보일 수 있으므로 시트를 열고 안에 물건을 적재하는 경우가 많습니다. 시트 밑 부분에는 빈 공간이 아니라 배터리가 들어있는 공간이므로 물건 적재 시 사고 위험이 있을 수 있습니다. 그렇기 때문에 충전기나 배터리 쪽에는 물건을 적재해서는 안 됩니다.

9. 충전 시에는 통풍이 잘 되어야 합니다.

대부분의 카트는 앞좌석 시트보다는 뒷좌석 시트를 열고 충전을 합니다. 하지만 시트를 열지 않고 충전을 할 수 있는 카트도 있습니다. 시트를 열지 않고 충전을 했을 때 열이 빠져 나갈 곳이 없기 때문에 발열 현상이 일어날 수 있고, 이로 인해 화재가 날 수 있기 때문에 카트 충전 시에는 항상 카트의 시트를 모두 열어 놓고 충전을 해야 열이 발생되지 않으므로 무조건 시트를 열고 충전을 하

카트 반납하기

는 습관을 길러야 합니다.

카트 고(카트 주차장)에서 충전을 하지 못하고 밖에 카트를 두었을 때에는 카트에 부착되어 있는 풍우막을 내려 카트가 물에 젖지 않도록 관리를 해주어야 합니다. 생활 방수 기능이 있긴 하지만 다량의 물이 들어간다면 고장이 쉽게 날 수 있기 때문에 이 점도 유의를 해주어야 합니다.

이처럼 카트를 사용한 후에 카트 세척도 중요하지만 카트 충전도 그만큼 중요합니다. 카트를 충전하는 것도 중요하지만 감전 사고 및 카트 화재 사고가 나지 않도록 주위를 신경 쓰고 안전하게 카트를 운용해야 합니다.

카트를 안전하게 충전하기 위한 충전법은 17차시에서 알아봤던 것처럼 순서를 잘 지키며 충전을 하여야 합니다.

> **예시: 카트 충전 시 순서**
> 1. 카트 조작 스위치를 중립으로 한 후 카트키를 뽑는다.
> 2. 카트 시트 중 뒤에 있는 시트를 연다.
> 3. 전원 스위치를 OFF로 바꾼다.
> 4. 충전 스위치부의 충전용 소켓의 뚜껑을 열고 충전 플러그를 충전용 소켓에 꽂는다.
> 5. 충전 코드의 플러그를 아래 방향으로 잠길 때까지 누른다.
> 6. 시트 밑의 충전 스위치부의 충전 램프가 점등되고 충전이 시작된다.

SECTION 19

라운드 후에 카트를 점검하고 충전까지 다 했다면 카트 보고를 해야 합니다. 카트 보고는 개개인마다 직원에게 보고를 할 수 없으므로 카트 일지를 작성하고 직원이 확인하는 시스템으로 대부분의 골프장에서 이루어지고 있습니다.

카트 일지에는 날짜, 본인 이름, 카트 번호, 카트 이상유무, 배터리 남은 칸 수들을 표기하고 카트 담당직원이 매일매일 확인을 하며 카트가 안전하게 운용될 수 있도록 작업을 해주는 것입니다.

예시)

날 짜	사용한 인원	카트번호	카트 이상유무	배터리 상태
0000년00월00일	이정현	1번	무	4칸

이처럼 라운드 전에도 카트 안전점검이나 청소 상태를 확인하는 것도 중요하지만 라운드 후에도 카트 청결을 유지하고 기본적인 점검을 통하여 카트가 안전하게 사용될 수 있게끔 캐디 본인 스스로가 노력하고 본인이 대처하지 못하는 경우는 담당 직원에게 보고를 하여 안전하게 플레이할 수 있도록 노력해야 합니다.

다음 20차시에는 티잉 구역에서 서브하기에 대해서 알아보겠습니다.

카트 반납하기

Part 6

클럽 서브

SECTION 20　티잉 구역 서브하기 I
SECTION 21　티잉 구역 서브하기 II
SECTION 22　일반 구역 서브하기 I
SECTION 23　일반 구역 서브하기 II
SECTION 24　페널티 구역 서브하기
SECTION 25　벙커 서브하기
SECTION 26　그린 서브하기 I
SECTION 27　그린 서브하기 II

SECTION 20
티잉 구역 서브하기 I

강의주제
1. 첫 티잉 구역에서 티 샷 전에 할 일
2. 클럽 전달 방법과 홀의 정보 전달
3. 안전사고 예방 및 에티켓
4. 볼 보기 및 고객 매칭
5. 2번 홀부터 18번 홀까지의 티잉 구역

강의내용

이번 차시는 '티잉 구역(Teeing Area)에서 서브하기'입니다.

라운드 첫 홀에서 처음 티 샷을 하여 시작하는 것을 티오프라 하고, 티오프를 하는 곳과 매 홀마다 처음 플레이를 시작하는 곳을 티잉 구역이라고 합니다. [그림 20-1]을 함께 보면 이해하기가 쉬울 것 같습니다.

골프의 1라운드는 그림과 같은 코스, 이를 홀이라고 부르는데, 이 홀을 18개

플레이하는 것을 말하며, 매 코스는 티잉 구역에서 플레이를 시작하여 일반 구역을 거쳐 퍼팅 그린에 있는 홀 컵에 볼을 집어넣어서 홀을 마무리합니다.

[그림 20-1] 골프 코스의 구역

스타트 광장에서 고객들과 만나 인사를 하고 시작하는 코스 정보에 대해 알려드린 후, 안전 멘트를 끝으로 카트를 이동하게 됩니다. 카트로 이동할 때는 앞 팀이 배치표 상에 있는 내 앞 팀인지 확인을 한 후에 앞 팀이 티 샷을 하려고 대기하고 있을 때 이동을 합니다.

이동 후에 첫 홀 티잉 구역에서 무엇을 해야 하고 무엇을 조심해야 하는지 또는 무엇을 고객에게 고지를 해야 하는지에 대해 알아보겠습니다.

티잉 구역에서는 클럽으로 인한 타구 사고가 날 수 있기 때문에 안전사고에

주의해야 하며, 티잉 구역에서 골프 볼 보는 방법과 클럽 서브를 하는 방법에 대하여 설명하겠습니다.

1. 첫 티잉 구역에서 티 샷 전에 할 일

티잉 구역에는 티마크라는 것이 있는 화이트 티(White Tee)나 레드 티(Red Tee)에서 앞 팀이 대기하고 있을 때 그 뒤 팀은 고객들과 인사를 나누고 안전사고를 방지하기 위해서 스트레칭을 하며 골퍼들의 근육을 이완시켜 줍니다.

스트레칭할 때는 고객의 근육이 놀라지 않도록 몸의 팔이나 허리, 목 등을 튕기는 동작을 하지 않아야 합니다. 쭉 늘려준다는 생각으로 신체를 당겨주고, 절대로 튕기는 동작을 해서는 안 됩니다.

순서는 몸의 목부터, 어깨, 허리, 다리, 전체 순서대로 위에서부터 밑으로 내려간다고 생각하면 됩니다. 고객들도 같이 따라하면서 튕기는 동작을 하는 경우가 있는데 이럴 경우 몸에 담이 오거나 문제가 생길 수 있습니다. 스트레칭은 근육을 늘려주면서 부상 예방을 하기 위한 것이기에 무리해서 하기보다는 천천히 몸을 풀면서 해야 하며, 스트레칭을 할 때 캐디 본인도 부상 예방을 위해 고객과 같이 스트레칭해야 합니다.

스트레칭을 한 후에는 앞 팀이 티잉 구역에서 티 샷을 하고 세컨으로 이동하였을 때 뒤에 있던 팀이 티잉 구역으로 이동하게 됩니다.

티잉 구역에 도착한 후 고객들이 칠 순서를 뽑아야 순서대로 칠 수 있겠죠?

순서는 고객들이 각자 알아서 정하여 치게 하는 방법도 있고 또는 연장자순으로 칠 수도 있습니다. 티잉 구역에는 오너 봉이라는 것이 있어서 그것을 뽑았을 때의 숫자가 1부터 4까지 있어서 그것으로 순서를 정하기도 합니다. 티잉 구역에 오너 봉이 없을 경우에 캐디가 오너 봉을 가지고 다녀야 합니다.

2. 클럽 전달 방법과 홀의 정보 전달

순서를 뽑은 후에는 차례대로 쳐야 되니 고객의 클럽이 고객의 쥐어져 있어야 합니다. 그러려면 처음 홀에서는 드라이버라는 클럽을 대부분 사용하기 때문에 고객의 골프 백에서 드라이버를 꺼내 고객들에게 전달해야 합니다. 클럽을 고객에게 전달을 할 때는 헤드가 보이도록 고객의 머리가 아닌 가슴에 있는 명치 쪽으로 전달을 해야 합니다.

헤드가 보이도록 전달하는 이유는 본인의 클럽인지 또는 고객이 써야 하는 클럽인지를 확인할 수 있도록 하기 위해서고 고객의 명치 쪽으로 클럽을 전달하는 이유는 고객이 편하게 확인할 수 있고 클럽을 전달하는 캐디로서 예의를 지키기 위해서입니다.

만약에 캐디가 헤드를 고객님 머리 쪽으로 들이밀며 전달한다면 고객의 기분이 상할 수 있습니다. 그리고 드라이버를 백에서 꺼내 전달을 할 때 4개의 헤드가 부딪쳐서 소리가 나지 않게 층을 이루어 전달하도록 합니다.

20 SECTION

[그림 20-2]
고객 4명의 드라이버가
부딪히지 않도록
층이 지게 잡은 모습

    드라이버 클럽은 가격이 저렴한 것도 있지만 고가의 클럽이 있을 수 있으니 특별히 주의를 기울이고 한꺼번에 클럽을 드려야 하는 경우에는 꼭 층을 이루어 잡을 수 있도록 하여야 합니다. 그리고 처음에 드라이버가 들어 있는 백의 순서를 파악하기 위해 고객 4명이 있다면 왼쪽부터 시작해서 1번 ~ 4번 고객을 숫자로 표현하고 1번부터 4번까지 드라이버 브랜드를 확인하고 또는 브랜드가 같을 경우에는 클럽에 다른 것이 있는지 확인을 해야 합니다.

    그 이유는 고객이 볼을 치고 클럽을 받았을 때 그 고객과 클럽이 들어있는 백과 매칭을 해야하기 때문입니다. 고객과 클럽이 들어있는 백을 매칭하지 못한다면 고객이 클럽을 달라고 요청을 하였을 때 클럽 전달이 어려워집니다. 그렇기 때문에 클럽의 브랜드와 고객의 특이사항을 연결시켜서 매칭을 해야 하는 것입니다. 고객과 백을 매칭하기 위해서는 고객의 색색이 들어간 의류나 모자 같은 것으로 골퍼 각자의 특이사항을 기억하며 매칭을 하는 것이 기억하기 쉽습니다.

기초 신입 캐디들은 백과 고객을 매칭하는 것에 대하여 힘들어 하는 경향이 있기 때문에 본인만이 기억할 수 있는 방법을 찾아야 합니다. 고객들에게 클럽을 전달한 후에는 고객들에게 그 홀에 정보를 전달해야 합니다.

정보를 전달하기 위해서는 캐디는 그 홀의 정보를 정확히 전달하고 공략 지점에 대한 어드바이스(Advice)를 해야 합니다. 이를 홀 멘트라고 합니다.

홀 멘트는 해당 홀에서 티잉 구역에서 그린까지의 거리와 파3, 파4, 파5 홀인지에 대하여 설명하고 좌 우측에 페널티 구역인지 OB지역인지 정보를 전달하고 마지막으로 어디 방향으로 쳐야 하는지에 대하여 멘트를 하여야 합니다.

예를 들어 "고객님 340m 파4홀입니다. 좌측 페널티 구역, 우측 OB지역입니다. 공략 지점은 그린 우측 끝 보고 치시는 것이 좋습니다"라고 이야기하며 고객들이 들을 수 있도록 크게 전달을 하여야 합니다. 고객들이 못 들었다고 한번 더 물어보는 고객들이 있기 때문에 본인에게 집중을 할 수 있게 하여야 한번에 이해시킬 수 있습니다.

3. 안전사고 예방 및 에티켓

고객이 볼 뒤에 클럽을 땅에 대고 준비 동작을 취하는 것을 어드레스(Address)라고 합니다. 어드레스 하기 전에 고객이 연습 스윙을 할 수가 있으니 캐디가 고객의 연습 스윙에 맞지 않도록 조심해야 하지만 고객들에게도 티잉 구

역에는 1명만 올라 갈 수 있도록 협조 안전 멘트를 해서 안전사고에 대해서 미리 주의를 주어야 합니다.

안전 멘트는 캐디 본인을 위해서 반드시 해야 합니다.

안전 멘트는 캐디의 주지 의무를 실행하는 것이고, 만약에 있을 사고에 대비해서라도 캐디는 안전 멘트 주지 의무를 다했기 때문에 사고에 대한 책임에서 조금은 자유로울 수 있습니다. 골프 클럽은 볼을 정확하게 치기 위해서 필요하지만, 안전이 확보하지 않은 상태에서 하는 스윙은 캐디나 다른 고객의 머리나 몸을 가격할 수 있습니다. 이 때 클럽은 위험한 무기가 되어서 심각한 인사 사고로 이어지게 됩니다.

이러한 인사 사고는 미연에 방지하는 것이 최선인데, 이렇게 하기 위해서 반드시 캐디는 사고가 발생할 가능성이 있다는 것을 고객에게 알리고 제지해야 합니다. 그래서 티잉 구역에는 1명만 올라가라고 말을 하는 것이고, 정해진 곳이 아니면 연습 스윙을 못하게 막는 것입니다.

일반적으로 고객들은 어드레스를 하기 전에 연습 스윙을 하게 되는데 연습 스윙을 할 때에 캐디는 다른 행동을 해도 무방합니다. 하지만 고객이 어드레스를 하였을 때는 고객 바로 뒤 45도 방향에서 볼이 어디로 나아갈지를 주시하고 있어야 하며, 어드레스 동안에 이동하거나 말을 해서는 안 됩니다. 어드레스 도중에 캐디가 이동을 하지 말아야 하는 이유는 어드레스 후 바로 스윙을 할 때 사고가 일어날 수도 있으며 캐디가 고객 시야에 들어와서 고객의 샷을 방해할 수 있기 때문입니다.

만약 어드레스 도중에 캐디가 움직이거나 말을 하여 고객의 실수 샷이 나왔을 경우에는 심기가 불편해져서 모든 것을 캐디 탓으로 돌릴 수 있기 때문에 어드레스 시에는 행동이나 말을 삼가야 합니다. 골프를 매너에서 시작해서 매너로 끝난다고 해서 매너 게임이라고 합니다. 어드레스 시에는 고객이 집중할 수 있도록 캐디가 주위를 조용하게 만들어주어야 합니다.

4. 볼 보기 및 고객 매칭

골프 규칙에 의하면 볼의 중량은 45.93g보다 무겁지 않아야 하며, 지름은 42.67mm보다 작지 않도록 규정하고 있습니다. 지름이 42.67mm인 볼이 드라이브에 맞아 공중에 떠서 갈 때 이 볼을 육안으로 보고 어디로 떨어졌는 지를 확인해서 찾는 것은 초보 캐디에게는 무척 어려운 일입니다. 샷을 하는 순간 볼은 공중으로 날아 하늘로 솟구치게 됩니다. 이 볼이 떨어지면서 산과 나무들과 겹쳐지는 순간 볼의 행방을 놓칠 수 있습니다.

처음에 볼을 본다는 것이 매우 어렵습니다.
볼이 어디로 갈지 예측 자체도 불가능하기 때문에 조그만 볼을 보는 것이 적응이 안 됩니다.

볼을 보는 것에도 단계가 있습니다.

먼저, 볼이 뜨는지 안 뜨는지를 확인해야 합니다. 그리고, 볼이 뜨면 어느 방향으로 가는지를 봐야 합니다. 정면, 좌측, 우측 어디로 향하는 지를 확인해야 합니다. 볼의 방향을 확인했다면 다음 단계로는 볼의 낙하지점을 확인해야 하며, 낙하지점을 확인한 후에는 런(Run) 즉, 볼이 굴러가는 것을 확인해야 하며, 마지막으로는 고객의 스탠스와 볼을 치는 습관을 통해서 볼의 방향을 미리 예측할 수 있어야 합니다.

낙하하는 볼에 대해서 조금 더 부연설명하자면, 볼이 하늘에서 내려올 때는 어디쯤 낙하하는지에 대해서 예상을 하며 땅을 주시하고 있어야 합니다. 땅을 주시하고 있을 때 볼이 떨어지는 것을 확인할 수 있으며 또는 먼지가 퍼지는 것이 보이거나 소리로도 확인할 수 있습니다.

몽고인처럼 시력이 좋다면 볼을 편하게 볼 수도 있겠지만 대부분의 사람들은 컴퓨터와 TV, 스마트폰 등으로 인해 시력이 나빠져 있는 사람들이 많기 때문에 볼이 정확하게 어디에 떨어졌는지를 확인할 수 있는 신입 캐디는 많지 않습니다.

골프 클럽으로 볼을 때리면서 나는 소리를 듣고 소리에 따라서 어느 방향으로 갔는지 예측하는 캐디도 있습니다. 소리로 예측하는 것은 신입들에게는 어려우나 경험이 많은 캐디나 골프를 잘 치는 사람들은 가능합니다. 날아가서 떨어

티잉 구역 서브하기

진 볼을 정확하게 찾는 것만큼 중요한 것이 세컨 지역에 도착했을 때 떨어져 있는 볼들이 어느 고객의 볼인지 예상하고 홀 컵까지 거리를 계산해서 불러 줄 수 있어야 합니다.

같은 구질이나 같은 방향으로 볼이 날아갔다고 했을 때, 누구의 공이 더 앞에 있을 거라는 예측도 할 수 있어야 합니다. 그래야 세컨 지역에 도착을 했을 때 고객들에게 서브하기가 수월합니다. 그렇기에 티잉 구역에서 공을 보는 것은 매우 중요합니다.

경력이 많은 캐디들이나 눈이 좋은 캐디일 경우에는 벌써 티잉 구역에서 몇 미터 정도가 남았을 것 같다고 고객에게 거리 전달 후 클럽을 준비할 수 있도록 만드는 캐디들도 있습니다. 이처럼 티잉 구역에서 세컨에 있는 볼을 확인해서 거리를 불러 줄 수 있다면 고객들도 편하고 캐디들도 편하게 일할 수 있습니다.

볼을 보는 것에도 단계가 있습니다.

골프장을 찾는 아마추어 골퍼의 스코어는 100타 이상일 경우가 많습니다. 그렇기에 고객들의 골프 볼이 뻗어 나가는 구질은 오른쪽으로 휘어지는 슬라이스 구질의 볼 들을 많이 접하게 됩니다. 볼의 구질이 오른쪽으로 많이 휘어지는 것을 슬라이스(Slice), 왼쪽으로 많이 휘어지는 구질을 훅(Hook), 왼쪽에서 오른쪽으로 살짝 휘어 들어오는 것은 페이드(Fade), 오른쪽에서 왼쪽으로 휘어 들어오는 구질은 드로우(Draw)라고 합니다.

볼이 처음에는 잘 가더라도 끝 쪽에서는 조금씩 휘어질 수 있습니다. 그래서 초보 캐디들은 볼이 뜨는 것만 봐도 '굿 샷(Good Shot)'이라고 크게 외치곤 하는데요. 이 때 조금 옆으로 휘어져서 구질이 변화한다면 고객이 괜히 트집을 잡을 수 있기 때문에 마지막에 어느 곳으로 휘어질지 판단 후에 굿 샷을 외쳐도 되니 끝까지 판단을 잘 해야 합니다.

그리고 볼이 오른쪽이나 왼쪽으로 많이 휘어져서 나갈 수 있게 될 것 같아도 고객들에게 '나간 것 같다' 또는 '죽었을 것 같다'라는 표현은 안 하는 것이 좋습니다. 골프장에는 자연적으로 나무들이 있고 돌이 있고 또는 언덕이 있어서 무언가에 맞아 튕겨 나올 수 있는 상황이 될 수 있기 때문입니다.

이러한 경우 캐디들은 "고객님, 위험할 수 있습니다. 가서 확인해 보겠습니다"라고 이야기하며 고객들에게 위험하지만 내가 그래도 찾아보겠다는 신호를 주어야 합니다. 본인도 위험하거나 죽었을 거라고 생각하지만 캐디가 이렇게 이야기한다면 고객 기분이 나아질 수 있습니다. 볼이 떨어졌을 것으로 예상되는

지점에 도착한 후 볼이 나가지 않고 코스 내에 있다면 캐디도 한번 더 고객과 소통할 수 있는 기회가 생기게 됩니다. 어떤 고객들은 캐디가 이러한 이야기를 했을 때 '캐디가 가서 확인해보겠다는 것은 거의 99% 볼이 죽었다는 거야' 하면서 우스갯소리를 하시는 분들도 있습니다.

볼을 확인한 후에는 고객들의 클럽을 받아서 바로 본인 클럽 백에 넣어야 합니다. 바로 고객의 클럽을 받는 이유는 고객이 잘못 쳐서 다시 멀리건(Mulligan)을 못치게 하기 위함도 있습니다. 샷을 하고 나서 볼이 잘못된 방향으로 갔을 경우에는 대부분의 고객들은 다시 치고 싶어하기 때문에 바로 클럽을 받아 생각을 할 수 있는 시간을 줄이고 백에 넣는다면 멀리건을 안 주겠다는 신호라고 고객은 생각할 수 있습니다. 경기 진행 상 멀리건을 쳐도 괜찮거나 앞 팀을 따라갈 수 있는 상황이 될 것 같다면 고객에게 인심을 쓰듯이 멀리건을 써서 다시 치게 할 수도 있습니다.

한 팀당 그 홀에 1~2개 정도까지는 멀리건을 주어도 무방합니다.

앞서 첫 홀에서는 드라이버를 클럽 백에 넣으면서 드라이버와 고객의 특이사항을 확인하며 클럽 매칭을 해야 한다고 했습니다. 이것은 꼭 기억하시기 바랍니다.

5. 2번 홀부터 18번 홀까지의 티잉 구역

2번 홀부터 18번 홀까지는 티잉 구역에 도착을 하였을 때 캐디들은 전 홀에서 스코어가 제일 좋았던 오너에게 클럽을 먼저 건네주고 동반 고객들에게 클럽을 드립니다. 오너가 준비가 되어 있지 않다면 먼저 준비된 사람부터 플레이하도록 해야 합니다. 오너를 치게 하려면 먼저 앞 팀의 위치를 확인하고, 앞 팀의 위치가 본인의 팀이 쳤을 때 위험하지 않다면 플레이를 할 수 있게 합니다.

이 때 주의해야 할 점은 만약 타구사고가 일어났을 때, 캐디가 치라고 했을 때 쳐서 앞 팀 고객이 맞게 됐는지, 혹은 캐디의 지시없이 고객이 무의식적으로 볼을 쳐서 사고가 발생했는지, 사고에 대한 책임이 달라진다는 것입니다. 대부분은 캐디의 지시에 따라 고객이 볼을 치기 때문에 앞 팀과의 간격을 잘 보고 플레이를 할 수 있어야 합니다. 그리고 그 홀의 홀 멘트를 한 후에 고객이 볼을 치려고 어드레스가 들어가면 하던 것을 멈추고 볼을 봐야 합니다.

이제 캐디가 해야 할 일은 클럽 세척하기, 스코어 작성하기가 남아있습니다.
캐디는 고객이 볼을 치는 것을 보면서 클럽 세척을 진행해야 합니다. 어드레스에 들어 갔을 때는 볼을 보고, 고객이 준비할 때는 클럽 세척을 하면서 고객의 백을 깔끔하게 정리해야 합니다. 클럽을 씻어서 백에 넣을 때는 고객의 백에 모자란 클럽이 있는지 확인해야 합니다.

보통 세컨이나 써드에서 볼을 치기 위해 이동할 경우에 2개 정도의 클럽을 같이 가져가서 자신이 보기에 적당한 클럽으로 샷을 하고, 가져간 나머지 한 개 클럽을 필드에 그대로 놓고 오는 고객들도 있습니다. 캐디가 고객의 클럽이 다 있는지를 확인해야 하는 이유가 여기에 있습니다.

클럽 세척은 클럽을 세척통에 담가서 세척 솔로 씻고 타월로 물기를 제거하면 됩니다. 겨울철에 날씨가 영하로 떨어지면 세척 통에 있는 물이 얼어붙고, 물로 세척하면 클럽도 얼어붙기 때문에 물로 세척하기보다는 타월로만 닦아주는 것이 좋습니다.

스코어는 전 홀의 고객들의 스코어를 계산하여 다음 홀 티잉 구역에서 적거나 입력합니다. 고객 4명의 스코어를 정확히 계산한다는 것은 신입 캐디에게는 매우 어려운 일이지만 반드시 해야 하는 일입니다.

클럽 전달을 하면서 다른 클럽을 교체도 해주어야 하며 볼을 봐야 되고 볼도 찾아야 되고 거리도 부르고 그린에서는 볼도 세척해야 되고 그린의 라이도 읽어야 되고 이 때 그린에 올리기 전에 쳤던 숫자와 그린에서 쳤던 숫자를 나누어서 몇 온에 몇 퍼터를 하였는지 생각해야 합니다.

온이라는 것은 볼이 그린에 올라간 것을 표현하는 말입니다. 예를 들어 파4홀에서 2온 2퍼터를 했다면 4번을 쳤으니 파가 됩니다. 이렇게 나누어서 기억을 해야 스코어를 기억하여 기록할 수 있습니다. 스코어는 캐디들이 고객에게 클럽 서브를 하기 때문에 클럽 서브 상황을 정확히 기억해서 고객에게 몇 번의 클럽을 전달했는지를 기억한다면 쉽게 할 수 있습니다.

또는 파4홀에서 그린에 볼이 두 번 만에 올라갔을 경우에는 어프로치를 드리지 않으니 당연히 2온이라고 할 수 있고 어프로치를 드린 고객은 3온이 된다고 보시면 됩니다. 계속적으로 스코어를 계산하려고 노력해야 합니다. 만약 스코어를 셀 수가 없어 고객에게 계속 물어본다면 고객도 짜증을 낼 수 있기에 스코어 숫자를 기억하려고 노력해야 합니다.

처음에는 스코어 계산이 어려우니 고객 1명이라도 계산해 보려고 노력해야 하며 그후 2명, 3명, 4명 조금씩 늘려가는 게 좋습니다.

지금까지 티잉 구역에서 할 일에 대하여 알아보았습니다.

 항상 캐디의 위치는 클럽을 빼기 좋은 카트 뒤에 있어야 합니다.

티잉 구역 서브하기

21 SECTION
티잉 구역 서브하기 II

강의주제
1. 티잉 구역에서 적용되는 골프 룰
2. 티잉 구역에서 타구 방법 및 무전기 사용

강의내용

이번 차시에는 티잉 구역에서의 플레이하는 동안 적용되는 골프 룰과 티잉 구역에서는 사고 없이 안전하게 플레이하는 방법, 티잉 구역에서 무전기를 사용하는 방법은 어떤 것이 있는 지 알아보도록 하겠습니다.

1. 티잉 구역에서 적용되는 골프 룰

티잉 구역에서는 플레이를 하기 위해서 티잉 구역에서 적용되는 골프 룰을 알아야 합니다. 이야기를 시작하기 전에 간단하게 벌타(Penalty)에 관하여 이야기 하겠습니다.

벌타에는 무벌타, 1벌타, 2벌타, 실격이 있습니다.

무벌타는 볼이 인공 장해물에 있어서 스윙에 방해가 되거나 스윙을 할 때 스탠스(Stance)가 인공 장해물에 있을 때 공을 1클럽 내에서 볼을 드롭(Drop)한 후 벌타 없이 플레이하는 것을 말합니다.

1벌타를 받는 것은 골프 규정에 의해서 구제를 받을 때 페널티 구역에 볼이 들어갔거나 또는 언플레이어블(Unplyablbe)을 선언하였을 때를 말합니다. 여기서 언플레이어블이라는 것은 '언(Un)'이라는 말은 부정을 뜻하는 접두사이기 때문에 볼이 있는 자리에서 플레이를 할 수 없다고 생각할 때 선언을 하는 것입니다. 그리고 우연한 실수로 공을 움직이거나 행동을 잘못했을 때 드롭을 하는 방법이 있습니다.

무벌타는 1클럽 내에서 드롭이 가능하지만 1벌타는 2 클럽 이내에서 드롭이 가능합니다. 그 이유는 벌타를 받았기 때문에 무벌타보다는 좋은 곳에서 샷을 할 수 있도록 하는 것입니다.

2벌타는 부주의로 인한 위반이나 금지 사항을 위반하였을 경우를 이야기 합니다. 예를 들면 본인이 클럽을 2~3개 정도 들고 가서 본인 볼 앞에서 볼을 칠 때 클럽 중에 1개의 클럽을 선택하여 여분의 클럽을 볼 앞에 두고 볼을 스트로크 했다면 앞에 둔 여분의 클럽이 그린의 방향을 지시할 수 있는 여지가 있기에 부주의로 인한 위반으로써 2벌타를 받습니다.

SECTION 21

또는 하얀 OB 말뚝 밑에 볼이 있어서 말뚝을 뽑고 볼을 쳤을 때 금지 사항을 위반한 것이기에 2벌타를 받습니다. 그 이유는 하얀 OB 말뚝은 고정 장해물로써 고정되어 있어야 되는데 뽑았기 때문에 이는 규칙 위반으로 2벌타를 받습니다. 하지만 거리 말뚝이나 페널티 구역의 빨간 말뚝은 인공 장해물로써 뽑을 수 있는 장해물입니다.

실격 처리는 골프 경기의 기본 원칙을 무시하거나 고의적인 위반을 하였을 때 실격 처리가 됩니다. 프로 시합 경기에서 전 날까지는 연습 라운드를 인정하지만 시합 당일 날 연습 라운드를 하였다면 실격입니다. 또는 시합에 본인 티오프 시간보다 5분 늦게 왔을 때 실격이 되기도 합니다.

[그림 21-1] 티잉 구역

[출처: 진천에머슨GC]

티잉 구역 서브하기 II

이제부터 티잉 구역에서 적용되는 룰은 어떤 것이 있는지 알아보도록 하겠습니다.

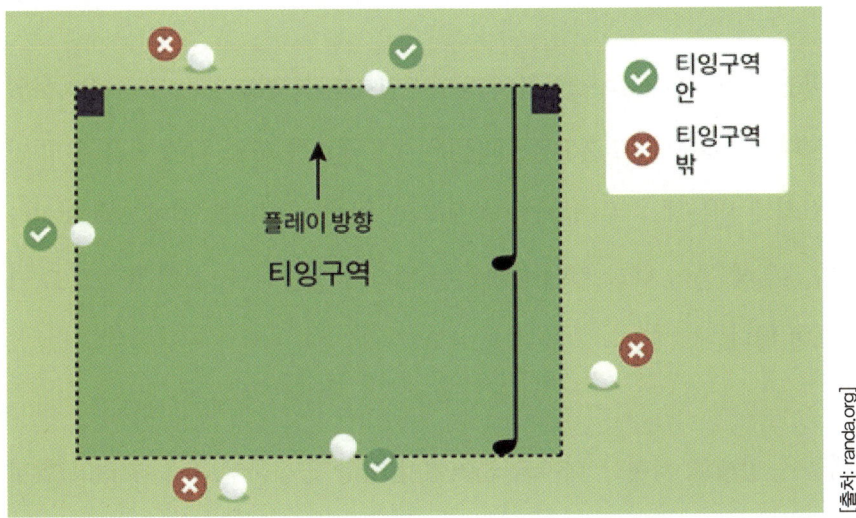

[그림 21-2] 볼이 티잉 구역에 있는 경우

티잉 구역에서는 어느 구역에서 플레이할 것인지를 확인할 수 있도록 색깔로 티를 구별해 놓았습니다.

이것을 *티마크*라고 합니다.

티마크를 기준으로 후방으로 어느 정도까지 칠 수 있을까요?

티에 공을 올려놓고 치지만 티를 놓는 땅은 기울기가 있습니다. 편평할 수도 있고 기울어져 있을 수도 있기에 가장 알맞은 곳에 티를 꽂거나 파3에서는 거리가 애매할 때 거리를 맞추기 위해 뒤에서 치곤 합니다. 티마크 기준으로 후방으로 2클럽 안에서 가상의 박스를 티 박스라고 합니다. 그 안에서는 어디든 볼을 놓고 칠 수 있습니다. 이 네모난 가상의 선으로 만든 티 박스를 벗어나 볼을 놓고 치게 된다면 금지 사항을 위반하였기 때문에 2벌타가 됩니다.

그렇다면 티마크를 기준으로 볼이 벗어나면 벌타를 받았다는 것은 인지하였지만 몸은 나가도 되는 것일까요? 골퍼들은 어드레스를 하기 위해 볼을 몸의 안쪽에 놓고 치게 되는데 너무 앞에서 치게 되면 몸이 자연스레 티마크를 벗어나게 됩니다. 이 때 몸이 나간 것에 대해서는 벌타가 없습니다. 볼만 바깥으로 나가지 않으면 됩니다.

고객들은 실제로 최대한 티마크 근처에서 가장 근접하게 볼을 치려고 합니다. 하지만 티마크를 벗어났다고 해서 고객들에게 그것을 일부러 찍어서 이야기 할 필요는 없습니다. 흔히, 고객들은 티마크 바깥으로 나갔을 때 '배꼽 나갔다'라고 표현하는데 이런 말이 나오기 전까지는 일부러 그런 말을 해서 고객들의 기분을 상하게 할 필요는 없습니다.

1번 홀부터 18번 홀까지 매 홀마다 티 샷을 하게 되는데 처음에 티잉 구역에서 샷을 함으로써 친 볼은 그 홀에서 인 플레이(In play)가 됩니다.
티잉 구역에서 샷을 하지 않았을 때는 그 홀에서 플레이가 시작되지 않았기 때문에 벌타를 받지 않습니다. 티잉 구역에서 샷을 하였을 때 인 플레이가 되기 때문에 처음에 티잉 구역에 있는 티마크는 고정 장해물입니다.

위에서 이야기 했듯이 OB 말뚝처럼 고정 장해물은 움직일 수 없습니다. 그렇기에 처음 티 샷을 하기 전 티마크는 움직일 수 없는 장해물이기에 티마크 방향이 플레이 방향과 맞지 않는다고 플레이 방향으로 움직이고 티 샷을 하게 되면 2벌타를 받게 됩니다. 그런데 티 샷을 하고 인 플레이가 되면 티마크는 고정 장해물이 아닌 인공 장해물로 바뀌게 됩니다.

티 샷한 볼이 실수로 바로 앞 티마크에 떨어졌다면 그 티마크는 인공 장해물이 되기 때문에 티마크는 움직일 수 있게 됩니다. 그래서 무벌타로 티마크를 움직이거나 공을 1클럽 이내에서 드롭을 하여 칠 수 있습니다.

[그림 21-3] 골프장 티 박스 및 티마크 사진

잘못된 곳에서 플레이를 하면 2벌타를 받습니다.

티마크의 색깔이 있어 구분이 되지만 화이트 티를 치고 있다가 색깔을 잘못 보고 노란색으로 되어 있는 시니어티에서 쳤다면 다른 장소에서 친 것이기 때문에 2벌타를 받고 다시 원래 장소인 화이트 티를 찾아 그곳에서 쳐야 합니다. 하지만 다른 곳에서 치고 이것을 시정하지 않고 그대로 진행한다면 홀이 끝난 후에는 경기 실격 처리가 됩니다.

참고로, 정확한 골프 규칙을 적용하면 일반 페널티(General Penalty)라는 용어를 사용합니다. 일반 페널티는 스트로크(Stroke) 플레이에서는 2벌타를 말하며, 매치(Match) 플레이에서는 홀 패를 말합니다.

일반적으로 하우스 캐디들이 고객과 플레이하는 게임의 종류는 대부분 스트로크 플레이를 하기 때문에 2벌타를 일반 페널티라고 하지 않고 2벌타라고 설명하고 있습니다.

티잉 구역에서는 첫 홀에서는 순번을 뽑고 2번 홀부터 18번 홀까지는 전 홀에서 가장 좋은 스코어를 기록한 순번대로 플레이하게 됩니다. 하지만 진행을 위해서 순번을 바꿔서 쳤다고 한다면 벌타 상관 없이 플레이하실 수 있습니다. 플레이 중에 오너가 전화를 받거나 준비가 안 되어 있을 경우에 캐디들은 항상 먼저 칠 수 있는 오너를 준비시키고 준비가 된 분을 먼저 칠 수 있도록 유도를 하여 진행이 지연되지 않도록 플레이를 시켜야 합니다. 앞 팀이 그린에 없거나 플레이가 앞 팀을 쫓아가는데 조금씩 뒤처진다면 티 샷을 빨리 할 수 있도록 유도하는 것이 바람직합니다.

앞에서 인 플레이(In-play)에 대해서 이야기했습니다. 인 플레이란, 티 샷을 하면 그 홀에서 시작이 되고 그린에 있는 홀 컵에 그 사람이 넣었을 때 그 홀에

티잉 구역 서브하기 II

서는 인 플레이가 끝나고 다시 다음 홀에서 티 샷을 하면 다시 그 홀에서 인 플레이가 시작되는 것을 이야기합니다. 즉, 티 샷을 해야 플레이가 시작된다는 뜻입니다. 티 샷을 하려고 준비할 때는 티 샷을 한 것이 아니기 때문에 즉, 인 플레이가 된 것이 아니기 때문에 어드레스를 하다가 클럽 헤드나 바람에 의해 볼이 티에서 떨어졌다면 그 볼은 칠 의사를 가지고 있지 않았기 때문에 볼은 인 플레이된 것이 아닙니다.

이 때는 벌타 없이 다시 티업(Tee up)을 한 다음에 플레이를 계속하면 됩니다.

[그림 21-4] 티업 사진

SECTION 21

그러나, 내가 티업한 공을 스트로크하려다가 헛스윙을 했을 때는 스트로크 하려는 의도가 있었기 때문에 맞지 않았어도 스트로크 1타가 추가됩니다. 볼이 그대로 있을 수도 있고 볼이 헛스윙을 하여 떨어질 수도 있는데 떨어졌을 때 이 볼은 티 샷을 한 것이라고 간주하고 1타가 들어갔기 때문에 다시 티에 올려놓고 칠 수 없습니다.

인 플레이가 되었기 때문인데 그렇다면 떨어진 공은 그대로 플레이하거나 언플레이어블 볼(Unplayable ball)을 선언하여서 1벌타를 받고, 언플레이어블 볼 구제 방법 중에 제자리에서 칠 수 있는 방법으로 다시 공을 티업하여 칠 수 있습니다. 하지만 언플레이어블 볼을 선언하지 않고 그냥 볼을 집어서 티에 올려 놓는다면 티에 올려 놓은 잘못으로 1벌타를 받고 다시 그 볼을 원래 있던 자리, 즉 땅에 떨어져 있던 그 자리로 돌려놓지 않고 티업한 그대로 볼을 친다면 2벌타를 더 받습니다.

잘못된 것을 시정하지 않고 그대로 친다면 금지 사항을 위반한 것이기에 2벌 타를 더 받아야 하는 것입니다. 이런 경우 처음부터 볼이 떨어졌을 때 볼이 땅에 떨어져 있던 그대로 치는 방법과 언플레이어블 볼을 선언하여 원래 티에 올려 놓고 치는 방법이 있습니다.

그런데, 여러분이 만나게 될 대부분의 고객들은 골프를 즐기는 아마추어들이 대부분이고 심지어 100타가 넘는 초보들도 많습니다. 드라이브 샷을 할 때, 타석에서 스윙연습을 하고 어드레스를 하는데 헛스윙하는 분들도 많습니다. 연습 스윙할 때는 캐디를 보지 않지만, 헛스윙을 하면 반드시 캐디를 보거나 당황하여 혼잣말을 하는 경우가 많은데 이럴 때는 엄격한 규칙 적용보다 못 본 척 넘어가 주는 것이 좋을 때가 많습니다.

언플레이어블 볼의 구제 방법에는 3가지가 있습니다.

첫 번째, 스트로크와 거리 구제

원래 자리가서 친다. 원래 자리라는 것은 볼을 쳤던 원래 지점으로 가서 친다는 것이기에 앞서 이야기했던 것처럼 티잉 구역에서 티에 올려 놨던 공이 원래 쳤던 제자리라면 1벌타를 받고 다시 원 제자리에서 공을 티에 올려놓고 칠 수 있습니다.

두 번째, 후방선 구제

그린에 있는 홀 컵과 볼을 연결하여 후방으로 무한 드롭을 할 수 있습니다. 무한 후방 드롭이라고 뒤로 많이 가고 싶어하는 골퍼는 없을 겁니다. 하지만 방해되지 않도록 후방으로 드롭할 수 있게끔 무한으로 갈 수 있습니다. 언플레이어블을 가장 많이 사용할 때는 자연적인 장해물 밑에 있을 때나 무언가를 넘겨서 쳐야 할 때 또는 치기 어려울 때 사용하게 되는데 자연적인 장해물 밑에 볼이 있다면 그대로 볼을 쳐야 하기 때문에 어려울 수 있습니다. 그럴 때는 언플레이어블을 사용하는 것입니다.

세 번째, 측면 구제

1벌타를 받고 2클럽 안에서 그린 홀 컵에 가깝지 않도록 측면 드롭합니다.

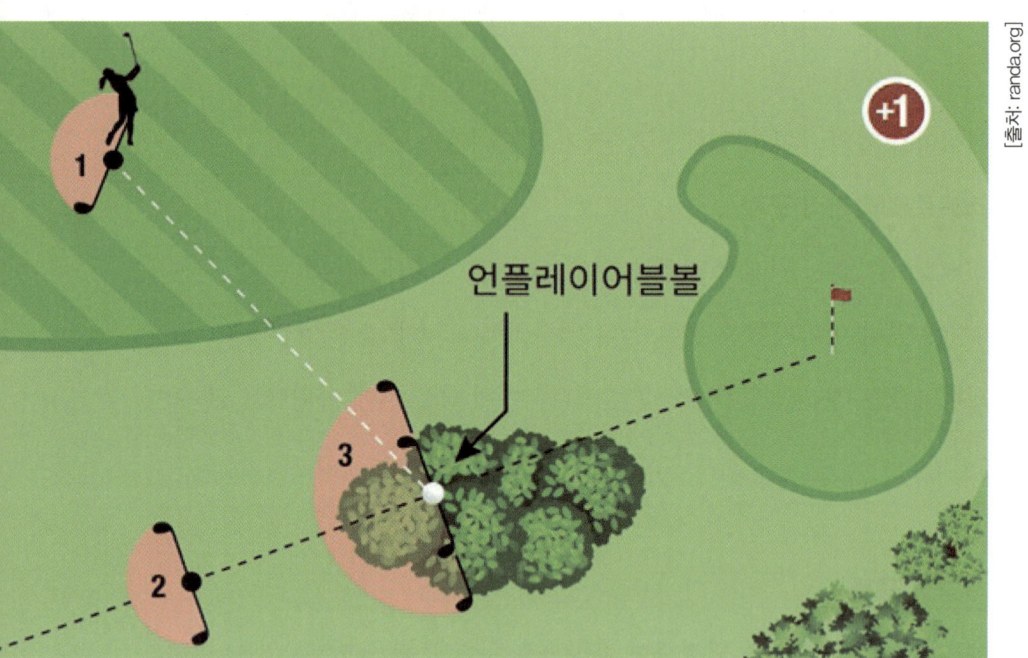

[그림 21-5] 언플레이어블 볼의 구제방법 3가지

티잉 구역에서는 골퍼들은 티잉 구역의 가운데에서만 치지 않습니다. 더군다나 고객들은 100타 이상을 치시는 분들이 많고 90타 때 치시는 분들도 많습니다. 그 날 싱글을 치는 4명을 만났거나 80대 치시는 분들을 만났다면 그 날은 편하게 클럽 서브를 할 수 있을 것입니다.

프로비저널 볼

OB가 되었을 때는 규칙에 의한 구제 방법은 1벌타를 받고 제자리에서 예비의 공을 놓고 잠정구를 쳐야 합니다. 이 잠정구를 골프 규칙에서는 프로비저널

티잉 구역 서브하기 II

볼(Provisional Ball)이라고 합니다. 프로비저널 볼이란 플레이어가 방금 플레이한 볼이 아웃오브바운드(OB)로 나갔을 수도 있고, 페널티 구역 밖으로 나갈 수도 있는 즉, 로스트 볼이 되었다고 확신하지 못할 경우에 플레이어가 다른 볼로 플레이하는 볼을 말합니다.

잠정구를 치는 이유는 볼이 코스에 들어와 있는지가 불확실하기 때문에 세컨 지역으로 이동해서는 처음에 쳤던 볼을 찾아 봐야합니다. 원구를 찾았을 때는 잠정구는 예비의 공이기 때문에 1벌타와 잠정구를 쳤던 스트로크 수는 없어지고, 원래 플레이로 돌아와서 세컨에서 벌타없이 2타째로 원구를 칠 수가 있습니다.

원구를 못 찾았을 때는 잠정구를 쳤기 때문에 그 골퍼는 티잉 구역에서 3번째 샷을 하고 온 것입니다. 그렇다면 3번째 샷을 하고 왔으니 원구를 찾지 못해 잠정구로 이어 나가야 한다는 것인데 이어나간다면 4타째 샷이 되는 겁니다. 그래서 한국에서 로컬 룰 규정을 만들어서 특설 티라는 것을 만듭니다. 특설 티는 세컨 지점에 설치해 놓고 티잉 구역에서 잠정구를 치지 않고 세컨 지역에서 원구를 찾아 보고, 찾지 못하였을 경우에 OB 티라는 곳에서 플레이를 이어 나가게 합니다.

조금 전에 이야기 했듯이 잠정구를 치고 나와서 원구가 없어서 잠정구를 이어나갈 때 즉, OB 티에서는 4타째 샷이 되는 것입니다.

부가 설명을 하자면 잠정구를 치지 않고 걸어서 원구가 없는 것을 확인한 후에 제자리가 아닌 앞으로 이동 후에 치는 것이기에 워킹 벌타 1벌타를 추가 가산

345

하여 본래의 1벌타 + 워킹 벌타 1벌타를 가산하여 2벌타가 되는 것입니다.

좀 어렵지만 정리를 하자면 제자리에서 치게 하면 1벌타 이후에 잠정구를 치고 나가게 하는 것이고 두 번째 방법은 잠정구를 치지 않고 준비되어 있는 특설 티에 와서 치게 하여 워킹 벌타 가산하여 2벌타를 하여 특설 티에서 4타째 샷을 하게 되는 것입니다.

두가지 방법 중에서 경기 진행을 빠르게 하기 위해서 제자리에서 잠정구를 치게 되면 시간이 더 소요되지만 플레이한 공이 위험한 것을 인지하고 볼이 바깥으로 나갔을 것 같은 지점에 와서 확인 후에 특설 티에서 플레이하게 한다면 티잉 구역에서 머무르는 시간도 필요하지 않고 볼을 확인한 후에 바로 특설 티에서 치게 유도하니 진행상 더 빨라질 수 있는 것이죠.

그래서 고객들에게는 진행상 무조건 티잉 구역에서 특설 티로 유도하여 칠 수 있게 합니다. 특설 티라는 것은 거의 티잉 구역에서 나간 볼만 칠 수 있게 합니다. 세컨 샷(Second Shot)이나 써드 샷(Third Shot)을 한 이후에는 공이 나간 지점에서 치게 하는 것이 진행에 있어서 훨씬 빠릅니다.

특설 티는 티잉 구역에서 나간 볼만 치게 하는 곳입니다. 이것을 혼동하는 캐디들도 있는데 반드시 기억하셔야 합니다. 페널티 구역은 볼이 바깥으로 나간 지점에서 1벌타 후에 그 선상에서 칠 수 있게 유도하거나 특설 티가 바깥 지점보다 더 앞에 있다면 특설 티에서 칠 수 있도록 유도를 합니다. 플레이하는 장소는 캐디가 고객에게 어디쯤에서 칠 것인지 지정해 주어야 합니다.

진행을 빠르게 할 수 있는 방법이 무엇일지 생각하여 볼이 빠진 선상에서 플레이하는 것이 빠를지 특설 티에서 치게 하는 것이 빠른지를 정하여 플레이 장소를 선정하여 알려 주어야 합니다. 고객들에게 캐디들이 가장 정확하게 해야 할 룰이고 많이 쓰는 룰이기 때문에 OB와 페널티 구역 룰은 머릿속에 꼭 넣어야 합니다.

2. 티잉 구역에서 타구 방법 및 무전기 사용

티잉 구역에서 앞 팀이 있을 때 캐디가 볼을 치라고 해야 고객들은 치게 됩니다. 만약 앞 팀과의 타구 사고가 났을 때 캐디가 치라고 하지 않았는데 고객이 자신의 의지로 볼을 쳤다면 이는 책임 소재가 달라집니다. 캐디가 플레이하라고 했을 때는 분명 앞의 팀과의 거리가 있어서 타구 사고가 나지 않을 것이라고 예상하고 치라고 했지만 샷이 너무 잘 맞아 앞 팀과 타구 사고가 일어날 수도 있고, 블라인드 홀(Blind Hall)이라서 앞 팀 고객이 안보이는 상황에서 타구 사고가 일어날 수 있습니다.

이렇게 캐디의 지시에 의해서 플레이를 했고 타구 사고가 발생했다면 캐디가 책임을 져야 합니다. 그러므로 캐디는 사고가 발생하지 않도록 항상 앞 팀과의 간격을 생각하고 플레이를 지시해야 합니다. 그렇다면 타구 사고가 발생하지 않을 앞 팀과의 거리를 어떻게 판단할 수 있을까요?

아마추어 골퍼들의 드라이버 평균 티 샷 거리는 180~200m 정도입니다. 거리가 멀리 나가는 분들은 220~250m정도까지 거리를 냅니다. 그렇다면 그 홀의

SECTION 21

총장 거리가 330m라고 했을 때 먼저 치시는 분들이 180~200m 정도 거리가 나 간다면 130m지점 정도를 앞 팀이 지나갈 때쯤 치라고 하면 되고 장타 이신 분들 은 220~250m까지 거리가 나시니 100m지점을 통과 할 때 치라고 해야 합니다. 앞 팀과 뒤 팀의 타구 사고가 나지 않도록 주의를 해야 합니다.

고객이 잘못 쳐서 옆의 홀로 넘어가 홀 간 타구 사고가 난다면 먼저 캐디는 볼이라고 크게 들릴 수 있도록 외쳐 주시고 옆의 홀로 무전하여 괜찮은지 물어 봐야 합니다. 이 때 옆의 홀이 어디 홀인지 모른다면 무전도 할 수 없고 사고 처 리도 할 수 없게 됩니다. 그러므로 캐디 분들은 코스의 홀들이 어떻게 붙어 있는 지 머릿속에 다 들어가 있어야 합니다. 그래야 무전을 할 수 있습니다.

앞 팀이 있는 곳이 도그 렉 홀(Dogleg Hole)로 나무들로 가려져 있거나 안개 로 인해 안보이는 상황일 때는 서로 무전을 주고 받아야 합니다. 이렇게 무전량 이 많을 때는 서로 주고 받을 무전만 해야 합니다. 무전을 하려고 기다리는 캐디 들이 있기 때문에 서로 무전량은 최소로 줄여서 필요한 무전만 해야 합니다.

전반에 1번 홀부터 9번 홀까지 라운드를 하고 후반은 10번 홀부터 18번 홀까 지 라운드를 하게 됩니다. 전반 라운드와 후반 라운드의 진행 상황을 파악하면 서 라운드를 해야 진행 시간을 조절하면서 플레이를 할 수 있습니다. 전반 라운 드 티잉 구역에서 대기가 생기는 홀이 있다면 무전을 하여 뒤에 오는 팀들이 대 기가 있다는 것을 확인하고 천천히 플레이하거나 앞에 있는 캐디들은 조금 더 빨리 플레이하는 등 플레이 속도를 조절하게 됩니다.

빨라지게 된다면 뒤 팀들에게는 몇 번 홀부터 조금 빨라진다고 무전을 해야 하고 몇 번 홀에서 대기가 생긴다는 무전을 해야 한다는 것입니다. 앞에 대기가 생긴다는 무전을 들었다면 파3홀에서는 싸인 플레이(Sign Play)로 연결하여 다음 홀로 이동하였을 때 대기가 없어지게끔 해야 합니다. 대기가 없어지면 다음 홀로 이동하여 바로 칠 수 있게 상황이 바뀌는 것이죠. 이것을 웨이브(Wave) 연결이라고 하는데, 이는 10차시에 이미 설명하였습니다. 기억이 안 나시는 분은 10차시 내용을 한번 더 읽어 보시기 바랍니다.

지금까지 21차시 티잉 구역에서 서브하기에 대하여 알아보았습니다. 다음 22차시에서는 스루 더 그린(Through the Green)에서 2019년 R&A 룰에 의해서 일반 구역(General Area)이라 용어로 변경된 일반 구역에서 서브하기에 대하여 배워보도록 하겠습니다

SECTION 22

일반 구역 서브하기 I
General Area

강의주제

1. 일반 구역에서의 서브 방법
2. 남성 골퍼들의 거리에 따른 클럽별 비거리 파악 및 클럽 전달 방법
3. 홀 별 세컨 지역 클럽 서브 방법 및 주의 사항
4. 여성 골퍼들의 클럽 별 비거리 및 클럽 서브 방법
5. 러프와 언덕에서 서브하는 방법

강의내용

전 시간에는 티잉 구역에 대해서 알아보았습니다. 티잉 구역에서 샷을 한 이후에 세컨 지역에서 클럽 서브하는 방법에 관하여 알아야 합니다. 일반 구역이라고 하는 것은 플레이하고 있는 티잉 구역, 그린, 벙커, 페널티 구역을 제외한 나머지 지역을 뜻합니다. [그림 20-1]을 다시 한번 보면 이해하기 쉬울 것 같습니다. 참고로 일반 구역은 2019년 R&A 규칙이 변경되면서 새로 생긴 용어이며, 변경되기 전에는 쓰루 더 그린(Through The Green)이라고 불렀습니다.

또한 플레이하는 홀 외 남은 구역은 페어웨이와 러프를 뜻합니다. 페어웨이와 러프에서 서브하는 방법과 남성 골퍼들과 여성 골퍼들의 클럽 서브하는 방법, 비거리 파악하는 방법에 관하여 이야기하도록 하겠습니다.

1. 일반 구역에서의 서브 방법

먼저, 매 홀마다 티 샷을 하고 고객들과 카트를 타고 세컨 지역으로 이동하게 됩니다. 이미 설명한 바와 같이 파3홀은 한 번의 샷으로 그린에 올리는 홀이고, 파4홀은 두 번의 샷으로 그린에 올릴 수 있고, 파5홀은 세 번의 샷으로 그린에 올릴 수 있다고 보시면 됩니다.

캐디는 티 샷을 하고 카트로 이동하면서 세컨에서 먼저 플레이해야 할 고객을 생각해야 합니다. 볼이 왼쪽으로 간 고객과 오른쪽으로 간 고객, 또는 중앙으로 간 고객들이 있을 텐데요. 고객이 티잉 구역에서 티 샷한 볼의 방향으로 세컨에 있는 볼들과 고객들을 매칭시켜야 하며, 매칭된 볼로부터 그린 위에 있는 깃대 위치까지의 거리를 불러줘야 합니다.

2. 남성 골퍼들의 거리에 따른 클럽별 비거리 파악 및 클럽 전달 방법

캐디가 일반 구역에 있는 고객의 볼과 거리를 불러주면, 그 고객은 자신에게 맞는 클럽을 선정하여 플레이를 하게 됩니다.

예를 들어 "고객님! 130m 남았습니다. 어떤 클럽 드릴까요?"라고 캐디가 물어보면, 고객은 "6번과 7번 2개 주세요!"라고 말할 수 있습니다.

잠깐 부연 설명을 하자면, 캐디는 현재 고객의 볼이 있는 세컨 지역에서 그린의 깃대가 있는 위치까지 거리를 계산해서 130m 남았다고 불러 주었으며, 고객마다 비거리가 다르기 때문에 고객이 어떤 클럽을 사용할지를 물어본 것입니다. 이에 고객은 평소 130m 거리를 아이언 7번을 사용했었기 때문에 혹시 몰라서 아이언 6번과 7번을 요청했고, 자신의 볼의 위치로 가서 아이언 6번이나 7번 중에 자신과 맞는 클럽을 사용할 것입니다. 일반적으로 캐디가 거리를 불러주면, 고객은 2개~3개의 클럽을 요청하는 경우가 많습니다.

여기서 비(飛)거리는 고객이 친 볼이 날아가서(Carry) 굴러간(Run) 거리까지를 말하며 하늘을 날아가서 떨어지는 지점까지 거리를 캐리(Carry)라고 합니다. 일반 구역에서는 우드와 아이언, 유틸리티, 웨지 중에서 거리에 따라 클럽을 선택해서 사용합니다. 클럽의 종류를 간단하게 다시 설명하자면, 우드는 아이언에 비해 거리가 많이 나가는 클럽입니다.

우드(Wood)는 골프 역사 초기에는 클럽 헤드(Head)를 나무(Wood)로 만들었기 때문에 지금까지 우드라고 불리고 있지만 현재 헤드는 메탈 소재로 만들고 있습니다. 아이언(Iron)은 말 그대로 헤드를 금속의 소재로 만든 것을 이야기합니다. 아이언 클럽은 번호가 현재는 4번부터 9번까지 순서대로 세트로 나옵니다. 예전에는 아이언이 1번부터 9번까지 있었고, 현재는 4번까지 나오고 있는데 그 이유는 현재 시대에 '유틸리티'라는 클럽이 만들어짐으로써 1번부터 3번 아이언은 사라지게 되고 2번이나 3번 아이언은 제작을 해서 사용하게 되었습니다.

유틸리티가 그것을 대신해서 사용하게 되는데, 유틸리티라는 클럽이 쉽게

일반 구역 서브하기

칠 수 있도록 만들어지면서 골퍼들의 거리를 보강시켜 주게 되었습니다. 그러면 고객들에게 거리에 따라서 클럽을 가져다 드릴 때 어떻게 가져다 드려야 될지 설명하도록 하겠습니다.

아이언 클럽은 거의 대부분 드라이버라는 우드 1번의 샷의 거리에 따라 구분을 지을 수 있습니다. 일반적으로 아마추어의 드라이버 거리는 180~200m입니다. 예를 들어 아마추어가 친 드라이버 샷이 200m 날아가서 세컨 볼에서 그린 홀 컵까지 남은 거리가 130m라고 한다면 200m 드라이버를 보낸다는 가정에서 130을 빼 주면 70이 나옵니다. 그러면 130m에서 7번 아이언을 사용한다고 할 수 있습니다.

또 드라이버 거리가 220m 이상 거리를 보낼 수 있는 골퍼라면 남은 거리가 130m라는 가정하에 220에서 130을 빼서 90이 나옵니다. 그러면 130m에서 9번 아이언을 사용한다고 볼 수 있습니다. 고객마다 클럽에 따라 보낼 수 있는 클럽의 거리가 다릅니다.

정리를 하자면 180m에서 200m 정도 드라이버 거리를 보내시는 분들은 200에서 거리를 빼 주고 남은 거리에서 0이라는 숫자를 버리면 사용할 아이언 번호라고 보시면 되고, 220m 이상 보내는 골퍼들은 220에서 남은 거리를 빼 주고 남은 숫자가 아이언 번호라고 보시면 됩니다.

SECTION 22

　　캐디는 고객들이 어떤 거리에 어떤 클럽을 사용하는지를 머릿속에서 계산하여 전반 3홀 안에 입력을 하여 그 거리에 맞게 고객들에게 클럽을 가져다줄 수 있어야 합니다. 예를 들면 남은 거리 130m에서 어떤 고객이 7번 아이언을 달라고 했을 때 '140m 일 때는 6번 아이언을 사용하겠구나' 또는 '120m일 때는 8번 아이언을 사용하겠구나'라고 생각을 해야 한다는 것입니다.

　　아이언 번호와 비거리에 대하여 이해하기 어려울 수 있는데 쉽게 말하면, 클럽의 번호가 작으면 작을수록 볼을 멀리 보낼 수 있습니다. 그렇다면 1번이라는 클럽이 그 종류에서는 가장 많이 날아가는 클럽이라는 것을 알 수 있습니다. 우드 중에는 1번이 드라이버라고 해서 가장 멀리 나가는 클럽이고 아이언 중에 1번이 드라이빙 아이언이라고 해서 가장 멀리 나가는 클럽입니다. 현재 클럽들이 헤드의 로프트(Loft) 각도를 낮추어서 거리도 많이 나가게 할뿐더러 치기 쉽게 만들어지고 있습니다.

캐디가 일반 구역에 있는 고객의 볼과 거리를
불러주면, 그 고객은 자신에게 맞는 클럽을 선정하여
플레이를 합니다.

일반 구역 서브하기

앞에서 이야기했던 아이언을 선택하는 기준은 일반적인 것이기 때문에 7번 아이언을 사용한다고 볼 때 130m를 보내시는 분들도 있고 140m를 보내시는 분들도 있고 150m를 보내시는 분들도 있습니다.

거의 대부분의 골퍼들이 7번 아이언의 비거리를 130m나 150m라고 생각을 하고 있기 때문에 고객에게 맞는 클럽의 비거리를 생각하고 있어야 합니다. 이 때 고객들이 본인의 비거리에 대한 클럽을 잘못 알고 있을 수도 있기 때문에 이럴 때 고객들에게 거리에 맞게 선택할 수 있는 어드바이스를 해주는 것도 좋습니다.

볼을 많이 쳐보지 않은 초보자들은 본인의 거리를 옆에서 들어본 것으로 판단을 하기 때문에 거리를 판단하기 어려울 수 있으니 거리에 맞는 클럽을 어드바이스를 해주는 것도 나쁘지 않습니다.

이 때 클럽을 선택하여 가져다 드릴 때도 1개의 클럽만 가져다 주는 것은 금물입니다. 고객이 7번 아이언을 가져다 달라고 했을 때도 5번, 6번, 7번 아이언으로 구성하여 가져가야 하는 데 그 이유는 맞바람이 불었을 경우에 1클럽 이상을 잡을 수도 있고 오르막이거나 볼이 놓여져 있는 상태를 라이라고 하는데 이 라이가 좋지 않을 때 1클럽 이상을 위에 클럽으로 잡고 칠 수 있기 때문입니다.

골프 볼은 흰색을 많이 사용합니다.

예전에는 색깔이 들어가 있는 볼들은 겨울철에 눈에서 보일 수 있도록 만든 것이었고 볼의 성능은 저하되어 있었기에 겨울철에 눈이 왔을 경우에만 색깔 볼을 사용하였습니다. 그러나, 현재는 볼빅(Volvic)이라는 한국회사에서 색깔이 들어가 있는 볼들을 만들면서 점차 사용량이 많아지고 있습니다.

볼빅이라는 회사로 인해서 색깔 볼들이 각 브랜드마다 많이 나오기 시작했습니다. 색깔 볼은 고객의 특성에 따라 사용하기도 하고, 같은 색상의 볼을 사용하면 볼을 확인할 때 본인의 볼이 맞는지 알 수가 없기 때문에 일부러 동반자들과 다른 색깔의 볼을 사용하는 분들도 있습니다. 이 때 고객들이 색상이 다른 볼들을 사용할 때 그 고객 색상의 볼을 기억하고 매칭할 수 있다면 캐디는 쉽게 거리를 불러줄 수 있습니다.

3. 홀 별 세컨 지역 클럽 서브 방법 및 주의 사항

일반 지역의 세컨에서 거리를 불러 주고 고객에게 클럽 서브를 다 했어도 캐디의 역할은 끝나지 않습니다. 클럽을 드린 후에 위험지역이 있다면, 즉, 그린 옆에 페널티 지역이나 벙커가 있는지를 고객에게 알려 주어야 합니다. 골퍼들이 원하는 방향대로 보낼 수는 없겠지만 그래도 위험지역을 알려준다면 피하려고 노력할 수 있을 것입니다. 만약, 캐디가 위험지역을 이야기 안 했고, 고객이 친 볼이 위험지역에 들어갔다면 고객은 캐디에게 불평 불만을 갖게 될 것입니다.

캐디는 볼 낙하 지점을 반드시 알아야 합니다. 볼이 어디 떨어졌는지 모른다면, 고객이 어디에서 세컨 플레이를 해야 될 지도 모를 것이고, 이렇게 되면 세컨에서 그린까지의 거리도 부를 수 없을 것이고, 당연하게 고객이 사용할 클럽 서브 자체도 불가능하게 됩니다.

일반 구역 서브하기

볼을 보는 방법에 대해 알아보겠습니다.

예전에는 '원구(遠球) 선타(先打)'라고 하여 가장 멀리 있는 고객부터 먼저 플레이 할 수 있도록 하였습니다. 뒤에 있는 고객이 먼저 플레이하는 것이 안전상 좋고 순차적으로 진행할 수 있어서 입니다. 하지만 현재는 레디 골프(Ready Golf)라고 하여 먼저 준비된 고객부터 플레이하게 합니다.

고객이 먼저 준비되었다는 것은 어떻게 알 수 있을까요?

캐디는 뒤에서부터 클럽 서브를 하기 시작합니다. 볼이 4개가 보여서 한꺼번에 거리를 불러 드리고 클럽 서브를 모두 하였다면 고객들이 준비를 하게 됩니다. 뒤에 있는 고객들이 아직 볼을 찾지 못하였거나 클럽이 준비가 되어 있지 않아서 플레이를 못하고 있다면 앞에 있는 고객부터 먼저 칠 수 있게 '준비되신 분들부터 치겠습니다'라고 진행 유도를 하게 됩니다. 이 때 고객이 볼을 치려고 하는 동작이 어떤 것이죠? 네 맞습니다.

어드레스(Address)라는 동작으로 클럽을 볼 뒤에 지면에 닿았을 때를 볼을 치기 위한 준비 동작이라고 합니다. 준비 동작으로 어드레스를 하였을 때 그 골퍼가 먼저 친다고 이야기하거나 어드레스를 잡았기 때문에 캐디는 그 고객을 주시하여야 합니다. 또는 볼을 치게 되면 소리가 나기 때문에 임팩트(Impact)하는 순간 전방을 주시하고 있으면 볼이 가는 것을 볼 수 있습니다. 하지만 레디 골프도 조심해야 할 부분은 있습니다.

SECTION 22

앞에 있는 고객이 준비를 하고 있었지만 그것을 보지 못하고 뒤에 있던 고객이 칠 수 있기 때문에 캐디는 항상 주위를 잘 둘러보고 안전상 앞에 계신 고객분들에게는 볼 보라는 멘트를 하고 위험 주지 의무를 시행해야 합니다. 즉, 레디 골프는 안전이 확보된 상태에 플레이하여야 합니다.

파4홀에서 세컨을 서브한 이후에 볼을 그린에 올린 고객도 있을 것이고 못 올린 고객도 있을 것입니다. 이 때 세컨 서브 이후에 고객의 볼의 거리가 그린의 깃대까지 80m 안쪽으로 남았을 때 사용하는 것을 어프로치 클럽이라고 합니다.
즉 4명의 클럽을 들고 있다가 고객이 볼을 치는 순간 그린에 올라간 고객은 사용한 클럽만 받고 그린에 못 올린 고객은 어프로치 클럽으로 교환을 해 주어야 합니다. 이것은 세컨에서 치고 난 이후에 본인의 볼 앞에 가기 전에 바꿔 주어야 하기 때문에 샷을 하고 있을 때 옆에 어프로치 클럽을 가지고 있다가 교체를 해야 빨리 진행이 됩니다.

그 이유는 계속적으로 이야기해 왔지만 어프로치 클럽을 바꿔 주지 않고 고객이 볼을 친 이후에 자신의 볼 앞으로 걸어가면 볼 앞에 도착했을 때 그 홀에 고객들은 널리 퍼져 있기 때문에 클럽을 교환해 주는 시간 동안에 다른 고객들은 볼 앞에서 기다리게 되기 때문입니다. 캐디가 경기 진행 시간을 얼마나 단축시키느냐에 따라 캐디의 피로도 달라지게 됩니다.

그렇다면 파5홀에서는 어떻게 서브할까요?

일반 구역 서브하기

파5홀은 롱 홀입니다. 파4홀보다도 긴 홀이기 때문에 세컨 지역에서는 보편적으로 200m 이상의 거리가 남습니다. 파5홀 세컨에서는 길게 칠 수 있는 클럽, 즉 우드나 유틸리티를 드리면서 길게 남았다고 이야기를 합니다. 아마추어 골퍼들은 세컨 지역에서 최대한 길게 쳐 놓고 남은 거리를 그린에 올리려고 할 것입니다.

잘 치는 고객들은 현재 세컨에서 남은 거리가 가장 자신 있는 거리를 남겨놓고 치려고 할 수도 있기 때문에 우드나 유틸이 아닌 아이언으로 칠 수도 있습니다. 파5홀에서는 세 번의 샷으로 그린에 올릴 수 있다고 하였는데 거리를 많이 보내는 골퍼들은 두 번만에 그린에 올리는 골퍼들도 있지만 일반적으로는 쉬운 일이 아닙니다.

파5홀에서 세 번 샷을 하여 그린에 올려야 한다고 앞서 이야기했습니다. 하지만 못 올렸을 경우 캐디는 파4홀 세컨에서 기다렸다가 어프로치 클럽을 드리듯이 파5에서는 세 번째 샷, 즉 써드 샷을 할 때 어프로치를 준비하였다가 80m 안쪽으로 공이 낙하하는 것을 보았을 때 바로 어프로치 클럽으로 교환해 주어야 합니다. 캐디가 어프로치 클럽을 다 드렸다면 카트를 이동하여 퍼터(Putter)만 가지고 그린으로 들어가면 일반 구역에서의 서브하기는 끝나게 됩니다.

4. 여성 골퍼들의 클럽 별 비거리 및 클럽 서브 방법

여성들의 클럽 비거리는 다양하지만, 세컨 지역에서 80% 이상의 여성 고객들은 우드를 즐겨 사용합니다. 아이언보다는 우드를 더 많이 사용합니다.

120m 이상의 거리가 남았을 때 여성 골퍼들은 우드나 유틸리티를 사용하게 됩니다. 파4홀에서나 파5홀에서나 세컨에서는 우드를 사용하는 것이죠. 그래서 여성 골퍼들은 세컨에서 우드를 사용하고 그린에 올리거나 못 올렸을 경우 어프로치 클럽만 사용하기 때문에 우드와 어프로치 클럽만 사용하는 고객들이 대부분입니다.

남성 골퍼는 어프로치 클럽을 대부분 80m 안쪽 거리에서 사용한다고 하였는데 평균적인 여성 골퍼들은 남성에 비해 힘이 부족하기 때문에 대부분 50m 안쪽 거리에서 어프로치를 사용합니다. 이렇게 본다면 여성 고객들이 서브하기 편할 수도 있지만, 거리가 100m 안쪽으로 남았을 때 여성 고객들을 서브하는 것은 신입 캐디에게는 어려울 수 있습니다.

일반적으로 거리가 100m 남았을 때 여성 고객들은 7번 아이언을 사용합니다. 그렇다면 80m는 9번 아이언을 사용하게 되죠. 이러한 선택은 일반적으로 사용하는 것이고 100m에서 우드나 유틸리티를 사용하시는 분들도 있고 70m이지만 7번 아이언을 사용하시는 분들도 있습니다.

여성 고객이 네 사람이 왔을 때 똑같은 거리에도 서로 다른 클럽을 사용할 수 있다는 것을 기억하기 바랍니다. 하지만 여성 고객 중에서도 남성 고객들이

일반 구역 서브하기 /

 여성들의 클럽 비거리는 다양하지만, 세컨 지역에서 80% 이상의 여성 고객들은 우드를 즐겨 사용합니다.

130m에서 7번 아이언을 치듯이 똑같이 130m에서 7번을 선택해서 치는 분들도 있습니다. 흔하지는 않지만 운동 신경이 있거나 계속적으로 열심히 연습을 하여 치는 분들은 가능한 일입니다. 그래서 티잉 구역도 남자들과 같이 화이트 티를 이용하시는 분들도 있습니다.

남성 골퍼들 같은 경우는 파4홀 세컨 지역에서 대부분은 세컨 플레이를 한 후에는 어프로치 거리가 남습니다. 하지만 여성 고객들은 세컨을 치고 나서도 어프로치 거리, 즉 50m 이상의 거리가 남을 수 있기 때문에 항상 세컨을 치고 어프로치 클럽을 치지는 않습니다. 그 이상의 클럽으로 클럽 서브를 할 수 있기 때문에 이점도 기억하시기 바랍니다.

5. 러프와 언덕에서 서브하는 방법

　페어웨이와 러프는 잔디의 길이가 다릅니다. 모든 볼들이 페어웨이에 있다면 볼을 치기가 정말 편할 것입니다. 프로 골퍼의 볼도 페어웨이로만 가지 않습니다. 더욱이 아마추어 골퍼들은 언덕이나 러프에 볼이 있는 경우가 많습니다.

　러프에 볼이 있을 때는 클럽이 잘 빠지지 않기 때문에 한 클럽 위를 선택해야 합니다. 130m에서 7번을 사용하는 고객이라면 6번이나 5번의 클럽을 선택할 수 있다는 것입니다.

　또는 언덕에 볼이 있을 경우에는 페어웨이가 아닌 러프에 볼이 있을 것입니다. 언덕에 볼이 있기에 치기도 어렵고 잔디의 길이도 길기 때문에 우드와 유틸로는 치기 어렵습니다. 숏 아이언이나 웨지 클럽을 사용하여야 하는데 안전한 장소인 페어웨이 방향으로 공을 쳐내야 합니다. 이것을 위험지역을 우회해서 안전하게 공략한다고 해서 레이 업(Lay-up)이라고 합니다.

　고객은 무리해서 그린에 올리려는 생각을 가지게 됩니다. 이럴 때 캐디가 고객들이 원하는 클럽만 서브한다면 캐디는 단순 심부름꾼에 불과할 것입니다. 이때 캐디가 고객의 실수를 최소화하고 좋은 스코어를 만들어 줄 수 있도록 정확한 어드바이스를 하고 사용할 클럽에 대하여 어드바이스를 한다면 고객은 캐디들에게 감사해 할 것입니다.

　골프는 스코어가 잘 나와야 마무리가 됩니다. 골퍼가 볼을 치는 것이지만 무리를 하지 않고 칠 수 있도록 옆에서 어드바이스하는 캐디가 진정한 동반자가 아닐까 생각해 봅니다.

일반 구역 서브하기 /

SECTION 23

일반 구역 서브하기 II
General Area

강의주제
1. 일반 구역에서의 골프 룰

강의내용

23차시에서는 지난 시간에 이어 일반 구역에서의 골프 룰에 관해서 알아보도록 하겠습니다.

고객들에게 적용하는 룰은 대부분 OB나 페널티 구역에 관한 것입니다. 일반 구역에서 엄격하게 룰을 적용하게 되면, 골프를 즐기려고 온 고객들이 골프 룰 적용에 따라 골프 자체가 어렵게 느껴지고 힘들어질 수 있기 때문에 엄격한 룰 적용보다 골프를 즐겁게 플레이할 수 있도록 OB나 페널티 구역과 관련된 룰은 제대로 적용하고 다른 룰들은 눈치 있게 넘어가거나 고객들이 룰로 인해 언쟁을 벌일 때에는 엄격하게 룰을 적용시켜야 합니다.

일반 구역에 적용되는 룰에는 어떤 것이 있는지 알아보도록 하겠습니다.

일반 구역은 페어웨이(Fairway)[40]와 러프(Rough)로 나누어 볼 수 있습니다. 플레이한 볼이 OB나 페널티 구역으로 나갔을 때 또는 일반 구역에서 볼을 건드리거나 옮겼을 경우에는 룰에 따라 페널티를 부과하게 되는데요. 페널티(Penalty)는 플레이어가 한 행동에 의해서 이익을 없애기 위하여 부과하는 것입니다.

1. 일반 구역에서의 골프 룰

그렇다면 페널티의 종류와 페널티를 부과하는 방법에 대해서 알아보도록 하겠습니다.

페널티에는 1벌타, 일반 페널티, 실격이 있습니다.

1벌타는 매치 플레이(Match Play)와 스트로크 플레이(Stroke Play)에서 규칙 위반으로 이익이 사소한 것일 경우와 페널티 구제를 받는 경우에 따라 적용됩니다. 다음은 일반 페널티(General Penalty)로 매치 플레이에서는 홀 패, 스트로크 플레이에서는 2벌타라고 하는데요. 일반 페널티는 1벌타로 적용하기에는 플레이어가 얻는 이익이 큰 대부분의 규칙 위반의 경우에 해당합니다.

실격(Disqualification)은 플레이어가 부당한 행동을 하였을 때, 규칙을 위반하였을 때, 플레이어가 지나치게 큰 이익을 얻는 경우에 부과하는 페널티입니다.

여러분들이 골프장에서 보게 되는 페널티는 대부분 일반 페널티를 적용하는 경우가 많기 때문에 이를 숙지하고 부과되는 룰에 대하여 알아보도록 하겠습니다.

일반 구역에서의 플레이는 인 플레이가 되어있는 상황일 것입니다.

티 샷(Tee Shot)을 하고 난 이후에 상황이기 때문에 그 볼은 인 플레이가 되어 있는 것입니다. 페어웨이에는 나뭇잎, 솔방울, 나뭇가지 같은 떨어져 있는 생장물들을 '루스임페디먼트(Loose Impediment)'라고 합니다.

골퍼가 일반 구역에 있는 솔방울을 연습으로 계획적으로 스윙을 하여 쳤다면 2벌타가 됩니다. 인 플레이가 되어 있는 상황에서 그냥 치는 것은 상관 없으나 계획적으로 연습하는 것은 벌타를 받는 것이고 인 플레이가 끝난 상황에서는 즉, 그 홀의 홀 컵에 볼을 넣고 나서는 그 홀에서의 룰은 끝났기 때문에 연습이 가능합니다.

라운드 중에 캐디에게 어떻게 치면 좋을지에 대하여 물었을 때 캐디가 플레이어의 클럽으로 스윙을 하였다고 가정해 보겠습니다.

이 때 플레이어는 자신의 캐디에게는 어떠한 어드바이스(Advice)라도 받을 수 있기 때문에 무벌타가 되어 경기 진행을 할 수 있지만 캐디가 아닌 동반하고 있는 플레이어에게 미스 샷의 원인을 물어보고 플레이를 했다면 두 플레이어 모두에게 2벌타의 페널티를 부과하게 됩니다.

즉, 어드바이스는 본인의 캐디에게만 받을 수 있습니다.

라운드 중에 고객이 캐디에게 스윙에 대해 물어 보았을 때 고객의 클럽으로 스윙을 하는 경우가 있는데 절대 고객의 클럽으로 스윙을 해서는 안 됩니다.

일반 구역에서 연습 스윙을 하다가 치려는 의도는 아니었지만, 연습 도중 볼을 건드린다든지 어드레스를 하다가 건드린다든지 하였을 때는 인 플레이 상황이기 때문에 1벌타 후에 다시 공을 제자리로 리플레이스(Replace, 원래 위치로 볼을 다시 가져다 놓는 것)를 해야 합니다.

의도하지는 않았지만 본인에 의해 볼이 움직였을 때는 무조건 리플레이스를 해야 합니다. 티잉 구역에서는 치려는 의도 없이 연습 스윙을 하다가 건드렸을 때는 벌타를 받지 않습니다.

인 플레이가 되었을 때만 페널티를 부과하게 됩니다.

의도하지는 않았지만 본인에 의해 볼이 움직였을 때는 무조건 리플레이스를 해야 합니다. 골퍼들이 일반 구역에서 가끔씩 연습 스윙을 하다가 건드리는 상황이 발생하는데 고객들과 라운드를 할 때는 그냥 넘어 갈 수 있을 때는 페널티를 부과하지 않고 다시 볼을 가지고 와서 리플레이스를 하게 하기도 합니다. 하지만 프로 경기 시합이거나 고객들끼리 확실히 하고자 할 때는 페널티를 부과해야 합니다. 다만 고객들은 명랑 골프로 치기 때문에 알고도 넘어가는 경우가 많습니다.

어드레스를 했을 때나 연습 스윙을 했을 때 볼이 의도치 않게 자연적으로 바람이나 무언가에 의해 움직일 때가 있습니다. 이럴 때는 리플레이스를 하지 않고 움직인 상태 그대로 치게 됩니다. 조건은 본인이 움직이게 하지 않았을 경우나 자연적으로 움직인 것이 판명났을 경우에만 페널티가 부과되지 않는 것입니다.

본인의 클럽으로만 골프를 치는 것이 룰이지만 가끔 고객들이 본인의 클럽이 아닌 동반자의 클럽으로 쳐보겠다며 다른 사람의 클럽으로 치는 경우가 있습니다.

이 때 동반자의 클럽으로 치게 되면 2벌타를 받게 됩니다.

한 사람의 골퍼는 14개의 클럽을 백에 가지고 다닐 수 있습니다. 14개 이하로는 괜찮지만 15개 이상의 클럽을 가지고 1번 홀과 2번 홀을 플레이했다면 각 홀에서 최대 2타씩 페널티를 부과하게 되고 그 골퍼는 어떤 클럽을 사용하지 않겠다고 선언을 해야 실격처리를 면할 수 있습니다.

하지만 고객들과 라운드를 할 때는 그 분들이 15개 이상의 클럽을 가지고 다니든 다른 사람의 클럽을 사용한다고 해서 페널티를 부과하지는 않습니다. 일단 이것에 대해 알고는 있어야 하겠지만 고객들과의 라운드를 하고 있는 도중 괜히 이런 것에 대하여 페널티를 부과하게 되면 분위기가 많이 심각해질 것입니다.

14개의 클럽만 사용할 수 있기에 브랜드 중에도 포틴(Fourteen)이라는 브랜드도 있습니다. 다른 것은 거의 비슷하게 가지고 다니지만 웨지(Wedge) 클럽을

일반 구역 서브하기 II

 골프 백에는 최대 14개의 클럽을
가지고 다닐 수 있습니다.

4~5개 정도 가지고 다니는 분들이 있어서 100m 이하 거리 별로 다른 웨지 클럽을 사용하는 분들이 있습니다. 4도 차이에 10m 차이라고 보면 되는데 2도 차이로 가지고 다니는 분들도 있습니다. 이 때 캐디 분들이 많은 웨지 클럽을 준비해서 전달을 하거나 클럽 서브하는데 조금 힘들 수도 있습니다.

동반자에게 클럽을 빌려서 치면 안된다고 이야기했는데요. 그렇다면 동반자에게 볼은 빌릴 수 있을까요? 골프 볼은 빌려서 쳐도 페널티 부과가 되지 않고 무벌타로 진행할 수 있습니다.

클럽은 빌려서 치면 안 되지만 볼은 빌릴 수 있는 것입니다.

볼이 만약에 돌에 맞아 깨지거나 갈라졌을 경우 또는 볼을 쳤는데 두 쪽으로 갈라졌을 경우에는 다시 원래 쳤던 지점에서 무벌타로 칠 수 있습니다. 인 플레이가 된 공은 페널티 구역이나 OB로 나갔을 경우에는 바꿀 수 있지만, 본인의 마음이 그 볼을 치기 싫어서 바꾸고 싶다거나 약간의 스크래치가 있다고 하여 바꿀 수는 없습니다. 인 플레이가 끝났을 때, 즉 그린에 있는 본인의 볼을 홀 컵에 넣었을 경우에 인 플레이가 끝났기 때문에 다음 홀에서 티 샷을 하기 전까지는 그 볼을 바꿀 수 있습니다.

SECTION 23

볼을 찾다가 볼을 보지 못하고 또는 잔디가 긴 러프에 들어가서 그 볼을 보지 못하고 찾고 있다가 우연하게 그 볼을 차게 된다면 예전에는 1벌타 후 리플레이스를 하였지만 현재의 룰은 무벌타로 다시 제자리로 리플레이스를 한 후 플레이를 할 수 있도록 룰이 바뀌었습니다.

가끔 생각 없이 걷다가 그런 경우가 생기기도 하는데요. 볼이 원래 있던 자리에 리플레이스 할 때는 이 정도 지역에 있겠다 싶은 지역에 볼을 놓으면 됩니다.

가끔 외국에서 프로 골퍼들이 하는 경기를 보다 보면 골프 볼이 나무 위에 올라가는 경우도 생기게 되는데요. 거의 흔치 않은 것이 나무를 맞으면 튕겨서 나오기 마련인데 나뭇가지에 걸쳐 있는 경우가 있습니다. 이 때 나무에 있는 볼을 고의적으로 떨어뜨리게 되면 1벌타를 받고 다시 원위치로 리플레이스를 해야 합니다.

그러면 조심히 나무 위로 올라가서 치려고 할 때 있는 그대로 칠 수도 있지만 올라가다가 볼이 떨어지게 되면 1벌타를 받고 리플레이스를 하게 됩니다. 안전하게 플레이를 하려면 어떻게 하는 것이 좋을까요?

언플레이어블 볼(Unplayable Ball)이라는 방법으로 못 치겠다고 선언을 하게 되면 1벌타를 받고 그 볼을 언플레이어블 볼 구제 방법 중 한가지를 선택하여 치게 됩니다. 보편적인 방법은 1벌타 후에 그린에 홀 컵과 가깝지 않게 후방으로 2클럽 이내 드롭을 하여 치게 되는 방법을 많이 사용하거나 제자리로 가서 치는 방법을 선택합니다. 제자리로 가는 방법은 너무 뒤로 가서 칠 수 있으니 2클럽 이내에서 치는 것이 좋습니다.

퍼들의 볼이 같은 방향으로 갔을 때 어떤 볼이 누구의 볼인지 확인하고 플레이해야 합니다.

동반자의 볼이 본인 볼과 같은 브랜드와 같은 숫자로 되어 있을 수도 있으니 각자 본인의 사인을 하거나 마크를 하고 또는 그림을 그려 본인의 볼인 것을 확인 할 수 있게 해놓습니다. 그런데 본인의 볼을 확인하지 않고 쳤는데 다른 사람의 볼을 치게 되었다면 2벌타를 받고 다시 내 볼이 있는 곳에서 쳐야 합니다. 잘못 친 볼은 다시 새로운 볼을 놓고 쳐야 합니다.

가끔 고객들이 이렇게 확인을 하지 않고 치는 경우가 있어서 확인을 잘 해야 합니다. 만약에 볼이 두 개가 같이 붙어 있을 수도 있는데요. 그렇다면 한 개의 볼 뒤에 동전이나 마크하는 것으로 마킹을 해놓고 한 개의 볼을 친 뒤에 마킹한 곳에 볼을 놓고 칠 수도 있습니다. 이 때 자신의 볼이 무엇인지 확실히 알아야겠죠?

샷을 할 때 한 번 친 공이 스윙 도중에 클럽에 한 번 더 맞는 경우가 생길 수 있습니다. 이것을 투 터치(Two Touch)라고 하는데, 짧은 어프로치를 할 때 이런 경우가 많이 생깁니다. 2019년도 바뀌기 전 룰에서는 클럽에 두 번 볼이 맞은 경우에 두 번 친 것으로 간주하여 타수가 늘어 났지만 현재는 한 번의 스윙에 두 번 맞은 것이기에 한 번에 타수로 진행되는 것으로 변경이 되었습니다.

샷을 한 볼이 다른 사람의 멈춰있던 볼을 쳐서 움직이게 했을 경우에 벌타는 없습니다. 그리고 샷을 한 볼은 움직인 그대로 플레이를 하면 되고 멈춰있던 볼은 다시 원래 있었던 자리로 리플레이스를 하게 됩니다. 쉽게 설명하면 친 사람은 볼을 맞고 움직여서 멈춘 상태 그대로 플레이, 멈춰있던 볼은 원래 자리로 리플레이스한다고 생각하시면 됩니다. 이것은 그린에서도 그렇고 일반 구역에서도 똑같은 룰로 생각하면 됩니다.

누군가에 맞고 튕겨 나오거나 물건에 맞고 튕겨 나왔을 때도 그 볼은 멈춘 상태 그대로 플레이를 하게 됩니다. 만약에 튕겨 나온 볼이 페널티 구역이나 OB로 나갔을 경우에는 그 처리 방법 그대로 플레이를 해야 합니다. 골프는 결과적으로 생각을 하면 되는데요.

그래서 멈춘 상태로 플레이한다고 생각하면 됩니다. 파3홀에서 첫 티 샷이 나무를 맞고 튕겨 나와 홀 컵에 들어가면 한번에 들어간 것이기에 결과적으로는 홀인원이 되는 것입니다. 그래서 골프는 '우연도 실력이다.'라고 하는 것이 결과적으로는 좋은 결과가 나타나면 그 결과대로 스코어가 나오는 것이 골프이기 때문에 그런 것입니다.

볼을 스트로크 할 때는 정확히 클럽의 헤드(Head)로 임팩트(Impact)를 주어서 쳐야 합니다. 당구하듯이 그립으로 친다든지 헤드로 끌거나 밀어서 볼을 스트로크 한다면 2벌타가 됩니다.

그 볼을 칠 수 없으면 어떻게 해야 할까요?

언플레이어블 볼을 선언하여 1벌타를 받고 볼을 드롭(Drop)하여 쳐야 합니다. 드롭이라는 것은 규정에 의해서 볼을 옮겨 놓을 때 볼을 떨어트리게 되는데요. 예전에는 볼을 어깨 높이에서 드롭을 하였습니다. 현재는 무릎 높이에서 드롭을 하게 되는데요. 원래 하던 대로 어깨 높이에서 드롭을 하게 되면 2벌타를 받게 됩니다. 벌타를 받았을 경우에는 볼이 있던 자리에서 2클럽 내에서 드롭을 하게 되고 무벌타를 받았을 경우에는 1클럽 내에서 공을 드롭하게 됩니다.

어깨에서 무릎 높이로 바뀐 것은 드롭을 하였을 때 1클럽이나 2클럽 내에서 볼이 굴러가지 않고 그 안에서 드롭이 되어야 하기 때문입니다. 하지만 볼이 그 이상 벗어나게 되면 3회 드롭 후 계속적으로 볼이 규정 내에 드롭이 되지 않았을 경우에 규정 내에 드롭 공간에 공을 놓고 싶은 곳에 놓고 치게 됩니다. 재드롭하는데 시간도 걸리고 빠른 플레이를 위하여 무릎 높이로 변경한 것입니다.

[그림 23-1] 볼을 드롭하는 사진

SECTION 23

　벙커가 아닌 벙커를 둘러 싸고 있는 잔디로 되어 있는 언덕에는 벙커에 들어 갔을 때 스윙 자국이나 발자국을 정리할 수 있도록 고무래라는 것을 배치해 놓았습니다. 공이 벙커 언덕에 떨어지면서 고무래에 볼이 걸리게 되면 고무래는 인공 장해물이기 때문에 무벌타로 고무래를 치우고 볼을 칠 수 있습니다. 고무래를 치웠을 때 볼이 움직이게 된다면 다시 볼을 고무래가 있었던 자리로 리플레이스하여 재드롭하여 볼을 칠 수 있습니다.

　러프 쪽에는 나무가 있을 수가 있는데 볼을 치기 위하여 백스윙을 하였을 때 나뭇가지가 시야에 방해가 되어 나뭇가지를 부러뜨리고 샷을 한다면 2벌타를 받게 됩니다.

　스윙 구역을 개선하였기 때문에 페널티가 있는 것인데요. 스윙을 하는 도중에 나뭇가지를 부러뜨리고 멈추지 않고 그대로 볼을 가격을 하게 되면 무벌타지만 나뭇가지를 부러뜨리고 스윙을 멈췄다가 다시 치려고 스윙을 하게 되면 2벌타가 됩니다. 방해가 된다고 나뭇가지를 다른 가지와 묶어서 친다면 2벌타입니다.

 볼을 스트로크할 때는 정확히 클럽의 헤드와 볼이 맞을 수 있도록 임팩트를 주어야 합니다.

일반 구역 서브하기 II

　나뭇가지를 꺾거나 묶는 행위는 의도적인 스윙 구역 개선 위반으로 2벌타가 되는 것입니다.

　각 홀을 둘러 싸고 있는 OB 말뚝이나 페널티 구역 말뚝으로 볼이 갔다면 말뚝과 말뚝을 가상의 선으로 연결하여 경계선을 살펴봐야 합니다. 말뚝과 말뚝 경계선에 조금이라도 걸쳐있다면 볼이 나간 것이 아니기 때문에 인 플레이 볼로써 플레이할 수 있습니다. 볼이 경계선을 넘어가야만 페널티가 적용이 되는 것입니다. 프로 경기에서는 이런 오류를 범하지 않기 위해 하얀색 선으로 말뚝과 말뚝 사이에 금을 그어서 표시를 해두었습니다. 일반 골프장에서는 말뚝만 코스에 박아 놓기 때문에 이 규칙 적용이 엄격하지 않습니다.

　캐디가 골퍼에게 클럽 전달을 할 때 한 개의 클럽만 서브를 하지 않고 2~3개 정도 클럽 전달을 한다고 하였습니다. 그런데 이 때 고객이 클럽을 바닥에 두고 쳐야 하는데 여분의 클럽을 본인 앞에 두고 볼을 치게 되면 그 클럽이 방향을 지시할 수 있기 때문에 2벌타를 받게 됩니다.

　그렇다면 여분의 클럽들은 어디로 놔두어야 할까요?
　앞이나 옆은 보이기 때문에 금지되는 것이고 뒤로 클럽을 놔두어야 합니다. 고객들은 대부분 생각 없이 앞에 놔두고 치게 됩니다. 이때도 동반자들이 아무 이야기 없이 넘어간다면 굳이 꼭 집어서 벌타를 줄 필요가 없습니다. 골퍼들끼리 이런 것으로 언쟁을 할 때는 캐디가 심판관이 되어야 하기 때문에 알고 있어야 합니다.

인공 장해물과 자연 장해물에서의 룰에 대하여 알아보도록 하겠습니다.

인공 장해물이라고 한다면 카트 도로, 나무를 지지하고 있는 지주목, 물이 빠질 수 있게 만들어 놓은 맨홀 뚜껑, 코스를 비추는 라이트 등 인공적으로 만들어 놓은 것들이 모두 인공 장해물입니다.

인공 장해물이 스윙에 방해가 된다거나 스윙을 하려고 발을 놓은 스탠스가 걸린다거나 인공 장해물에 볼이 놓여 있게 되면 무벌타로 1클럽 이내에서 드롭을 하여 칠 수 있게 합니다.

자연 장해물, 즉 나무나 큰 바위 같은 자연적으로 있는 곳에 공이 있다면 있는 그대로 볼을 쳐야 합니다. 볼을 칠 수 없다면 언플레이어블 볼을 선언하여 1벌타 후에 2클럽 이내에 볼을 드롭하고 쳐야 합니다.

코스 내 공사 지역을 수리지(Ground Under Repair)라고 하는데요. 수리지 또는 일시적으로 비가 많이 와서 생긴 물웅덩이(Temporary Water) 같은 곳에 볼이 있다면 무벌타로 1클럽 이내에 드롭을 하여 칠 수 있습니다.

티잉 구역에서 OB나 페널티 구역으로 볼이 넘어 갔을 때에는 특설 티를 이용한다고 하였습니다.

세컨 지역, 즉 일반 구역에서 플레이한 볼이 OB나 페널티 지역으로 볼이 나가게 된다면 특설 티를 이용해서 플레이하면 안 됩니다. OB로 나갔을 경우에는 1벌타 후에 제자리에서 새로운 공을 놓고 잠정구를 쳐야 한다고 하였습니다. 만약에 잠정구를 치지 않고 볼이 나간 지점으로 걸어 갔을 때는 그 볼이 나간 선상에 볼을 놓고 2벌타를 하고 치게 됩니다.

일반 구역 서브하기 II

페널티 지역으로 볼이 나갔을 시에는 볼이 나간 선상에 공을 확인해 보고 없을 시에 공이 나간 선상에 놓고 1벌타 후에 치게 됩니다. 대부분의 룰은 OB와 페널티 구역에서의 룰로 스코어에 적용을 시킵니다. 다른 룰들은 공식적인 시합이나 프로 경기에서 사용하고 고객들은 OB와 페널티 구역에서의 룰만 거의 사용한다고 보시면 됩니다.

이번 차시에서는 일반 구역에서의 룰에 대해 알아보았는데요, 무조건 외운다고 룰을 이해하기는 쉽지 않을 것입니다. 왜 벌타를 받게 되고 그 처리 방법이 어떻게 되는 것인지 이해할 수 있다면 룰에 대해 좀 더 가깝게 접근할 수 있을 것입니다.

SECTION 24

페널티 구역 서브하기
Penalty area

강의주제
1. 페널티 구역(Penalty Area) 공략법 및 구제방법
2. 그린(Green)까지 남은 거리 불러주기

강의내용

이번 시간에는 페널티 구역(Penalty Area)에 대해 알아보겠습니다.

기본적으로 홀은 티잉 구역(Teeing Area), 일반 구역(General Area), 벙커(Bunker), 페널티 구역(Penalty Area), 퍼팅 그린(Putting Green)으로 구성되어 있습니다. R&A에 의하면, 티잉 구역(Teeing Area)은 홀을 시작하는 곳으로 티 샷을 하는 구역이며, 일반 구역(General Area)은 티잉 구역에서 그린에 도착하기 전까지 페어웨이(Fairway)와 러프(Rough)가 있는 곳으로 홀 컵까지 우드, 유틸리티 혹은 아이언 클럽으로 거리에 맞게 두 번째 샷을 하는 구역입니다.

퍼팅 그린(Putting Green)은 퍼터라는 클럽으로 마지막 샷을 하는 곳으로 홀 아웃을 하는 곳입니다. 벙커(Bunker)는 홀의 세컨 지점이나 그린 주변에 자리잡고 있는 모래로 이루어진 장해물로써 코스의 난이도를 위해서 설계시 배치해 놓은 곳이고, 페널티 구역(Penalty Area)은 빨간 페널티 구역(Red Penalty Area)과 노란 페널티 구역(Yellow Penalty Area)으로 나눠져 있으며, 볼을 분실하거나 플레이할 수 없게 되는, 모든 종류의 수역과, 위원회가 페널티 구역으로 규정한 그 밖의 구역을 뜻합니다.

페널티 구역(Penalty Area)이라는 용어는 2019년 영국 골프협회(R&A)와 미국 골프협회(USGA)에서 발표한 개정된 용어입니다. 지금까지 해저드(Hazard)라고 불렸던 것이 페널티 구역이라는 새로운 용어로 변경되었습니다. 빨간 페널티 구역은 과거 래터럴 워터 해저드(Lateral Water Hazard)였으며 노란 페널티 구역은 워터 해저드(Water Hazard)라고 불렀었습니다.

2019년도 개정되었기 때문에 현재는 사용하지 않는 것이 좋지만, 아직까지 필드에서는 과거에 사용했던 용어를 그대로 사용하기 때문에 병행해서 같이 사용해야 합니다.

노란 페널티 구역은 노란 선이나 노란 말뚝으로 표시하며, 빨간 페널티 구역은 빨간 선이나 말뚝으로 표시하고 있습니다. 골프장에서 흔하게 볼 수 있는 페널티 구역이 바로 빨간 페널티 구역으로 흔히 해저드라고 칭합니다.

페널티 구역 공략법으로는 샷을 통해 넘길 수 있는 거리라고 판단되면 과감하게 넘겨도 되며 그렇지 못한 상황이라고 판단이 된다면 페널티 구역 전까지 끊어치는 방법과 좌, 우 피해갈 수 있는 공간이 있다면 그 지점으로 공략하는 방법도 있습니다.

여기서 확실하게 알고 있어야 할 것이 바로 고객의
비거리(Driving Distance) 파악입니다.

비거리란 캐리(Carry)와 런(Run)을 합친 거리라고 생각하시면 됩니다. 캐리는 볼이 공중에 날아가 지면에 떨어진 곳까지의 거리를 뜻하며 런은 볼이 공중에서 떨어져 지면에서 구르는 거리를 뜻합니다.

비거리에는 드라이버 비거리와 아이언 비거리가 있습니다.

드라이버 비거리는 홀의 전장 거리를 미리 파악했다가 고객이 드라이버 샷을 하게 되면 그린 홀 컵까지 남은 거리를 마이너스를 해주면 됩니다. 한 홀에서만 측정하는 것이 아니라 3개 홀 정도를 측정해서 평균 비거리를 파악해 두어야 합니다.

아이언 비거리 파악은 드라이버보다 까다롭습니다.

어프로치 클럽을 제외한 평균적인 아이언 개수는 4번, 5번, 6번, 7번, 8번, 9번, 총 6가지로 보면 되는데 각 아이언마다 거리 편차가 10m씩 차이가 나게 설계되어 있습니다. 모든 사람은 체형과 근육량이 다르기 때문에 같은 종류 같은 숫자의 아이언이라도 샷을 했을 때 사람마다 거리가 다르게 나오지만 클럽마다

페널티 구역 서브하기

거리 편차가 10m라는 걸 알게 되면 고객의 아이언 비거리 파악도 가능해집니다.

고객의 비거리를 측정하는 방법은 각 홀에서 몇 미터 지점에서 몇 번 아이언을 사용하는지를 파악하면 됩니다. 이 또한 한 홀에서만 측정하는 것이 아니라 3개 홀 정도는 측정해야 정확한 비거리가 성립되는데 만약 1번, 2번, 3번 홀 중에 파3홀이 있다면 측정하기가 편해집니다. 파3홀은 그린 홀 컵까지 정해진 거리가 있으며 4명의 고객 모두 같은 거리에서 샷을 해야 하는 상황입니다.

이러한 상황을 이용한다면, 예를 들어 150m 파3홀이라면 7번 아이언을 선택한 고객은 140m에서는 8번, 130m에서는 9번, 160m에서는 6번 아이언을 사용한다는 것을 알 수 있습니다. 즉, 기준이 되는 아이언을 두고서 아이언 번호가 작아지면 거리는 10m씩 길어지고, 아이언 번호가 커지면, 거리는 10m씩 줄어듭니다.

일반적인 아마추어 고객은 자신의 캐리가 얼마인지 정확하게 인지하지 못하는 경우도 있습니다. 자신의 캐리를 정확하게 알아야 하는 이유는 페널티 구역 공략에 앞서 넘길 수 있는 거리인지, 끊어가야 하는 거리인지를 파악해야 하기 때문인데 아마추어들은 본인의 캐리가 비거리라고 착각하는 경우가 많이 있습니다.

예를 들어, 드라이버 거리가 210m 나가는 고객은 200m지점에 있는 페널티 구역을 넘기기가 매우 힘듭니다. 드라이버 샷을 하면 런 거리가 발생하는데 이를 인지하지 못하고 본인의 드라이버 비거리 210m, 넘기는 거리 200m만 인지한 후 티 샷을 한 경우에는 대부분 페널티 구역을 넘기지 못하고 페널티 구역에 빠지는 경우가 많습니다. 페널티 구역을 넘겨서 공략하려면 캐리가 최소 200m

이상이 되어야 하는데 일반 고객들은 본인의 비거리가 캐리 거리라고 착각하는 경우가 많기 때문입니다. 페널티 구역 공략 방법을 설명할 경우, 캐디는 넘기는 거리 앞에 캐리라는 단어를 사용하는 것이 좋습니다.

비거리(Driving Distance) = 캐리(Carry) + 런(Run)

끊어가야 하는 거리를 설명할 경우에는 런의 거리를 이야기해야 합니다. 200m지점에 페널티 구역이 있다면 런의 거리를 생각해 캐리로 170m 정도만 설명해야 안전하게 끊어서 공략할 수 있습니다.

고객과 라운드를 할 때, 넘기는 거리는 실제 거리보다 더욱 길게, 끊어가야 하는 거리는 더욱 짧게 이야기하는 것이 좋습니다. 캐디가 불러주는 거리에 대한 정보가 정확해야 고객에게 올바른 어드바이스(Advice)를 할 수 있으며 이렇게 해야 고객이 좋은 스코어(Score)가 나올 수 있도록 도움을 줄 수 있습니다.

캐디의 업무 중에 고객에게 올바른 정보(Information)와 어드바이스(Advice)를 제공하는 것이 매우 중요하며, 캐디가 제공한 정보와 어드바이스를 고객이 참고하여 보다 좋은 스코어(Score)가 나올 수 있도록 캐디가 서포트(Support)해 주어야 합니다.

페널티 구역 서브하기

[표 24-1] 클럽 명칭과 비거리

구분	번호	명칭	길이(인치)	로포드	라이	비거리(남)	비거리(여)
우드	1	드라이버(Driver)	43	7~11	53	220	190
	2	브래시(Brassie)	42	14	54	210	180
	3	스푼(Spoon)	42	17	55	200	170
	4	버피(Baffy)	41	19	56	190	160
	5	크리크	41	21	57	170	140
	7	해븐	41.5	20	58	160	130
	9	디바인	41	23	58.5	140	110
	11	일리	41	26	58.5	130	100
롱 아이언	1	드라이빙 아이언(Driving Iron)	39.5	16	56	190	160
	2	미드 아이언(Mid Iron)	39	21	57	180	150
	3	미드매쉬(Mid-Mashie)	38.5	24	58	170	140
	4	매쉬 아이언(Mashie Iron)	38	27	59	160	130
미들 아이언	5	매쉬(Mashie)	37.5	31	60	150	120
	6	스패이드 매쉬(Spade Mashie)	37	35	61	140	110
숏 아이언	7	매쉬 니블릭(Mashie-Niblck)	36.5	39	62	130	100
	8	피칭 니블릭(Pitching Niblck)	36	43	63	120	90
	9	니블릭(Niblck)	35.5	47	64	110	80
웨지 (Wedge)	PW	피칭 웨지	35	50	64	100	70
	AW	어프로치 웨지	35	53	64	90	60
	SW	샌드 웨지	35	56	64	70	60
	LW	로브 웨지	34.5	60	64	60	50
퍼터	퍼터	퍼터	35	5~6			

SECTION 24

페널티 구역 구제방법은 R&A 규칙을 기반으로 설명하겠습니다.

플레이어의 볼이 페널티 구역에 있는 경우, 볼이 놓인 그대로 페널티 없이 플레이할 수 있습니다. 페널티 구역에 볼이 들어갔더라도, 볼을 찾았거나 플레이할 수 있다고 판단이 되면 벌타 없이 플레이가 가능합니다. 플레이어의 볼이 페널티 구역에서 발견되지 않은 경우, 플레이어는 1벌타를 받고 구제를 받을 수 있습니다.

노란 페널티 구역에 있는 볼에 대한 구제방법

1. 플레이어는 직전의 스트로크를 한 곳을 기준으로 구제 구역에서 원래의 볼이나 다른 볼을 플레이 함으로써 스트로크와 거리 구제를 받을 수 있습니다. 이 내용은 노란 페널티 구역으로 볼이 들어갔을 경우 1벌타를 받고 직전에 샷을 한 곳에서 플레이가 가능하다는 내용입니다.
2. 플레이어는 볼이 노란 페널티 구역의 경계를 마지막으로 통과한 지점에서 직후방의 기준선에 따라 정해지는 구제 구역에 원래의 볼이나 다른 볼을 드롭함으로써 후방선 구제를 받을 수 있습니다. 기준점을 정할 때 기준선 상 후방으로의 거리 제한은 없으며 구제 구역은 기준점으로부터 한 클럽 길이 이내에 드롭이 가능하며 기준점보다 홀 컵에 가깝지 않게 드롭을 해야 합니다. 쉽게 설명하자면 노란 페널티 구역으로 볼이 들어간 지점으로부터 1벌타 후 홀 컵과 가깝지 않게 직후방 드롭이 가능하다라는 내용으로 보면 됩니다.

노란 페널티 구역의 구제방법은 [그림 24-1] 두 가지로 보면 됩니다.

페널티 구역 서브하기

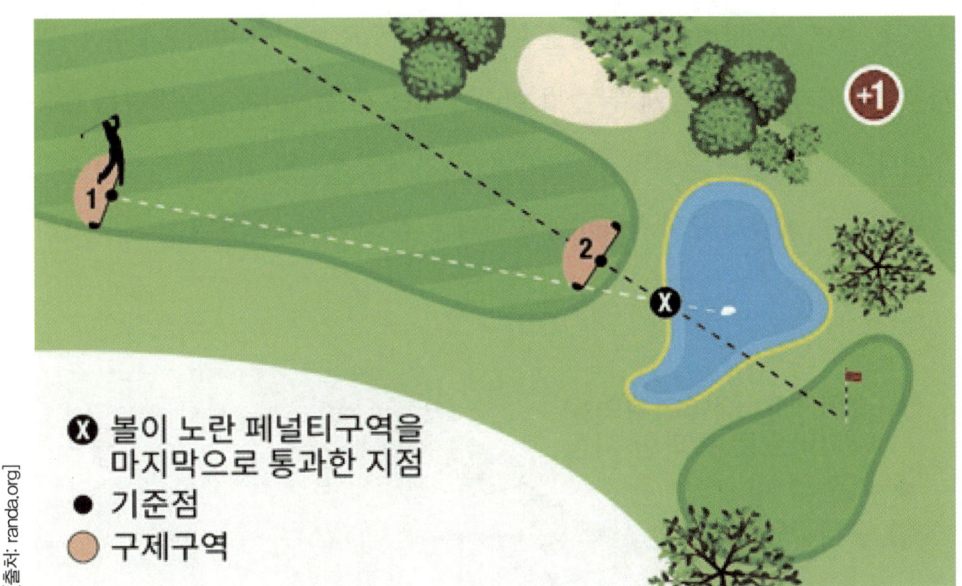

[그림 24-1] 노란 페널티 구역에 있는 볼에 대한 구제방법

빨간 페널티 구역의 구제방법에 대해 알아보도록 하겠습니다.

볼이 빨간 페널티 구역에 있는 것을 알고 있거나 사실상 확실한 상황에서 구제를 받으려고 하는 경우, 플레이어는 1벌타가 부과된 후 세 가지 구제방법 중 한 가지 방법을 선택할 수 있습니다. 빨간 페널티 구역의 구제방법 ①번과 ②번은 노란 페널티 구역 구제방법과 같습니다. 다른 점이 있다면 ③번 구제방법으로 플레이어는 측면 구제를 받을 수 있습니다.

측면 구제를 받기 위한 기준점은 볼이 빨간 페널티 구역의 경계를 마지막으로 통과한 것으로 추정되는 지점을 뜻합니다. 구제 구역의 크기는 기준점으로부터 두 클럽 길이 이내의 구역이며 홀 컵과 가깝지 않아야 합니다.

SECTION 24

즉, 측면 구제방법은 볼이 빨간 페널티 구역으로 들어간 지점으로부터 1벌타 후 홀 컵과 가깝지 않게 두 클럽 이내에 드롭 후 플레이가 가능하다는 내용입니다. 빨간 페널티 구역의 구제방법은 세 가지로 보시면 되는데 이중 ①번과 ②번은 노란 페널티 구역 구제방법과 같다는 걸 알아두고 상황에 맞게 적용하면 됩니다.

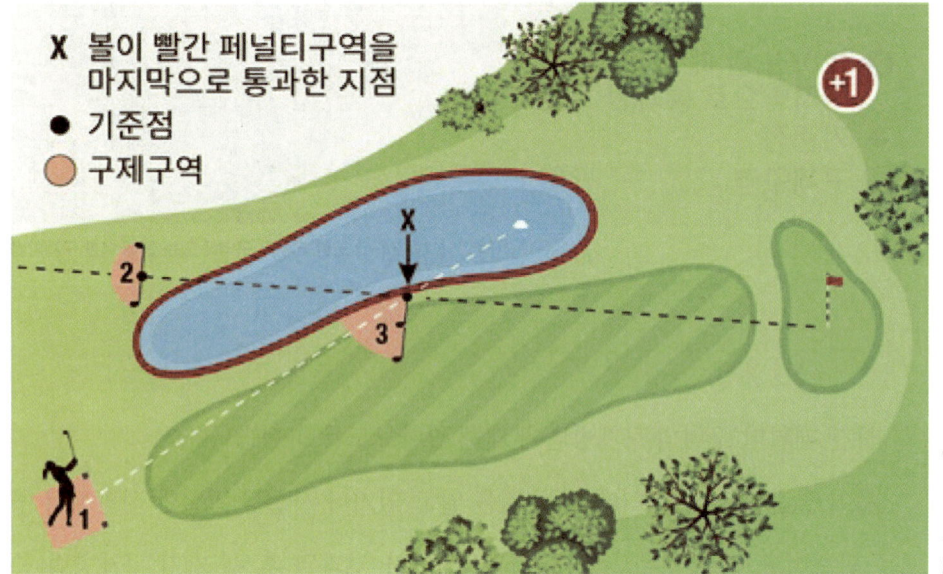

[그림 24-2] 빨간 페널티 구역에 있는 볼의 구제방법

한국 골프장에만 존재하는 몇가지 룰이 있습니다.

이 중 페널티 구역에 관한 것이 있는데 흔히들 해저드 티라고 불리는 특설 티가 골프장에 로컬 룰로 존재하고 있습니다. 해저드 티란 티잉 구역에서 친 볼이 페널티 구역으로 들어갔다는 전제하에 세컨 지점에 특정 지역을 만들어서 그곳에서 플레이를 하는 것을 말합니다.

페널티 구역 서브하기

빨간색 티마크를 사용해서 해저드 티라고 불리며 아마추어 골프 경기에만 적용되고 티잉 구역에서 친 볼에 국한되어 있습니다. 해저드 티에서 플레이를 하게 되면 1벌타를 받고 치는 것이라 세 번째 샷이 됩니다. 세컨 지점에서 플레이한 볼이 페널티 구역으로 들어가게 되면 R&A 골프 규칙을 적용해야 합니다.

(티잉 구역 티 샷 1 + 페널티 구역 1벌타 + 세컨 샷 1 = 3번째 샷)

[그림 24-3]
골프장 페널티 티

이제부터는 그린까지 남은 거리 불러주기에 대해 알아보겠습니다.

골프는 *거리*에 민감한 운동입니다.

골프 환경과 플레이어의 컨디션에 따라 거리 차이가 많이 발생할 수 있으며 플레이어의 숙련도에 따라서도 편차가 크게 납니다. 캐디는 거리를 불러줄 때 바람과 같은 환경의 영향은 배제한 채 목표지점까지 캐리(Carry)로 거리를 불러주게 됩니다.

비가 내리거나 바람이 많은 날씨에는 환경의 영향에 따라 평소 거리보다 편차가 많이 생기게 되며 이러한 변수 때문에 정확한 거리 측정이 어렵지만 이러한 변수들을 배제한 채 목표지점까지 캐리(Carry) 거리만 불러주는 것이 하우스 캐디의 거리 불러주기입니다.

환경에 의한 변수는 플레이어의 몫이라고 생각하면 됩니다.

하우스 캐디는 어떻게 거리를 측정하는지 알아보도록 하겠습니다. 요즘은 레이저 거리측정기(a distance-measuring device), 손목 시계형 거리측정기가 보급되어 있지만 캐디는 일반 구역에 있는 거리 말뚝과 페어웨이의 높낮이, 그린 홀 컵의 위치로 거리를 측정할 수 있어야 합니다.

경험이 있는 캐디는 골프장의 배수구나 특정 나무들을 미리 측정하고 기록해 둔 홀 맵지를 통해 거리를 숙지하고 있습니다. 벙커(Bunker)에서부터 그린까지의 위치 및 티잉 구역에서 벙커까지의 거리 등도 캐디는 홀 맵지를 통해서 거리에 관한 정보를 습득하게 되며 이를 기반으로 플레이어들에게 정확한 거리 정보를 제공하게 됩니다.

캐디는 홀 맵지를 숙지하는 과정에서 각 홀마다의 특징을 파악하고 있어야 합니다. 그린 구역이 한 홀에 두 군데로 나뉘어져 있는 골프장도 많이 존재하며 각 그린마다의 거리도 다르게 만들어져 있습니다. 그린이 두 개일 경우 좌 그린, 우 그린으로 표현을 하며 좌 그린의 거리와 우 그린의 거리 차이는 홀 맵지에 기

페널티 구역 서브하기

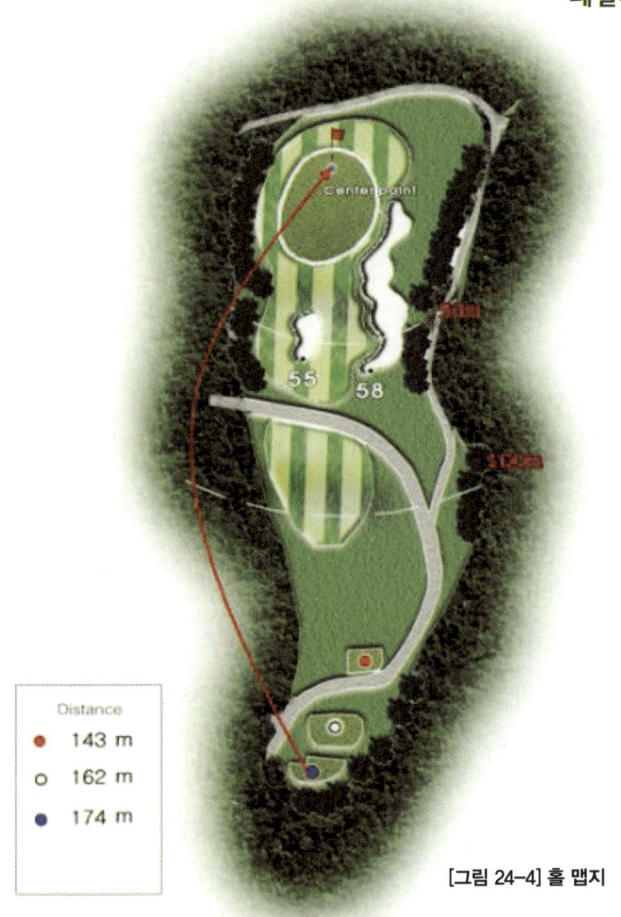

[그림 24-4] 홀 맵지

록해두는 경우가 많습니다. 본 그린과 서브 그린의 형태로도 불리는데 이러한 그린의 특징은 앞 그린와 뒤 그린의 형태로 만들어져 있는 경우가 많습니다.

이러한 그린들을 모두 투 그린이라고 부르며 페어웨이에 거리 말뚝을 만들 때 좌 그린은 좌측 거리 말뚝, 우 그린은 우측 거리 말뚝, 서브 그린은 좌측 거리 말뚝, 본 그린은 우측 거리 말뚝 이러한 형식으로 만들며 이러한 모든 정보를 홀 맵지에 기재해 둡니다.

기복이 심한 홀 같은 경우 오르막과 내리막에 관한 정보를 미리 습득해 두어야 합니다. 골프 볼은 포물선을 그리며 날아가게 되는데 비구선이 높은 지역은 캐리 거리가 짧아지게 되며 비구선이 낮은 지역은 캐리 거리가 길어지는 형상이 나타나게 됩니다. 이러한 경사는 각 홀마다의 특징 차이로 기복에 따른 거리 차이가 일정하지는 않습니다.

그린에 있는 홀 컵의 위치도 고정되어 있지 않기 때문에 매 홀마다 홀 컵의 위치를 파악하고 있어야 합니다. 홀 컵의 위치는 크게 세 종류로 나누어지는데 앞 핀, 중 핀, 뒤 핀으로 되어 있습니다. 이러한 핀의 위치는 홀 컵의 위치를 가리키며 색깔로 구분하는 경우가 많습니다.

각 골프장마다 다르게 표현하는 경우는 있지만 보통 앞 핀일 경우 빨간색, 중 핀일 경우 흰색, 뒤 핀일 경우 파란색 등으로 표현하며 이는 코스부에 있는 홀 키퍼라는 분이 정해진 시간마다 위치를 변경하는 업무를 수행하고 있습니다.

홀 컵의 위치가 변경될 때마다 거리의 편차가 생기게 되는데 세컨 지점에 있는 거리 말뚝은 그린 중 핀까지 실거리를 나타냅니다.[41] 중 핀을 기준으로 앞 핀으로 변경되었을 때 -10m, 뒤 핀으로 변경되었을 시 +10m해서 거리를 불러 주어야 현재 홀 컵까지의 거리가 정확하게 나옵니다.

(거리 = 실제 거리 + 페어웨이 기복 + 그린 홀 컵 위치)

홀 맵지에 기록된 정보와 페어웨이 기복, 그린 홀 컵 위치를 파악하고 거리 측정을 하게 되는데 캐디는 10m의 거리가 어느 정도인지를 파악하고 있어야 합니다. 성인의 기준으로 보통 12걸음이 10m 정도라고 생각하시면 됩니다. 주위에 10m를 측정해 둔 곳이 있다면 본인 걸음 거리로 미리 알아두는 것도 좋습니다.

[그림 24-5] 앞 핀, 중 핀, 뒤 핀

SECTION 24

　페어웨이의 거리 말뚝은 파4홀을 기준으로 보면 150m와 100m거리 말뚝만 있는 경우가 많습니다. 100m 안쪽 거리 말뚝을 따로 만들어두지 않았기 때문에 10m의 거리가 어느 정도인지를 미리 측정해 두었다면 100m를 반으로 나누어서 50m의 기준을 잡고 거기서부터 골프 볼까지 10m씩 자 눈금보듯 끊어서 보는 방법과 홀 컵의 깃대를 기준으로 10m씩 끊어서 보는 방법이 있습니다.

　세컨 지점에서는 150m와 100m거리 말뚝을 5등분을 만들면 1등분당 10m가 되기 때문에 이를 기준으로 홀 컵 중 핀까지의 거리를 측정할 수 있으며, 그 다음 그린의 깃대 위치를 대입하고 홀의 기복인 오르막과 내리막을 대입하면 최종 거리가 측정됩니다.

　하나의 볼을 측정하였다면, 그 볼을 기준으로 앞에 있는 볼과 뒤쪽에 있는 볼을 10m씩 더하고 빼면 나머지 3개 볼의 거리 측정을 빠르게 할 수 있습니다. 10m씩 끊어서 거리 측정을 하다보면 볼이 어중간한 위치에 있는 경우를 보게 되는데, 이럴 경우에는 5m로 끊어서 불러주면 됩니다.

　거리 불러주기의 포인트는 4개의 볼을 각각 계산해서 불러주는 것이 아니라, 1개의 볼을 계산한 후에 그 볼을 기준으로 10m씩 가감해서 불러주는 것이 중요합니다. 홀 맵지를 통해 벙커에서 남은 거리, 배수구에서 남은 거리, 특정 나무에서 남은 거리를 숙지하고 있다면, 거리 계산하는 것이 더욱 빠르고 쉬워질 겁니다. 그린까지 남은 거리 불러주기를 정확하고 빠르게 해야 클럽 전달이 매끄럽게 이어질 수 있으며, 정확한 거리에 따른 클럽 전달이 이루어져야 경기 진행도 순조롭게 이루어집니다.

페널티 구역 서브하기

SECTION 25

벙커 서브하기
Bunker

강의주제
1. 고객의 볼 낙하지점 보기
2. 상황별 클럽 전달
3. 벙커 공략법 및 구제방법

강의내용

지금부터 고객들이 플레이하기 까다로운 벙커(Bunker)에 관해서 설명하겠습니다. 캐디는 고객의 백이 클럽하우스 현관에서 카트 고로 내려오면, 그 백을 정리하면서 업무를 시작하는데, 실질적인 캐디 업무의 시작은 고객이 플레이를 시작하는 티잉 구역부터입니다.

이 때, 볼 보기는 너무나도 중요합니다.

볼 보기는 티잉 구역에서 볼 보기, 세컨 지점에서 볼 보기, 어프로치 지점에서 볼 보기, 그린에서 볼 보기 등 캐디 업무에서 차지하는 비중이 50% 이상으로 캐디가 볼만 잘 보고, 낙하 지점을 정확히 찾고, 거리를 정확하게 계산한다면 캐디 업무의 반 이상이 끝난다고 이야기할 정도로 볼 보기는 캐디 업무의 시작이라고 할 수 있습니다.

티잉 구역에서 고객의 볼 낙하지점을 체크하면 드라이버의 비거리를 파악할 수 있으며 이를 토대로 앞 팀과의 타구 사고를 방지할 수 있고 앞 팀과의 간격을 체크할 수 있게 됩니다. 티잉 구역에서 티 샷하는 볼은 볼의 스피드가 빠르기 때문에 집중하지 않은 경우 볼을 놓치기 쉽습니다. 날아가는 볼을 캐치해서는 볼 수 없으며 출발하는 볼을 눈으로만 보는 게 아니라 구질의 변화에 따라 눈과 몸이 따라가야 낙하하는 지점을 체크할 수 있습니다. 좌측으로 휘어지는 볼을 훅 또는 드로우 구질이라 하며 우측으로 휘어지는 볼을 슬라이스 또는 페이드라고 합니다.

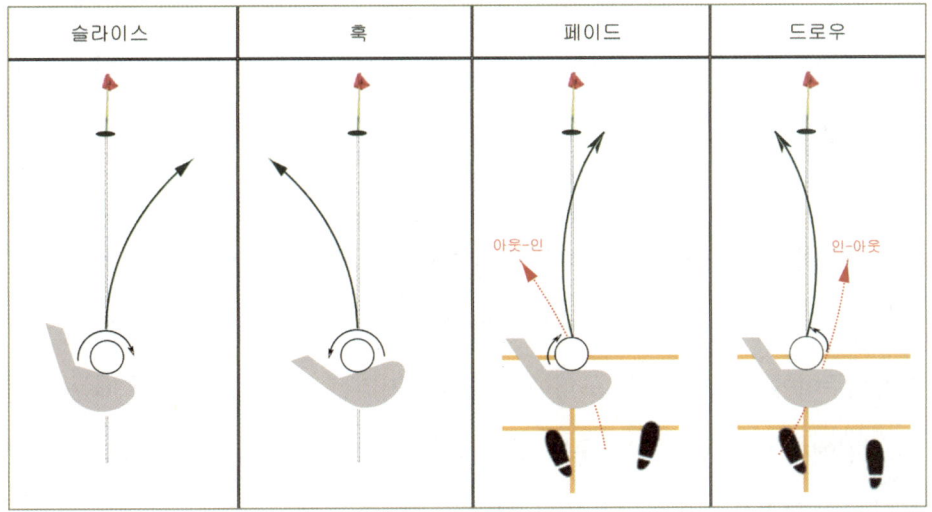

[그림 25-1] 볼의 구질

SECTION 25

　　볼 스피드로 인해 처음 출발할 때는 일직선으로 날아갔다가 공기의 저항력으로 인해 스피드가 줄어드는데 이때 싸이드 스핀량이 높아지면서 구질의 변화가 생기게 됩니다. 티 샷한 볼이 공중에서 최대 높이까지 올라갔을 때 볼의 변화를 체크해야 하며, 그 변화에 따라 낙하지점을 선정해야 합니다. 볼이 최대 높이에서 사라지는 지점의 밑 쪽을 보고 있으면 희미하게 낙하되는 볼이 보이게 되며 이 지점을 파악해야 합니다.

　　이렇게 고객이 친 4개의 볼을 파악하고 고객들에게 볼이 떨어진 지점을 설명해주고 4개의 볼과 각각의 볼을 고객과 매칭시켜야 하는데 이를 볼 매칭(Ball Matching)이라고 합니다.

　　볼의 낙구 지점을 설명할 때는 "고객님, 좌측으로 갔습니다."라고 말하는 것보다 "고객님, 우측 벙커 방향으로 갔습니다. 고객님, 좌측 라이트 방향으로 갔습니다."라고 이야기하는 것이 좋습니다. 캐디가 좌측, 우측, 중앙으로 볼이 갔다고 하면 고객들이 정확한 위치를 판단하기 어렵기 때문에, 볼이 떨어지는 지점의 사물을 토대로 설명해주는 것이 고객이 알아듣기 쉽고 정확한 위치가 선정되므로 볼을 찾기가 쉬워집니다.

　　만약 볼의 낙하 지점에 거리 말뚝이 보이게 되면 대략적인 거리를 티잉 구역에서 알려주는 것도 좋습니다. 단 세컨 지점에서 볼을 찾고 정확한 거리를 다시 선정해주어야 합니다. 티잉 구역에서 불러준 거리는 예측된 거리이기 때문에 세컨 지점에서 다시 한번 불러주는 것이 좋습니다. 홀의 특징을 파악하고 있다면 볼의 낙하 구간을 파악하기가 더욱 쉬워집니다.

평균적으로 아마추어 골퍼들의 드라이버 비거리는 대략 200m입니다. 이 지점의 라이(Lie)를 파악하고 있다면 볼이 내리막과 오르막으로 인해 런(Run)이 얼마만큼 발생하는지 알 수 있으며 이러한 런으로 인해 볼의 위치를 파악하기가 쉬워질 수 있습니다.

블라인드 홀(Blind Hole) 또는 개미허리 같은 경우 볼이 페널티 구역으로 들어 갔는지 혹은 넘어갔는지를 예측할 수 있으며 이로 인해 볼 찾는 시간이 줄어들고 진행이 순조롭게 이루어질 수 있습니다.

[라이(Lie)란 볼이 있는 위치나 상태]

나쁜 예 "고객님, 우측으로 갔습니다." "고객님, 좌측으로 갔습니다."

좋은 예 "고객님, 우측 벙커 방향으로 갔습니다."

"고객님, 좌측 150m지점으로 갔습니다."

상황에 따른 클럽 전달 방법에 대해 살펴보도록 하겠습니다.

골프는 많은 변수를 동반한 운동입니다. 300m가 넘는 공간에 언듈레이션(Undulation, 코스의 기복)이 있는 가운데 작은 골프 볼을 골프 클럽으로 쳐서 그린에 있는 홀 컵에 넣는 운동인데 이러한 플레이 도중 날씨 변수와 골퍼의 기량에 따른 변수, 홀의 기복에 따른 변수도 존재합니다. 이러한 상황에 따른 클럽 선택은 골퍼 즉 고객들의 선택이지 캐디의 선택은 아니라는 걸 명심해야 합니다.

캐디는 고객이 플레이를 잘 할 수 있도록 서포트를 해주는 역할이지, 플레이를 대신해주는 역할도 플레이를 코치하는 역할도 아니기 때문입니다. 이러한 변수와 특이사항들로 인해 캐디가 고객에게 클럽을 전달할 때는 한 개의 클럽만 전달하지는 않습니다.

가령 130m에 7번 아이언을 사용하는 고객이 있다면, 이 고객에게 7번 아이언 하나만 전달하지 않는다는 것입니다. 최소 두 개의 클럽을 전달하는데 그 이유는 라이와 변수에 따른 클럽의 선택은 고객이 직접 선택하고 플레이하기 때문입니다.

보통 이러한 경우 한 클럽 큰 클럽과 거리에 맞는 클럽을 전달하는데 한 클럽 작은 클럽보다는 큰 클럽이 효율적입니다. 왜냐하면 바람이 많이 부는 경우, 오르막 라이나 내리막 라이가 있어서 세컨 지점이 평평하지 않을 경우에는 고객이 거리에 맞는 자신의 클럽을 사용하더라도 짧게 날아가는 경우가 많기 때문입니다.

이러한 예가 가장 많이 발생하는 지점은 파5홀 세컨 지점과 산악 지형처럼 기복이 심한 코스입니다. 파5홀 같은 경우는 세컨 지점에서 멀리치기 위해 우드 또는 유틸리티 클럽을 많이 사용하게 되는데, 라이가 평평하지 않으면 이러한 클럽으로 샷을 할 때 미스 샷이 나올 확률이 높기 때문에 아이언 클럽도 같이 전달해 주는 것이 고객들 입장에서는 클럽 선택의 폭이 넓어지며, 캐디 입장에서도 클럽을 바꿔 달라고 요청할 수 있는 상황을 미연에 방지할 수 있기 때문입니다.

또한 포대 그린일 경우에도 거리에 맞는 클럽과 한 클럽 큰 클럽을 전달하는 것이 좋습니다. 그린의 언듈레이션에 따라서도 클럽 선택이 달라질 수 있습니다. 홀 컵 기준으로 짧게 샷을 해야 오르막 라인이 된다면 깃대까지의 거리보다

벙커 서브하기

짧은 클럽을 선택할 수도 있고 길게 샷을 해야 퍼팅 라인이 치기 좋다면 큰 클럽으로 공략을 할 수도 있습니다.

이러한 그린의 형태나 홀의 형태를 기반으로 클럽 선택에 있어 조언을 하는 것을 모두 어드바이스라고 생각하면 되고 클럽을 전달할 때는 한 개 클럽만 전달하는 것이 아니라 두 개 이상의 클럽을 전달하는 것이 상황과 변수에 따라서 고객 스스로 선택하고 플레이해야 라운드 동안 고객은 즐겁게 라운드할 것입니다. 이렇게 진행을 한다면, 고객은 캐디에게 도움을 받아서 만족스럽고 캐디 또한 좋은 분위기 속에서 스트레스에서 벗어나 무사히 마무리를 할 수 있을 것이라고 생각합니다.

지금부터 설명할 벙커는 페널티 구역에 속하지는 않지만, 페널티 구역 서브하기 못지않게 중요하기 때문에 마지막으로 벙커 공략법 및 구제방법에 대해 설명하겠습니다. 벙커란 코스 내에 어려움을 주기 위해서 모래로 특별하게 만든 지역으로, 풀이나 흙이 제거된 채 움푹 꺼지게 만든 곳입니다. 벙커는 코스내 장해물로써 피해가거나 넘길 수 있으면 넘겨서 플레이하는 것이 좋으며, 벙커에는 세컨 지점에 있는 벙커(페어웨이 벙커)와 그린 주위에 있는 벙커(그린 사이드 벙커)로 나눌 수 있습니다.

벙커에 볼이 들어가면 플레이하기 까다롭습니다.

그 이유는 벙커 샷을 연습할 수 있는 장소가 부족하여 벙커를 접할 기회가 별로 없어서 골프장에서 실전으로 접하기 때문입니다. 실전을 연습처럼 해야 하는 것이 벙커 샷이기 때문에 플레이하기 까다롭습니다.

　페어웨이 벙커에서는 유틸리티나 아이언 클럽으로 공략하는 것이 실수를 줄일 수 있으며, 클럽은 평소보다 짧게 잡아주는 것이 좋습니다. 고객이 파5홀에서 페어웨이 벙커에 들어갔을 경우 우드만 가지고 갔다면 5번 아이언이나 7번 아이언도 가지고 갈 수 있도록 해 주는 것이 좋습니다.

　페어웨이에서도 샷 하기 어려운 우드 클럽을 벙커에서 치기는 더 어렵고 벙커는 지면보다 아래로 파여 있어서 안전하게 빠져 나오기 어렵습니다. 벙커 탈출이 힘든 상황에 처한 고객에게 어드바이스(Advice)를 해 주어서 고객이 클럽을 선택할 때 올바르게 선택할 수 있도록 간단한 조언을 해주어야 합니다.

　아마추어 고객이 가장 어려워하는 샷 가운데 하나가 그린 사이드 벙커 샷입니다. 벙커에서 공을 빼내기도 쉽지 않을뿐더러 빼낸다 해도 그린의 정확한 목표 지점에 공을 올려놓기가 쉬운 일이 아니기 때문입니다. 벙커 탈출을 못하는 아마추어 고객일 경우 그린 홀 컵 주위에 붙이는 샷을 구사하는게 아닌 탈출을 목적으로 하는 샷을 구사하도록 어드바이스를 해 주는 것이 좋습니다.

　홀 컵까지의 거리를 생각해서 벙커 샷을 구사할 경우 숙련도와 연습량이 부족한 아마추어 고객들은 빠져나오기가 매우 힘든 상황이 반복될 수 밖에 없습니다. 무조건 탈출을 목적으로 과감한 샷을 구사하도록 어드바이스를 함으로써 고객의 멘탈(mental)까지 흔들리지 않도록 해 주어야 합니다.

벙커 서브하기

 아마추어 고객이 가장 어려워하는 샷 가운데 하나가
그린 사이드 벙커 샷입니다.

그린 사이드 벙커 샷을 구사할 때 유의해야 할 점은 그린 라인을 보고 있는 고객들에게 "벙커 샷 볼 보십시오."라는 경고성 멘트를 해 주어야 타구 사고를 예방할 수 있습니다. 아마추어의 벙커 샷일 경우 일관성 있는 샷을 구사하기 힘들기 때문에 생크(Shank)[42]가 자주 나며 이러한 샷들로 인해 타구 사고가 발생하기 때문에 캐디는 이러한 점을 꼭 유의하고 있어야 안전한 라운드를 할 수 있습니다.

R&A 골프 룰에 따르면, ① 볼의 일부라도 벙커의 경계 안의 바닥의 모래에 닿아 있는 경우 ② 볼의 일부라도 벙커의 경계 안에 있고 원래는 모래가 있었을 바닥(바람이나 물에 의하여 모래가 날리거나 씻겨 나간 자리)에 정지한 경우 ③ 벙커의 모래에 닿아 있거나 원래는 모래가 있었을 바닥 위에 있는 루스 임페디먼트[43], 움직일 수 있는 장해물, 비정상적인 코스 상태, 코스와 분리할 수 없는 물체의 안이나 위에 정지한 경우에는 벙커에 있는 볼이라고 명시하고 있습니다.

25 SECTION

볼이 벙커의 모래에는 전혀 닿지 않은 채 그 벙커의 경계 안에 있는 흙, 풀, 그 밖의 자라거나 붙어 있는 자연물 위에 놓여 있는 경우, 그 볼은 벙커에 있는 볼이 아닙니다.

[그림 25-2] 볼이 벙커에 있는 경우

벙커에서 플레이할 때 페널티에 대해서 알아보도록 하겠습니다.

벙커 안에서는 루스 임페디먼트(Loose Impediment)와 움직일 수 있는 장해물을 제외하고, 플레이어가 의도적으로 모래를 테스트하기 위해 건드리는 행동을 했을 때, 일반 페널티(General Penalty)[44]를 받습니다. 벙커에 있는 볼을 플레이하기 전에 루스 임페디먼트를 제거할 수 있습니다. 움직일 수 있는 장해물에 볼이 걸려 있을 경우에도 이를 제거하고 플레이를 할 수 있습니다.

벙커 서브하기

벙커에서 움직일 수 있는 장해물의 대표적인 예가 바로 벙커 고무래입니다. 움직일 수 있는 장해물을 제거할 때 볼이 움직인 경우 볼은 반드시 원래의 지점에 리플레이스(Replace)[45] 해야 합니다.

[그림 25-3] 움직일 수 있는 장해물을 제거할 때 볼이 움직인 경우
(장해물의 안이나 위에 볼이 있는 경우는 제외)

여기서 잠깐, 움직일 수 없는 장해물에 대해서도 살펴보고 가겠습니다. 인공장해물이란 움직일 수 있는 장해물과 움직일 수 없는 장해물 모두를 말합니다. 인공장해물은 코스 내에 인위적으로 설치한 자연적이지 않은 것으로 플레이어의 편의나 코스 관리를 위해 만들어 둔 시설물들을 뜻합니다.

움직일 수 있는 장해물로는 거리 말뚝, IP깃발, 페널티 표시 말뚝과 선, 비닐봉투, 수건, 벙커 고무래, 고무 물 호스 등을 뜻하며 움직일 수 없는 장해물로는 카트 도로, 스프링쿨러, 배수구, 라이트 시설, 나무 지지목 등이 있습니다.

SECTION 25

움직일 수 있는 장해물: 거리 말뚝, IP깃발, 페널티 표시 말뚝, 비닐 봉투, 수건, 벙커 고무래, 고무 물 호스 등

움직일 수 없는 장해물: 카트도로, 스프링쿨러, 배수구, 라이트시설, 나무 지지목 등

벙커에서 모래를 건드리면, 일반 페널티를 받습니다.

페널티를 받는 행동으로는 스트로크(Stroke)[46]를 위한 정보를 얻으려고 모래의 상태를 테스트하기 위하여 고의로 손, 클럽, 고무래, 그 밖의 물체로 모래를 건드리는 행동을 말합니다. 볼 바로 앞뒤에 있는 모래를 건드리는 행동, 연습 스윙을 하면서 모래를 건드리는 행동, 스트로크(Stroke)를 위한 백스윙을 하면서 모래를 건드리는 행동이 대표적 예입니다.

모래를 건드려도 페널티를 받지 않는 경우도 있습니다.

연습 스윙이나 스트로크(Stroke)를 위한 스탠스(Stance)[47]를 취하려고 모래를 발로 비비듯이 밟는 행동, 코스를 보호하기 위하여 벙커를 평평하게 고르는 행동, 클럽, 장비 또는 그 밖의 물체를 벙커에 던져두거나 놓아두는 행동, 측정하거나 마크하거나 집어 올리거나 리플레스(Replace)하기 또는 규칙에 따른 그 밖의 행동, 잠시 쉬거나 균형을 유지하거나 넘어지지 않기 위하여 클럽에 기대는 행동, 화가 나거나 자신의 플레이에 실망하여 모래를 내리치는 행동들이 이에 해당됩니다.

골프에서 페널티를 받는 행동들은 대부분 스트로크(Stroke)에 영향을 미치는 상태를 개선한 경우라고 기억해 두시면 좋습니다.

벙커 밖에 볼이 정지한 상황에서 취한 스탠스(Stance)가 벙커 안에 있을 경

우에는 벙커 규칙에 해당되지 않지만, 볼은 벙커 안에 있고 스탠스(Stance)가 벙커 밖에 있을 경우에도 벙커 규칙에 따라야 합니다.

벙커에 있는 볼에 대한 구제방법을 살펴보겠습니다.

플레이어의 볼이 벙커에 있고 코스 상의 비정상적인 코스 상태로 인한 플레이에 방해를 받는 경우에는 구제받을 수 있습니다.

폭우로 인해 벙커 안에 물이 고여 있는 경우가 대표적인 예로 이러한 경우 가장 가까운 완전한 구제 지점을 정하여, 반드시 구제 구역에 볼을 드롭(Drop)하여야 하고 그 볼은 반드시 그 구제 구역에 정지하여야 합니다. 이러한 경우 무벌타로 구제를 받을 수 있습니다. 다만, 가장 가까운 완전한 구제 지점과 구제 구역은 반드시 그 벙커 안에 있어야 합니다. 1벌타를 받고 그 벙커 밖에서 구제를 받을 수 있으며, 벙커 밖 구제는 홀 컵으로부터 원래의 볼이 있는 지점을 지나는 직후방의 기준선에 따라야 합니다.

[그림 25-4] 벙커에서 비정상적인 코스 상태로부터의 구제 [출처: randa.org]

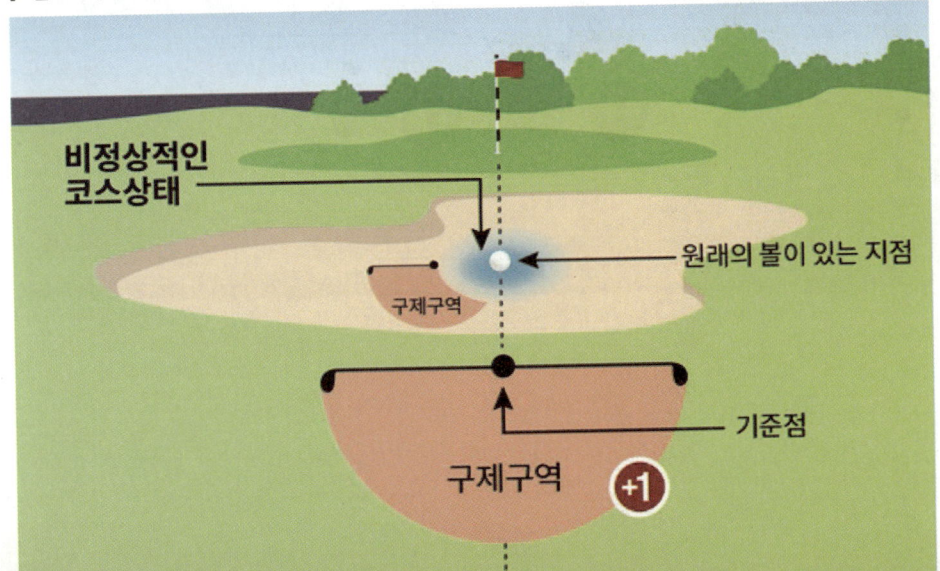

SECTION 25

벙커에 있는 자신의 볼을 언플레이어블 볼(Unplayable Ball)[48]로 선언한 경우, 플레이어는 네 가지 구제방법 중 한 가지 방법을 선택하여 구제를 받을 수 있습니다.

1. 1벌타를 받고, 스트로크와 거리 구제를 받을 수 있습니다. 벙커에 빠지기 전 스트로크(Stroke)한 곳에서 플레이를 할 수 있다는 것입니다.
2. 1벌타를 받고, 벙커 안에서 후방선 구제를 받을 수 있습니다.
3. 1벌타를 받고, 벙커 안에서 측면 구제를 받을 수 있습니다.
4. 2벌타를 받고, 홀로부터 원래의 볼이 있는 지점을 지나는 직후방의 기준선에 따라 벙커 밖에서 후방선 구제를 받을 수 있습니다.

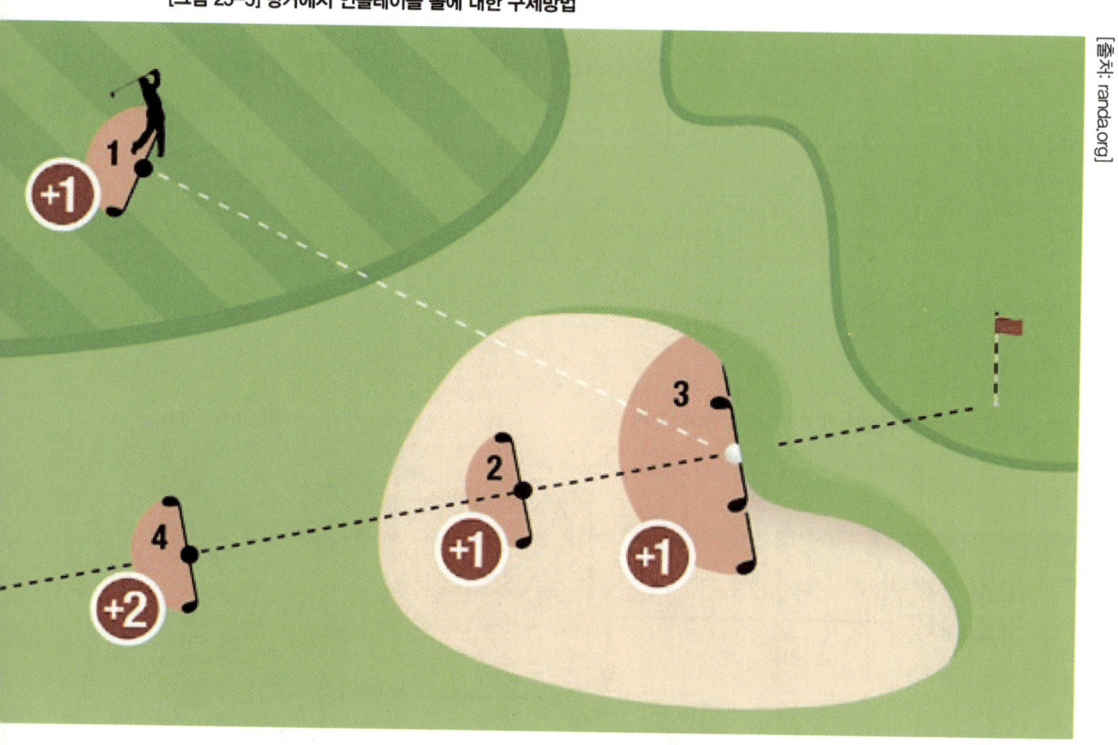

[그림 25-5] 벙커에서 언플레이블 볼에 대한 구제방법

[출처: randa.org]

SECTION 26

그린 서브하기 I

강의주제
1. 그린의 종류
2. 퍼터 전달하는 방법

강의내용

26차시와 27차시에서는 퍼팅 그린(이하 '그린'이라고 함) 서브하기에 관해서 알아보겠습니다. 그린은 코스 안에서 잔디가 가장 짧게 정돈되어 있는 지역으로 지면을 따라 볼이 홀 컵에 들어가기 위한 퍼팅(Putting)을 하는 구역입니다.

골프 코스에서 잔디가 가장 아름답고, 가장 많은 신경을 쓰는 곳이기도 합니다. 골프에서 모든 샷들이 중요하지만 골프라는 운동은 최종적으로 홀 컵에 볼을 넣어서 마무리하는 운동이고 그 홀 컵이 있는 곳이 그린이며, 가장 좁은 공간 안에서의 집중력이 필요한 지점입니다.

그린에는 깃대와 홀 컵이 있습니다.

그린에서 캐디가 해야 하는 것은 크게 고객에게 퍼터(Putter)를 전달하는 것과 고객이 그린에 올린 볼의 라이(Lie)를 놓는 것입니다. 26차시에서는 이 두 가지에 대해서 자세하게 설명할 예정입니다.

숏 게임(Short Game)[49]을 잘해야 스코어가 잘 나온다는 말이 있습니다. 그만큼 그린 플레이가 중요하기 때문에 그린에서 캐디의 역할이 중요하고 고객이 볼을 홀 컵에 넣을 수 있도록 도와주어야 합니다.

그린에 볼을 올리려면 목표를 잡아야 하는데, 목표인 홀 컵이 그린 밖에서는 보이지 않습니다. 이럴 때 방향을 잡아주는 것이 바로 깃대의 역할입니다. 그린 앞쪽 부분에 있을 때에는 앞 핀, 중간부분에 있을 때에는 중 핀, 그린 뒤쪽 부분에 있을 때에는 뒤 핀으로 색깔로 구분지어 홀 컵의 위치를 알려주는 것입니다. 대부분 골프장의 거리 목은 중 핀 기준으로 되어 있으며 깃대가 앞 핀이나 뒤 핀에 있을 때에는 거리를 빼 주거나 더해 주어야 합니다.

홀 컵은 직경 4.25인치이며 볼이 홀컵 기준점에서 지면 아래로 일부라도 있는 경우 볼이 들어간 것으로 간주합니다. 볼이 홀 컵에 들어가면, 한 홀이 끝나게 되고 이것을 '홀 아웃(Hole out)'이라고 합니다.

그린에도 종류가 있습니다.

SECTION 26

각각의 그린의 특성에 맞게 서브를 해주어야 하며 그린의 특성에 대해서 고객에게 알려 주어야 하기 때문에 그린의 종류에 대해서 간략하게 설명하겠습니다.

첫째, 포대 그린(Elevated Green)

포대 그린은 한자어와 영어의 합성어인데, 포대는 군사 용어로 높은 곳에 견고하게 쌓아 만든 진지를 뜻하는 용어로 포대처럼 솟아오른 형태의 그린이라는 의미에서 사용되었습니다. 즉, 포대 그린은 페어웨이보다 높은 곳에 위치한 그린을 말합니다. 페어웨이보다 높다라는 의미는 일반구역보다 그린이 높아 원래 거리보다 더 길게 고객에게 거리를 안내하거나 "포대그린 입니다. 조금 더 길게 보시는 것이 좋습니다."라고 멘트를 해야 합니다.

우리나라 골프장은 지형의 특성상 많은 코스가 산악코스로 이루어져 있기 때문에 어느 골프장에 가서도 포대 그린 형태를 볼 수 있습니다.

[그림 26-1] 포대 그린

[그림 26-2] 2단 그린

둘째, 2단 그린(Two level Green, Double Tiered Green)

그린을 만들 때, 경사지를 만드는 데 이를 단(段)이라고 합니다. 한자로 등급을 나타내는 조각 단 段을 사용합니다. 즉, 코스설계자들이 2단이나 3단의 계단식 그린을 만들어서 골퍼들에게 심리적 압박감을 주게 되는 것이죠. 일반적인 경우 앞 핀일 때 -10m, 뒤 핀일 때 +10m를 더하고 빼고 고객에게 거리를 알려드려야 하지만, 2단 그린일 때는 그린의 높이를 고려해서 거리를 불러주어야 합니다.

2단 그린에서는 그린의 위치도 중요한데, 퍼팅라인보다 더 중요한 것이 그린 스피드입니다. 약하게 치면 볼이 다시 굴러 내려오고, 세게 치면 볼이 홀을 훌쩍 지나가 버리기 때문에 어느 정도의 세기로 퍼팅을 해야하는 가가 중요하며, 이 때 가장 중요하게 생각해야 할 것이 홀 컵에 붙이도록 퍼팅을 해야 합니다.

셋째, 아일랜드 그린(Island Green)

아일랜드 그린이란 말 그대로 섬 그린이라고 합니다. 일반적인 섬은 바다 한가운데 위치하거나 주위에 바다로 이루어진 지형을 뜻합니다. 그러나 골프장에서 말하는 아일랜드 그린은 그린 주위가 페널티 구역으로 둘러싸여 있는 그린입니다. 아일랜드 그린 앞과 뒤에 여유 공간이 없기 때문에 거리가 짧아도 페널티 구역에 들어가고 길어도 페널티 구역에 들어갈 수 있습니다. 페널티 구역에 들어갈 경우 벌타를 받기 때문에 홀 컵이 앞 핀에 있을 때에는 거리를 캐리로 불러 주어야 하고, 뒤 핀에 있을 때에는 뒤에 공간이 없기 때문에 고객에게 더 짧게 칠 것을 어드바이스해 주는 것이 좋습니다.

[그림 26-3] 아일랜드 그린

[그림 26-4] 투 그린

그린 서브하기 / ○

넷째, 투 그린(Two Green)

투 그린은 메인 그린이 좌측, 우측 즉, 2개가 있어서 필요에 따라서 두 개 중 한 개 그린을 사용합니다. 투 그린에서는 좌측에 있는 그린의 거리는 좌측 말뚝을 보고 측정해야 하며, 우측에 있는 그린의 거리는 우측 거리 말뚝을 보고 측정해야 합니다. 고객에게 거리를 불러줄 때는 어느 그린에 홀 컵이 있는지 확인한 후 거리를 불러줘야 합니다.

사용하지 않는 그린(Wrong Green)에 볼이 온(On) 되었을 때 그 그린의 에이프론(Apron)50)에 무 벌타 드롭을 한 후 플레이를 할 수 있도록 서브하여야 합니다. 그린 손상이 많을 경우 번갈아가면서 사용할 수 있도록 또는 난이도 조절을 위하여 두 개의 그린을 만들어 놓습니다.

다섯째, 서브 그린

서브 그린은 메인 그린(본 그린)을 보조해 주는 역할을 하는 그린입니다. 메인 그린의 상태가 나쁠 때 특히, 한 여름에는 너무 더운 날씨가 계속될 때에는 그린의 상태가 무척 안 좋습니다. 이 때 그린 보수를 위하여 급하게 만든 그린이나 계속해서 관리 안될 때 사용하는 그린입니다. 서브 그린을 사용할 때에는 각 홀마다 거리 목 기준으로 메인 그린으로부터 서브 그린까지의 거리를 알고 빼준 다음 거리 목 기준으로 거리를 불러주면 됩니다.

[그림 26-5]
메인 그린과
서브 그린

이상과 같이 여러가지의 그린 형태에 따라 거리와 서브를 해주는 방법이 다르기 때문에 티잉 구역이나 일반 구역 위치에서 그린의 형태 및 깃대의 색깔을 확인하여 고객에게 거리를 불러주고 그의 맞는 서브를 해주는 것이 좋습니다.

이제부터는 캐디가 고객에게 서브하는 방법에 대해서 알아보겠습니다.

지금 현재 여러분이 배우고 있는 캐디라는 직업은 골프를 치기 위하여 골프장으로 방문하는 고객들이 골프를 잘 칠 수 있도록 도와주고 조언해 주는 역할을 합니다. 캐디가 해야하는 일은 매우 많지만, 코스 안에서 하는 일을 아주 간결하게 정리하면, ① 고객 볼 찾고, ② 홀 컵까지 거리 불러주고, ③ 공략 방법을 어드바이스하고, ④ 클럽을 전달합니다.

이상의 네 가지 일을 1번 홀부터 18번 홀까지 계속해서 해 주어야 합니다.
고객의 볼이 그린에 올라왔을 때에는 캐디의 역할이 조금 변합니다. 왜냐하면, 골프 룰에 의하면 그린에서 적용되는 룰이 다르기 때문입니다. 쉽게 말하면, 그린에서는 고객의 볼을 캐디가 만질 수 있다는 점이 다른 구역에서의 룰과 가장 큰 차이점입니다.

위에서 설명한 바와 같이 캐디가 그린에서 해야 하는 일 첫 번째는 고객에게 퍼터를 전달하는 것과 두 번째 고객의 라이를 놓아주는 것입니다. 고객의 라이를 놓아주기 위해서는 5단계의 과정을 거치게 됩니다. 이에 관해서는 27차시에서 자세하게 설명하겠습니다.

볼이 그린에 올라왔을 때, 고객이 그린에서 사용할 수 있는 클럽 즉, 퍼터(Putter)를 고객에게 전달해야 합니다. 티잉 구역, 일반 구역에서 고객에게 클럽을 전달해주듯이 그린에서도 퍼터를 전달한 후 플레이할 수 있도록 준비시키고 고객이 플레이할 수 있도록 서브를 해 주어야 합니다.
지금부터 고객이 그린에서 사용할 수 있는 퍼터를 전달하는 방법에 대해서 설명하겠습니다.

SECTION 26

라인(Line)이란 골프 볼이 홀 컵에 들어가는 가상의 선이며,
라이(Lie)는 볼이 놓여진 상태를 말합니다.

퍼터는 고객이 그린에 볼을 올렸을 때에만 전달합니다.

온 그린이 안 되었을 경우에는 대부분의 고객이 어프로치를 사용하여 그린에 볼을 올려야 하기 때문에 퍼터를 전달해서는 안 되고, 온 그린이 되어야만 퍼터를 전달할 수 있다고 생각하면 됩니다.

예외적인 경우도 있습니다. 에이프런(Apron)에 볼이 있을 경우 퍼터로 플레이할 수 있기 때문입니다. 볼이 에이프런에 있을 경우에도 퍼터를 전달할 수 있습니다. 이 때 고객에게 퍼터를 사용할지, 어프로치를 사용할지 의사를 물어본 후 고객의 선택에 따라 퍼터나 어프로치를 전달해야 합니다.

이런 예외적인 부분이 아니라면 볼이 그린에 있을 때만 퍼터를 전달해야 합니다. 그린에 볼이 안착된 고객에게 먼저 퍼터를 전달하고 추후에 다른 고객들의 볼이 온 그린되었을 때 퍼터를 전달하면 됩니다. 이 때에도 당연히 동선이라는 것이 존재합니다. 캐디는 최소 동선을 생각하고 그 동선대로 움직여야 합니다. 좁은 공간 안에서 볼이 부딪힐 수 있는 상황이 많이 연출되기 때문에 내가 최소 동선으로 움직이면서 고객의 플레이를 도와 진행이 원활하게 될 수 있도록 해야 합니다.

볼이 순차적으로 온 그린되었을 때는 먼저 올라온 볼에 대하여 퍼터 전달을 순차적으로 해주는 것이고 볼이 그린에 모두 같이 안착되었을 경우는 홀 컵과

그린 서브하기

가장 멀리 있는 고객부터 퍼터를 전달함으로써 고객들이 준비할 수 있는 시간을 주어서 원활한 플레이가 될 수 있도록 만들어야 합니다.

그린 플레이도 홀 컵과 볼이 멀리 떨어진 사람부터 진행을 하는 것이 좋지만 준비된 고객부터 플레이할 수 있도록 함으로써 레디 골프(Ready Golf)를 해야 합니다. 코스에서 레디 골프의 적용은 먼저 안전을 확보한 후에 플레이하는 것이지만, 그린에서의 레디 골프는 다른 고객의 라인을 밟지 않고 플레이를 진행하는 것입니다. 그린 예절에서 캐디나 다른 고객이 주의할 점은 아직 퍼팅을 하지 않은 고객의 라인이나 플레이 선(Line of Play)을 밟지 않는 것입니다.

다시 한번 정리하자면, 그린에서 퍼터를 주는 순서는 순차적으로 볼이 온 그린이 되었을 경우에는 순차적으로 퍼터를 나누어주고, 볼이 다같이 온 그린되었을 경우는 홀 컵과 볼이 가장 멀리 떨어진 사람부터 퍼터를 전달하면 됩니다.

[그림 26-6]
고객에게 퍼터를 전달하는 사진

SECTION 27

그린 서브하기 II

강의주제
1. 그린 5단계
2. 깃대와 스코어
3. 그린 골프 룰

강의내용

이번 27차시에서는 그린에서 캐디가 고객의 라이를 놓기 위해서 해야하는 5단계와 스코어, 그린에 적용되는 골프 룰을 설명하겠습니다.

고객의 라이를 놓기 위해서는 '① 마크하고, ② 집어 올리고, ③ 닦고, ④ 라인을 읽고, ⑤ 라이를 놓는다.' 5단계의 과정을 거쳐야 합니다.

1단계 마크하기

골프는 '코스는 있는 그대로, 볼도 있는 그대로'라는 최초의 룰이 지금까지 지켜져 왔지만, 예외적으로 그린에서만 볼을 만질 수 있습니다. 볼을 만지기 위해서 먼저 마크를 하게 되는데, 볼을 마크하는 이유는 볼을 닦고 라인을 읽고, 라이를 놓을 때 볼이 원래 있던 자리에 그대로 놓기 위해서입니다. 이를 리플레이스(Replace)라고 하는데, 리플레이스는 5단계에서 설명하겠습니다.

규칙에 따라 볼 마크를 해야 합니다.

볼 마크는 그린에 꽂는 마크도 있고, 다른 표시가 가능한 마크를 쓰는 것이 일반적입니다. 다른 플레이어의 라인에 걸리지 않는다면 지면에서 많이 튀어 나와 있는 마크를 하는 경우가 많습니다. 하지만 다른 플레이어에게 방해되지 않도록 그린에 꽂거나 조그마한 마크를 사용하는 것이 에티켓입니다.

볼을 마크하지 않고 집어 올렸거나 잘못된 방법으로 마크하였거나 볼 마커를 제거하지 않고 스트로크를 한 경우, 플레이어는 1벌타를 받습니다. (R&A 룰 14.1a)

볼을 집어 올린 후 리플레이스하여야 할 볼은 반드시 그 지점에 마크하여야 합니다. 집어 올린 볼을 원래의 지점에 리플레이스할 것을 요구하는 규칙에 따라 플레이어는 반드시 그 볼을 집어 올리기 전에 그 지점을 마크해야 하며, 그 볼 바로 뒤나 옆에 볼 마커를 놓아두거나 클럽을 들고 그 볼 바로 뒤나 옆의 지면에 그 클럽의 한쪽 끝을 댐으로써 반드시 그 지점을 마크하여야 합니다.

볼 마커를 사용하여 그 지점을 마크한 경우, 플레이어는 그 볼을 리플레이스한 후 스트로크를 하기 전에 반드시 그 볼 마커를 제거해야 합니다.

일반적으로 그린을 제외한 다른 구역에서는 플레이어가 위임을 하지 않은

SECTION 27

사람이 마크를 하는 경우는 벌타를 적용하지만 그린에서는 캐디가 플레이어로부터 위임받지 않았더라도 볼 마크를 할 수 있습니다. 그렇기 때문에 캐디가 일반적인 고객 라운드에서도 고객이 원하든 원하지 않든 원활한 진행을 위하여 그린 위에 있는 볼을 마크를 하고 플레이할 수 있도록 도와줄 수 있습니다.

상황상 한 번에 두 개의 볼을 마크하는 경우도 있습니다. 뒤에 있는 고객 볼에 마크를 하고 플레이를 서브를 해주는데 고객 라인 선상 한 개 이상의 볼이 걸리게 되면 앞에 있는 볼들을 마크함으로써 뒤에 있는 고객이 플레이할 수 있도록 도와 주는것입니다.

[그림 27-1]
그린에서 볼 마크하는 사진

 그린에서 라이를 놓기 위해서는 마크하고, 집어 올리고, 닦고, 라인을 읽고, 라이를 놓는 5단계 과정을 거쳐야 합니다.

2단계 집어 올리기

규칙에 따라 자신의 볼을 집어 올릴 수 있는 사람은 플레이어 자신이나 자신이 위임한 사람 뿐입니다. 다만, 위임을 할 경우에는 그 라운드를 통틀어서 위임할 것이 아니라, 볼을 집어 올리도록 하기 전에 반드시 그 행동을 특정하여 위임하여야 합니다. 그런데, 플레이어가 위임하지 않아도 플레이어의 캐디는 그린에 있는 플레이어의 볼을 집어 올릴 수 있습니다. (R&A 룰 14.1b)

3단계 볼 닦기

볼을 집어 올린 후 볼 닦기를 해 주는 이유는 일반구역이나 벙커를 지나쳐 온 고객의 볼이 이동 중에 모래나 잔디와 같은 이물질들이 묻어서 그린 플레이에 방해가 될 수 있기 때문에 원활한 그린 플레이를 위해서 볼을 닦아 주는 것입니다. 티잉 구역에서 그린까지 플레이하는 도중에 특수한 경우를 제외하고 볼을 닦을 수 있는 곳은 그린 뿐입니다.

캐디는 볼 타월을 항상 가지고 다녀야 하는데, 그 이유는 클럽과 볼을 닦기 위해서이며, 그린에서 볼을 닦을 때, 볼 타월에 볼을 넣고 비비면서 닦게 되면 볼이 잘 닦이지 않기 때문에 볼 타월을 왼손 엄지와 검지로 잡고 오른쪽으로 볼을 돌려가면서 닦아주는 것이 잘 닦이고 좋습니다.

최근에는 일반 골프 볼도 많이 사용되지만 비비드 볼(Vivid Ball, 무광택 컬러 볼)도 쉽게 볼 수 있습니다. 이 비비드 볼은 무광택이기 때문에 쉽게 닦이지 않습니다. 흙이 묻어 골프 볼 표면에 자국들이 많이 남아있기 때문입니다. 이런

27 SECTION

볼들은 일반 볼 타월보다는 극세사 볼 타월을 이용하며 닦아주면 쉽고 빠르게 볼을 닦을 수 있습니다.

볼을 닦는 것과 관련된 규칙에 관하여 알아보겠습니다.

퍼팅 그린에서 집어 올린 볼은 언제든지 닦을 수 있지만, 그린 이외의 곳에서 볼을 집어 올린 경우에도 그 볼은 언제든지 닦을 수 있습니다. 다만, 다음의 경우는 예외입니다.

볼이 갈라지거나 금이 갔는지 확인하기 위하여 집어 올린 경우:
닦는 것이 허용되지 않습니다.

자신의 볼인지 확인하기 위하여 집어 올린 경우:
확인하는데 필요한 정도로만 닦는 것이 허용됩니다.

플레이에 방해가 되기 때문에 볼을 집어 올린 경우:
닦는 것이 허용되지 않습니다.

구제가 허용되는 상태에 놓인 볼인지 확인하기 위하여 집어 올린 경우:
규칙에 따라 구제를 받을 수 있는 경우가 아닌 한, 닦는 것이 허용되지 않습니다.

집어 올린 볼을 닦는 것이 허용되지 않는데 닦은 경우, 플레이어는 1벌타를 받습니다. (R&A 룰 14.1c)

[그림 27-2]
그린에서 볼 집어 올린 후 볼 닦는 모습

4단계 라인 읽기

그린에서 고객이 가장 원하고 필요한 것은 그린의 스피드에 관한 정보와 라인에 관한 어드바이스입니다. 라인이란 볼이 홀 컵에 들어가기 위한 가상의 선 즉, 볼이 홀 컵에 들어가기 위한 길을 알려주는 것입니다. 일반구역에서도 언듈레이션(Undulation)이 있듯이 그린에도 그 모양이나 형태에 따라 높낮이가 존재합니다. 그린의 높낮이나 상태를 예측하고 판단하여 고객에게 알려주는 것이 캐디가 그린에서 해야할 중요한 일입니다.

라인을 읽는 방법을 알아보겠습니다.

산의 형태에 따라 높고 낮음을 판단합니다.

한국의 골프장들은 산을 깎거나 산의 형태를 그대로 두고 만든 산악 코스가 많기 때문에 산의 형태를 그대로 보면서 판단하는 것이 좋습니다.

그린 주변 배수구 쪽은 낮습니다.

그린 주변에 있는 배수구는 물이 빠지기 위한 통로이기 때문에 설계할 때부터 배수구 쪽으로 물이 흘러가도록 만들었습니다. 그래서 배수구 높이가 낮을 수밖에 없습니다.

벙커 방향 쪽은 대체적으로 높습니다.

벙커 자체는 낮을 수 있지만 벙커 입구를 낮게 만들면 일반적인 물들이 벙커 안으로 흐르게 되기 때문에 벙커 안에 물이 고이면 플레이가 지연되고 벙커 안에 모래들이 젖을 경우에는 모래를 다시 채워야 하는 비용이 더 들어가기 때문

에 벙커 입구 쪽은 높게 설계합니다.

잔디 결의 방향을 봅니다.

고객이 홀 컵을 향하는 방향의 잔디 결이 같은 때는 공이 잘 굴러가겠지만 향하는 방향과 잔디 결이 반대일 경우는 실거리보다 공이 짧게 굴러갈 것입니다. 이 부분은 캐디가 모두 다 케어를 해주진 못하지만 고객의 입장에서 설명해 줄 수 있다면 프로 캐디 못지않는 서브를 해줄 수 있을 것입니다.

오르막과 내리막 라인을 주시합니다.

볼에서 홀 컵 방향이 오르막일 경우는 "오르막입니다. 조금 더 길게 보세요." 반대로 내리막일 경우는 "내리막입니다. 조금 더 짧게 보고 치시면 좋습니다."라는 표현을 해주며 볼이 홀 컵에 가까이 붙을 수 있도록 혹은 홀 컵에 넣을 수 있도록 조언을 해 주어야 합니다. 고객이 친 볼이 홀 컵에 못 미치거나 홀 컵보다 길게 쳐서 오버되었을 경우는 캐디는 한번 더 고객에게 서브를 해주어야 하고, 이렇게 되면 진행이 느려지기 때문에 캐디가 높낮이까지 알려주는 것이 좋습니다.

고객에게 라인을 읽어주는 것은 위에 살펴본 바와 같이 여러가지 변수를 고려해서 어드바이스를 해주어야 합니다. 그린에 올라갈 당시부터 라인을 둘러보며 고객에게 어떻게 라이를 놔줄지 고민한다면 조금 더 빠르게 서브할 수 있습니다. 라인의 높낮이를 파악했다면 볼이 얼마나 흐를지도 파악해야 합니다. 그린의 높낮이만 알았다고 해서 라인을 읽는 것은 어렵습니다. 라인의 브레이크 지점(Break Point)를 파악하고 고객에 볼을 놓아 주어야 하기 때문입니다.

그린 서브하기 II

　브레이크 지점은 라인 상에서 볼이 휘어지는 지점으로 대개 그린 위쪽을 겨냥하여 볼이 아래 방향으로 흐를 수 있도록 브레이크 지점을 확인한 후 라인을 봐주어야 합니다. 티잉 구역에서 중앙을 보고 티 샷을 하더라도 범위가 광범위해지듯 그린 위에서 홀 컵을 바로 보고 퍼팅을 했을 경우에도 볼이 바로 가지 않기 때문에 볼이 가는 방향 라인을 올바르게 알려주어야 하는 것입니다.

　1m이내의 숏 퍼팅은 홀 컵을 바로 보고 퍼팅하는 경우가 많지만 1m 이상 되는 거리는 라인을 읽어야 합니다.

[그림 27-3] 그린에서 볼 마크하는 사진

5단계 라이(Lie) 놓기

캐디가 라인을 읽은 후 라이를 놓습니다.

골프 볼을 보면 브랜드마다 편차가 있지만, 볼 표면에 1자로 된 선이 표시되어 있습니다. 이 표시가 없다면, 고객들이 볼 라이너로 선을 그리는 분들도 있습니다. 볼 표면에 그려진 선이 브레이크 지점으로 향하게 놓아주는 것을 '라이를 놓는다.'라고 말합니다.

라이를 놓고 이를 고객에게 전달하는 단위에 대해서 알아보겠습니다.

라인이 거의 없을 때: 홀 컵 바로, 홀 컵 안쪽, 홀 컵 끝
라인이 조금 있을 때: 오른쪽, 왼쪽 컵의 개수
라인이 많을 때: 오른쪽, 왼쪽 클럽의 개수

라이를 놓은 후 캐디는 예를 들어 "고객님! 홀 컵 왼쪽으로 두 클럽 봤습니다."라고 이야기를 하는데, 이것을 그린에서 공략 지점에 대한 어드바이스라고 합니다.

[그림 27-4] 골퍼가 홀 컵을 중심으로 라인을 읽고 있는 모습

이 때, 캐디가 고객에게 조언하는 멘트와 캐디가 놓은 라이가 맞도록 라이 놓는 연습을 많이 해야 합니다. 고객과 캐디 간의 라인을 읽는 것이 달라서 캐디가 읽은 것과 고객이 읽은 것이 다를 경우에는 왼쪽, 오른쪽에 대한 방향만 알려주고 고객에게 선택권을 맡기는 것도 좋은 방법입니다.

라이를 놓을 때, 볼이 원래 있었던 자리에 그대로 놓는 행위를 리플레이스(Replace)한다는 용어를 사용하며, 원래 위치에 놓지 않을 경우에는 일반 페널티를 받게 되며, 자신이나 캐디가 아닌 다른 사람이 리플레이스를 한 경우에는 1벌타를 받습니다. (R&A 룰 14.2)

그린에는 플레이어들이 멀리서도 홀의 위치를 알 수 있도록 홀에 꽂아 넣어둔 깃대가 있습니다. 깃발과 그 막대에 부착된 그 밖의 모든 물질이나 물체는 깃대에 포함되며, 스트로크를 하기 전에 깃대를 어떻게 할 것인지 결정하여야 합니다. 움직이고 있는 볼이 우연히 깃대를 맞힌 경우에는 원칙적으로 페널티가 없습니다. 플레이어는 깃대를 홀에 꽂힌 그대로 둘 수 있으며, 플레이어는 깃대를 홀에 꽂힌 그대로 두고 스트로크를 할 수 있으므로, 움직이고 있는 볼이 깃대를 맞히는 경우가 생길 수도 있습니다.

플레이어는 반드시 스트로크를 하기 전에 다음 중 어떤 방법으로 깃대를 다룰 것인지 결정해야 합니다. 깃대가 홀에 꽂힌 채로 플레이할 지, 깃대를 제거하고 플레이할지 스트로크 전에 결정하고 플레이를 진행해야 한다는 것입니다. 일반적인 경기에서는 플레이어가 원하는 대로 캐디가 처리를 해주면 됩니다.

SECTION 27

깃대를 제거할 때에는 플레이어가 그린 플레이를 할 때 방해가 되지 않아야 하고 홀 컵 뒤쪽에 깃대를 놓게 되면 고객이 일부러 깃대를 맞추어 거리 조절을 할 수 있기 때문에 그린 밖으로 깃대를 놓아 플레이를 도와주면 되고 고객들이 그린 플레이를 다 마무리하고 홀 아웃 시에는 다시 깃대를 원상태로 꽂은 후 홀 아웃을 하면 됩니다. 그리고 우리 팀이 그린 플레이 도중 뒤 팀이 기다리고 있던 상황이라면 홀 아웃 시 깃대 옆에서 뒤 팀에게 목례를 하고 홀 아웃하는 것이 예의입니다. 깃대 인사를 하는 습관이 중요합니다.

[그림 27-5]
홀 아웃 시 캐디가
깃대 인사를 하는 사진

그린에서 스코어를 계산하기 전에 프로 경기에서는 적용되지 않지만 일반적인 경기에서는 많이 사용되고 있는 OK=김미(Give me)=컨시드(Concede)라는 것에 알아보겠습니다.

컨시드란 그린 위에 있는 볼이 한 클럽 이내에 있을 때, 퍼팅을 하면 홀 인 시킬 수 있다고 인정하고, 퍼팅을 하지 않고 홀 아웃하는 것을 말합니다. 컨시드를 받을 경우에는 벌타가 아닌 1타가 인정되어서 지금까지 친 타수에 1타를 더 플러스해 주어야 합니다. 홀 컵에 넣지 않고 컨시드를 받았기 때문에 컨시드까지 1타로 더 추가해 주는 것입니다.

마커란 위원회가 플레이어의 스코어를 기록하도록 임명한 사람을 뜻합니다.

지금까지 그린에 대한 설명과 플레이어를 위해 그린에서 캐디가 해야할 일에 대해 알아보았습니다. 캐디라는 직업은 고객이 플레이를 잘 할 수 있도록 도와주고 어드바이스 해주는 역할이기 때문에 고객이 매끄럽게 플레이할 수 있도록 계속 준비를 해주어야 합니다.

그린에서 적용하는 룰에 대해서 설명하였는데, 이외에도 추가적으로 캐디가 알아야 할 룰에 대해서 알아보겠습니다. 고객이 그린 플레이를 하는데 라인 선상에 모래나 흙이 있다면 제거할 수 있습니다. 라인 개선이 가능하다는 것입니다.

퍼팅 그린에 있는 모래와 흩어진 흙(퍼팅 그린 이외의 코스에 있는 모래와 흩어진 흙은 제외)은 페널티 없이 제거할 수 있고 그린의 손상된 부분 볼 자국이

SECTION 27

나 스파이크 자국, 잔디가 찍혀있는 부분은 그린 보수기나 티로 보수가 가능합니다. 일반적으로 고객이 스스로하는 게 맞지만 빠른 진행을 위하여 고객이 플레이를 준비하는 동안 캐디가 먼저 보수하는 것입니다. 하지만 그린 보수는 숙련되지 않았거나 배우지 않은 상태에서 하게 되면 그린이 더 손상될 수 있기 때문에 아무나 해서는 안 됩니다.

바람이나 자연에 힘의 의해 볼이 움직이는 경우도 있습니다. 이 때에는 원래 있던 곳에 볼을 리플레이스하여 진행하면 됩니다.

고객 중에 그린 라인을 읽기 위하여 그린에 볼을 굴리거나 그린을 만져보는 행위를 하는 고객이 있을 수 있습니다. 이럴 경우에는 벌타가 부과됩니다. 아마추어 고객이 골프장에서 플레이를 하는 경우는 벌타 없이 진행을 하겠지만 골프 룰에 의하면, 그린 위에서 볼을 굴려보는 행위는 비매너 플레이이기 때문에 제재를 해야 합니다.

현재 룰에서 깃대를 꽂아 놓고 그린 플레이를 할 수 있기 때문에 볼이 홀 컵에 들어가기 이전에 깃대와 홀 컵 사이에 볼이 걸리는 경우를 종종 볼 수 있습니다. 이 때에는 볼이 홀 컵 지면에 조금이라도 넘어갔을 경우에는 홀 인으로 인정하면 됩니다. 걸려있더라도 홀 인으로 인정하고 스코어를 계산하면 됩니다. 모든 구역에서도 가능하지만 그린에서도 루스 임페디먼트(Loose Impediment)를 제거할 수 있습니다. 그린 위에 루스 임페디먼트가 있다면 라인을 넘어갈 때 혹은 다른 고객에게 서브를 하러 이동할 때 빠르게 제거해 준다면 조금 더 빠른 진행이 가능할 것입니다.

그린 서브하기 II

지금까지 그린 서브하기에 대하여 알아보았습니다.

좁은 공간 안에서의 플레이를 준비시켜야 하고 그린 안에서 할 일이 다양하기 때문에 그만큼 빨리 움직여 플레이를 할 수 있도록 해야 합니다. 그린 서브를 복잡하게 생각할 수도 있겠지만, 순차적으로 서브를 하고 내가 무엇을 해야 하는지 인지한다면 고객에게 조금 더 나은 서브를 해 줄 수 있을 것입니다. 그린 서브를 빠르게 진행할 수 있다면 뒤 팀이 기다리지 않고 플레이를 즐길 수 있을 것입니다.

다음 28차시에서는 경기정보 작성하기에 대해서 알아보겠습니다.

Part 07

경기 진행

SECTION 28 　고객 골프용품 전달하기 I
SECTION 29 　고객 골프용품 전달하기 II
SECTION 30 　캐디 근무 용품 정리하기

SECTION 28
고객 골프용품 전달하기 I

강의주제
1. 스코어 작성 방법 및 스코어 계산법
2. 스마트 스코어 마무리 사용 방법
3. 스마트 스코어 부과 사용 방법
4. VOC 파악 후 전산 입력

강의내용

28차시 경기 정보 작성하기에서는 스코어를 작성하는 방법과 스코어를 작성하고 마무리하는 방법에 대하여 강의하도록 하겠습니다.

고객들이 라운드를 마친 후 가장 알고 싶어하는 것이 자신이 기록한 스코어와 동반자의 스코어입니다. 스코어는 IT가 골프장에 도입되기 전에는 수기로 스코어와 고객 클럽 정보를 적었는데요. 이제는 수기로 작성하는 골프장은 거의 없으며, IT기기를 도입하여 골프장 경기 진행 상황과 코스 정보, 클럽 정보를 제공하고 있으며, 나아가 고객들 정보도 IT기기를 활용하여 작성하고 경기가 마무리된 후 캐디가 기록한 정보를 프린트해서 가져가기도 합니다. 오늘 강의에 등장하는 IT기기는 국내 골프장에서 가장 많이 사용하고 있는 스마트 스코어를 이용해서 고객의 스코어를 기록하고 고객들과 라운드를 하며 얻는 불만사항이나 고객의 성향을 파악하여 전산 시스템에 작성하는 요령에 대하여 알아보도록 하겠습니다.

1. 스코어 계산 및 작성 방법

골프는 기록으로 승부하는 경기입니다. 그래서 스코어에 대한 기록이 정확하게 나와야 이를 기준으로 승패를 결정할 수 있습니다.

1번 홀부터 18번 홀까지 스코어를 작성하여 최종 스코어가 나오게 됩니다. 현재도 스코어 카드를 수기로 작성하는 골프장도 있지만 그 수는 현저하게 줄어들고 있고, 태블릿PC를 이용해서 홀마다 스코어를 작성하고 단체 팀이 오면 경기하듯이 실시간으로 스코어를 확인할 수도 있습니다.

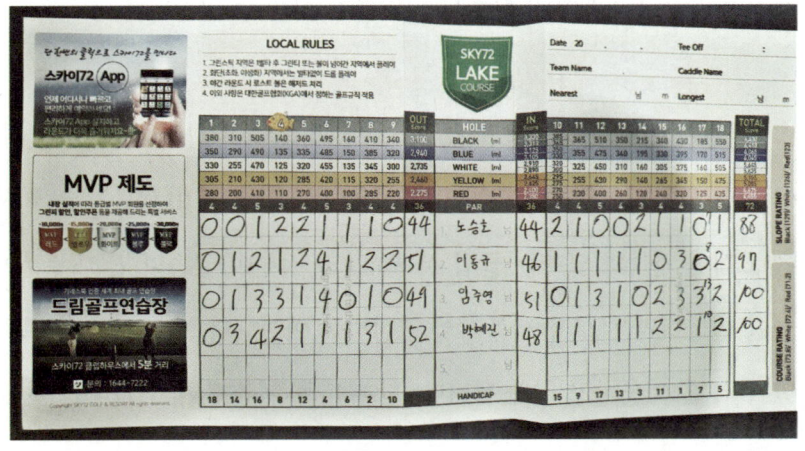

[그림 28-1] 수기로 작성하는 스코어 카드 사진

수기로 스코어를 작성할 때는 고객들의 이름도 적어야 하고 스코어를 틀리게 적으면 화이트로 지워서 깨끗이 써서 고객에게 주어야 합니다. 고객들에게 스코어 밑에 작은 글씨로 퍼터 숫자를 적어 주기도 합니다.

홀마다 스코어를 세려면 몇 번 만에 그린에 볼을 올렸는지를 알아야 합니다. 그린에 볼이 올라온 것을 온 그린(On Green)되었다고 하여 '온(On)'이라고 표현하고 그린에서 홀에 넣기까지 몇 번의 퍼팅을 했는지 즉, 퍼트(Putt) 수를 기록합니다. 그래서 몇 온에 몇 퍼트를 했는지 숫자를 세기 때문에 퍼팅 숫자를 적어 드릴 수가 있습니다.

처음 시작하는 캐디들에게 가장 어려운 것이 스코어를 세는 것일 수 있습니다. 모든 것을 다 배워도 스코어 세는 것이 어렵다고들 합니다. 캐디들이 골퍼들에게 클럽 서브를 직접적으로 하고 어떤 클럽을 사용하였는지 알고 있다면 스코어를 세는 것이 쉬울 수 있고 어프로치 클럽을 줬다면 볼이 그린에 안 올라갔다는 의미이고 어프로치 클럽을 주지 않았다면 그린에서 퍼터를 바로 줬기 때문에 플레이어가 그린에 올린 타수를 기억하기 쉬울 수 있습니다.

하지만 이렇게 하려면 코스에서 여유가 있어야 합니다. 스코어 세는 것은 볼이 그린에 올라왔을 때 셀 수 있는 여유가 필요한 것입니다. 처음에 신입 캐디들은 고객이 가져다 달라는 클럽 서브하느라 정신이 없습니다. 대부분이 처음에는 클럽 핸들링과 서브가 서툴러서 열심히 뛰어다니다 보면 어느새 그린에 올라와 있거나, 홀 아웃하고 있게 됩니다. 한 마디로 여유 자체가 없다는 것입니다.

고객 골프용품 전달하기 / 10

스코어를 계산하기 위해서 다시 한번 코스에 대해서 알아보겠습니다.

18홀 1라운드를 전반과 후반으로 나누어서 플레이하게 됩니다. 전반 라운드 9홀은 파3홀이 2개, 파4홀이 5개, 파5홀이 2개로 구성되어 있습니다. 파의 개수를 다 더하게 되면 파3가 2개, 6이고 파4가 5개, 20이 되고, 파5가 2개, 10이 되죠. 이것을 더하면 36이라는 숫자가 나옵니다. 36이라는 것은 전반 라운드 9홀의 기준 타수가 됩니다. 그러면 스코어는 파3, 파4, 파5 각 홀의 기준 타수이기 때문에 그 기준 타수보다 오버(Over)를 하거나 언더(Under)로 쳤을 때 그만큼의 숫자를 스코어로 작성하는 것입니다.

예를 들어, 파4홀에서 4번에 홀 인을 하면 파가 되고 이것을 숫자로 0으로 표시합니다. 기준 타수보다 1개 적게 치면 이것을 버디라고 하고 −1로 기록하며, 5번에 홀 인하면 보기라고 하고 1로 기록합니다.

 고객의 스코어를 계산하기 위해서는 그린에 몇 번만에 올렸는지(on), 그린에서 몇 번만에 홀 컵에 넣었는지 (putt)를 알아야 합니다.

[표 28-1] 타수와 명칭 그리고 기록

타 수	파 3 홀 명 칭	타 수	파 4 홀 명 칭	타 수	파 5 홀 명 칭	타 수
1타	홀인원(Hole in one)	-2	홀인원(Hole in one)	-3	홀인원(Hole in one)	-4
2타	버디(Birdie)	-1	이글(Eagle)	-2	알바트로스(Albatross)	-3
3타	파(Par)	0	버디(Birdie)	-1	이글(Eagle)	-2
4타	보기(Bogey)	1	파(Par)	0	버디(Birdie)	-1
5타	더블 보기(Double Bogey)	2	보기(Bogey)	1	파(Par)	0
6타	더블 파(Double Par)	3	더블 보기(Double Bogey)	2	보기(Bogey)	1
7타			트리플 보기(Triple Bogey)	3	더블 보기(Double Bogey)	2
8타			더블 파(Double Par)	4	트리플 보기(Triple Bogey)	3
9타					쿼드러플 보기(Quadruple Bogey)	4
10타					더블 파(Double Par)	5

전반 9홀의 오버가 된 숫자를 합하여 9홀의 기준 타수인 36타와 합하게 되면 9홀의 총 타수가 나오는 것이죠. 예로 들면 9홀의 타수를 모두 합하였더니 9타였다면 36타와 9타를 합하여 45타의 기록이 됩니다. 18홀이라면 2배의 숫자로 36의 두배로 72타가 18홀의 기준 타수가 됩니다. 18홀의 총 오버한 타수와 72타를 합하게 되면 총 타수가 나오는 것입니다. 그래서 골프는 최종 점수가 클수록 나쁜 기록이 됩니다.

스코어의 명칭은 각 홀의 기준 타수만큼 샷을 하면 0이라고 하여 '파'라고 합니다. -1은 '버디'라고 하고 -2는 '이글'이라고 합니다. 하지만 파3에서의 -2는 한번의 샷으로 그린에 있는 홀 컵에 들어간 것이기 때문에 홀인원이라고 합니다. 파5 이상 되는 홀에서는 -3이라고 스코어 작성을 하면 '알바트로스'라고 하며 가장 어렵고 하기 힘든 스코어라고 보시면 됩니다.

스코어 카드를 수기로 쓸 때는 단체 팀이 왔을 경우 캐디는 두가지의 스코어 카드를 썼었습니다. 한가지는 스코어를 정 타수로, 또 한가지는 오버 타수로 스코어 카드를 썼었습니다. 정 타수라는 것은 그 홀에서 친 타수를 모두 쓰는 것이고, 오버 타수는 그 홀에서 오버 한 타수만 써주는 것입니다.

대부분 스코어를 기록할 때 오버 타수로 기록합니다. 홀 마다의 오버한 개수를 파악하기 위해서입니다. 두 가지의 스코어 카드를 수기로 쓰는 이유는 단체 팀에서는 스코어 카드를 신페리오(New Perio)방식으로 경기과에서 산출하기 위해서입니다. 정 타수의 스코어 카드는 경기과로 제출을 하게 되고 오버 타수의 스코어 카드는 고객에게 주는 용도입니다.

현재는 수기로 쓰는 골프장이 많이 줄어들고 태블릿으로 사용하고 있습니다. 스마트 스코어라는 태블릿을 사용함으로써 경기과에서도 할 일이 줄어들게 되고 캐디들도 하는 일이 줄어들게 되었습니다. 스코어를 태블릿으로 전송을 하였을 때 경기과에서 컴퓨터로 사용하는 스마트 스코어라는 프로그램으로 단체 팀의 스코어가 모두 전송이 되었을 때 신페리오나 니어(Nearest), 롱기스트(Longest), 메달리스트(Medalist) 등 단체 팀의 집계를 한 장의 A4용지로 확인할 수 있게 되었습니다.

2. 스마트 스코어 마무리 방법

스코어를 모두 작성한 후에는 처음에 미완료 전송으로 뜨던 글이 완료 전송으로 바뀌게 됩니다. 스코어를 쓰고 미완료 전송으로 되어있다면 어딘가에 스코어를 작성하지 않았다는 것이기에 스코어를 확인하고 완료 전송할 수 있도록 하여야 합니다. 스마트 스코어로 완료 전송하려면, 마지막에 세가지를 해야 전송할 수 있습니다.

첫째, 골프 백에 들어 있는 클럽 사진을 촬영합니다.

라운드 시작 전에 촬영하고 라운드 후에 다시 한번 확인하기 위해 사진을 찍습니다. 확인을 하기 위해서 왼쪽 두 사람의 백을 찍고 오른쪽의 두 사람의 백의 사진을 찍고 세 번째로 4개의 백을 한꺼번에 찍습니다. 확인 차 핸드폰으로 찍어놓는 것도 좋습니다.

둘째, 캐디 수첩을 클릭한 후 고객들에게 클럽 확인 사인을 받습니다.

사인을 받을 때 주의 사항은 고객 한 분 한 분에게 따로 받아야 된다는 것입니다. 만약에 어떤 고객이 혼자 사인을 하고 사인 안하신 분이 클럽 분실을 하고 나는 사인한 적이 없다라고 말한다면 캐디가 클럽 분실에 대한 책임을 져야 합니다. 사인을 받는 것은 일종의 보험이라 생각하시고 꼭 사인을 받도록 해야 합니다.

셋째, 스코어 카드 출력을 원하는지 확인해야 합니다.

스마트 스코어 회원인 경우 스코어 카드를 뽑아서 가지고 가려는 분들이 있습니다. 이럴 경우 고객의 핸드폰 번호를 입력하면 스코어 카드를 뽑을 수 있습니다. 그래서 마지막에는 스코어 카드를 뽑거나 스코어를 등록하려는 고객이 있는지 확인해야 합니다.

여기에서 주의 사항은 스코어 카드를 태블릿에서 서버로 전송한 후 고객 본인의 핸드폰에 있는 스마트 스코어 앱으로 등록해야 합니다. 그래서 마지막에 항상 이것을 확실히 물어보고 전송을 하여야 합니다. 핸드폰 번호를 입력하고 스코어 카드를 뽑으려는 고객은 클럽 하우스에서 태블릿에 뜨는 4자리의 숫자를 알려드려야 클럽하우스에서 4자리 번호를 누르고 뽑을 수 있습니다. 마지막에 위 과정이 다 이루어진 것을 확인 후에 전송해야 합니다.

3. 스마트 스코어 부가 설명

처음에 캐디 본인 이름을 클릭하고 배치된 코스와 시간에 맞춰서 태블릿을 클릭하여 들어가게 됩니다. 코스와 시간 그리고 고객들의 이름이 태블릿으로 연동이 되어 입력이 됩니다. 단체 팀의 이름을 등록을 해 놓으면 실시간으로 단체 팀으로 구성된 팀들의 스코어를 실시간으로 확인할 수도 있습니다.

프로 골프 경기를 보면 실시간으로 스코어를 확인할 수 있도록 매 홀마다 작성하면서 결과를 볼 수 있게 하는데요. 단체 팀으로 왔을 때 실시간으로 이러한 재미를 느낄 수 있습니다.

또한 태블릿 GPS를 통해 볼이 있는 곳에서 그린의 깃대까지의 거리를 확인할 수도 있고, 장해물까지의 거리를 확인할 수도 있고, 티잉 구역에서 그린에 있는 깃대까지의 총 거리를 확인할 수도 있습니다. 비록 오르막이나 내리막의 차이는 감안하지 않지만 평지에서의 거리는 대체적으로 비슷하게 확인할 수 있습니다. 골프장마다 거리 말뚝들이 잘 준비되어 있다면 캐디들은 눈으로 거리를 확인하고 부르는 것이 경기 진행에 더 많은 도움이 되지만 스마트 스코어를 활용하면 약간의 도움을 받을 수 있습니다.

또는 홀 맵의 그림을 확인할 수가 있어서 안개가 있을 때 앞이 안 보일 경우 홀 맵(Map)을 고객들에게 설명하여 맵으로 인지하게 할 수도 있습니다.
캐디가 태블릿을 카트에 가져가서 운행할 때 GPS를 통해 앞에 있는 캐디의 이름도 확인할 수 있으며 어디에 있는지도 확인할 수 있습니다. 앞 캐디의 위치를 태블릿으로 보고 진행을 빠르게 해야할 지 느리게 해야할 지 선택을 할 수 있고 태블릿에 있는 타임 워치를 통해 경기 진행 시간을 확인할 수도 있습니다.

음식을 주문할 때나 경기과에 필요한 문자를 보내야 한다거나 경기과에서 캐디에게 문자를 보내야 한다거나 할 때 태블릿으로 문자를 쓸 수도 있습니다. 태블릿으로 주문을 하는 탭도 있지만 어떤 골프장은 문자를 써서 확인할 수 있게 하는 곳도 있습니다.

이런 골프장은 무인으로 운영하는 중간 그늘집이 있어서 음료수나 간단한 간식거리를 가져갈 수 있게 만들었기 때문에 캐디에게 확인을 받고 경기과에서 문자로 확인할 수 있게 하려고 사용하는 경우도 있습니다.

우천 시에는 비가 오기 때문에 고객들이 비가 오는 것을 이유로 코스에서 클럽하우스로 들어가고 싶어하는 경우가 있습니다. 하지만 골프장에서는 금방 비가 그치고 지나가는 비인 것을 확인하면 계속적으로 플레이를 하라고 요청합니다.

단체 팀의 이름을 등록해 놓으면 실시간으로 스코어를 확인할 수 있습니다.

비가 너무 많이 오거나 플레이를 할 수 없다면 중단을 하고 홀 아웃을 할 수 있게 하지만 고객의 의지대로 비를 맞아 들어가고 싶어하는 경우에는 18홀의 그린 피와 카트 피를 모두 지불할 것을 골프장에서는 요청하기 때문에 캐디는 고객들에게 이같은 내용을 공지해야 합니다.

이럴 때 태블릿에 있는 문자를 사용하여 확인을 할 수 있습니다. 만약, 경기과에 홀 아웃할 수 있는지 확인을 하지 않고 본인의 의지대로 또는 고객이 들어가자고 하여 들어 왔을 때에는 비가 그쳐서 다시 코스로 들어가려는 고객이 있을 수 있기 때문에 경기과 지시를 따라야 합니다. 캐디가 잘못함으로써 그 날의 매출에 영향을 끼쳐 고객이 지불하는 방식이 달라질 수 있기 때문입니다.

SECTION 28

절대로 우천 시에는 본인의 의지나 고객 의지대로 홀 아웃을 할 수 없고 경기과 지시를 따라야 한다는 것을 인지하고 있어야 합니다.

경기과에서는 각 코스에서 진행이 안 되는 캐디를 확인할 수 있습니다. 예전보다 경기 진행을 보기가 수월해진 것은 전체적으로 스마트 스코어의 관제 시스템이 있기 때문에 경기과에서 경기 진행 관리하기가 조금 더 편해졌습니다.

스마트 스코어가 없을 때는 무조건 어딘가에서 막힌다는 것을 알려면, 진행 카트로 코스를 돌아다녀야 했고 서로 막힌다는 무전을 주고 받으며 어디가 막히는 홀인지를 파악해야 했지만, 현재 관제 시스템을 활용하면, 막히는 곳이 있을 때 그 캐디의 태블릿으로 협조 멘트를 고객들과 캐디가 볼 수 있게 문자를 보내기도 합니다. 이 때 캐디는 고객이 진행 협조 문자를 볼 수 있도록 확인 버튼을 누르지 않고 놔두는 경우도 있습니다.

스마트 스코어가 없었을 때는 경기가 끝난 후에 경기 시간 및 소요 시간을 전산 시스템에 작성하였습니다. 그러나, 현재는 스마트 스코어가 첫 홀에서 티 샷을 마치고 이동할 때 시간이 자동적으로 시작이 되고 9홀을 마치고 나서 시간이 정지가 되어 9홀의 시간을 확인할 수 있고 다시 10번홀에서 티 샷을 하고 난 이후에는 18번 홀까지 라운드를 마치면 전반과 후반 라운드에 걸린 시간을 나누어서 기록합니다. 그리고 중간에 휴식을 취한 시간과 합하여 총 시간이 태블릿으로 전송이 되면 경기과 컴퓨터로 실시간 확인할 수 있습니다.

지금까지 스코어 작성법과 스마트 스코어 사용법에 대하여 알아보았습니다.

라운드가 끝나도 캐디가 해야 할 일들이 참 많죠?

마지막까지 고객들에게 신경써야 하는 부분이 많습니다.

[그림 28-2] 스마트 스코어 태블릿 사진

4. VOC(Voice of Customer, 고객의 소리) 파악 후 전산 입력

고객과 라운드 후 고객의 성향을 파악한 후 또는 고객이 시설이나 골프장에 관하여 이야기한 것들을 전산시스템에 캐디들이 기록으로 남기는 골프장도 있습니다. 캐디들로 하여금 고객의 불만 사항을 전산 시스템에 남겨 고객의 소리를 듣고 마케팅에 활용하려고 하는 것인데요. VOC는 그 고객들이 라운드를 예약한 시간과 코스, 그리고 고객의 이름으로 작성하게 됩니다.

고객들은 라운드 중에 캐디와 여러가지 이야기를 나누거나 동반자들과 골프장에 대하여 좋은 것과 나쁜 것에 대한 이야기를 합니다. 골프장 고객들과 가장 많은 시간을 같이 하는 사람이 바로 캐디이기 때문에 골프장 환경의 변화와 고객의 변화를 모니터링하고 대응하기 위해서, 골프장은 고객의 소리를 마케팅에 활용하기 위해서 캐디를 통해 귀중한 정보를 파악하는 것입니다.

이 때 어떤 것을 작성하는지 알아보겠습니다. 예를 들어 그린이 빠르게 잘 구른다든지, 또는 여름철이라 햇빛이 많이 강하고 비가 안 오면 잔디 상태가 안 좋아지는데 이 때 잔디 상태가 좋지 않아 그린피가 비싸다고 생각한다고 VOC에 남길 수도 있습니다. 시설적인 부분에 대해서는 '3부에 라이트가 아웃코스 4번 홀 100m 오른쪽 지점이 어두워서 볼을 치기 어렵다고 이야기를 하였다'라고 쓸 수도 있습니다. 이처럼 시설적인 면도 전산 시스템에 남길 수도 있겠죠.

회원권을 가지고 있는 회원제 골프장이나 인터넷 회원으로 운영하는 퍼블릭 골프장일 경우 자주 오시는 분들에 대하여 특성을 남길 수도 있습니다. 그 고객이 자주 사용하는 어프로치에 대해서 내용을 남길 수도 있고 또는 하지 말아야 할 행동을 남길 수도 있겠죠. 그 고객이 어떤 성향을 가지고 있는지를 미리 파악하고 라운드를 나간다면 일하기 매우 편할 것입니다.

캐디들은 대부분 처음보는 사람들과 대면을 하고 라운드를 합니다. 고객을 위해 캐디가 고객 정보를 미리 알고 나간다면 조금은 쉽게 다가갈 수 있겠죠? 자주 오는 고객들은 벌써 고객 성향에 대하여 캐디들끼리 서로 공유를 합니다. 팀 분위기는 캐디가 어떻게 하느냐에 따라 그 팀의 분위기를 바꿀 수도 있습니다. 그렇기에 고객의 특성을 확인하고 전산 시스템에 작성을 하여 기록하고 이를 서로 공유하는 것이 많은 도움이 됩니다.

    28차시 경기 정보 작성하기에 대하여 알아보았습니다. 다음 29차시에서는 고객 골프용품 전달하기에 대하여 배워보도록 하겠습니다.

29 SECTION 고객 골프용품 전달하기 II

강의주제
1. 골프클럽을 경기 전 상태로 정리
2. 고객별 골프용품 및 소지품 전달
3. 운영 시스템에 따라 고객에게 골프 백 전달

강의내용

1. 골프클럽을 경기 전 상태로 정리

　이번 차시는 18홀을 마무리한 고객과의 마무리 과정에 대한 강의입니다. 이 과정 중에 캐디가 해야 하는 일은 고객이 처음 라운드를 시작하기 전 상황으로 고객의 클럽과 소지품을 원래 상태로 만들어서 고객 자동차까지 골프 백을 전달하는 것까지의 과정입니다.

　이 때 고객 네 사람 각자의 골프클럽과 소지품들을 정리한 후 마지막에는 고객에게 직접 확인을 받아야 합니다. 혹시 코스 내에 놓고 와서 분실한 클럽이 있는지 유무와 코스 내에서 바람 등의 영향으로 놓거나 분실한 물건이 있는지를 캐디가 체크하고 고객이 확인을 해야 합니다.

고객마다 자신의 골프 백에 드라이버, 우드, 유틸리티, 아이언, 웨지, 퍼터를 가지고 있는데, 어떤 고객은 드라이버를 2개 가지고 있고, 퍼터를 두 종류 가지고 있는 경우도 있고, 같은 브랜드가 아니라 자신이 좋아하는 브랜드 별로 골고루 가지고 있는 분들도 있습니다.

예를 들어, 드라이버는 타이틀리스트(Titleist), 우드는 갤러웨이(Gallaway), 유틸리티는 핑(PING), 아이언은 피엑스지(PXG), 웨지는 클리브랜드(Cleveland), 퍼터는 오딧세이(Odyssey)를 가지고 있을 수도 있습니다.

이렇게 다양한 브랜드의 클럽을 가지고 있는 고객들도 많이 있는데, 캐디는 고객마다 어떤 클럽을 가지고 있는지를 정확하게 알고 있어야 합니다. 라운드를 마친 고객이 집으로 돌아가기 전에 광장에서 캐디는 마지막 클럽 정리를 하는데, 이 때 고객마다 자신의 클럽을 가지고 온 그대로 골프 백에 넣어서 고객의 확인을 받아야 합니다.

정리할 때 고객들이 18홀 동안 사용한 클럽에 이물질 및 흙과 묻어있는 잔디를 잘 닦아 주어야 합니다. 클럽을 깨끗하게 닦아주는 것은 사전에 각 홀이 끝날 때마다 해 놓았다면 마지막 정리할 때는 다시 확인만 하면 됩니다.

SECTION 29

[그림 29-1]
라운드 후 클럽
정리를 마친 후
태블릿으로
촬영하는 모습

　이때 중요한 것은 처음 라운드를 시작하기 전에 캐디 수첩에 고객의 클럽 개수 및 브랜드를 적어 놓았거나, 아니면 태블릿을 이용해서 촬영을 해 놓았을 것입니다. 다시 처음으로 돌아가서 이렇게 라운드 시작 전에 캐디 수첩이나 태블릿에 고객 클럽에 대해 기록해 놓은 것은 라운드가 마친 후 고객이 가지고 온 클럽과 교차해서 확인하기 위해서입니다. 보통 고객 한 사람이 14개 이상의 클럽을 가지고 다니기 때문에 캐디 입장에서 전체 50개 정도되는 클럽을 다 기억하기 힘든 면이 있고, 고객들도 혼동하는 경우가 발생하기 때문에 사진이나 기록으로 남겨놓게 됩니다.

　어떤 고객의 경우는 라운드 후 일주일이 경과된 시점에도 클럽 분실에 대해서 문의하기도 하기 때문에 캐디는 라운드가 끝나고 고객이 집으로 돌아갔더라도 클럽에 대한 기록은 가지고 있어야 추후에 발생할지 모르는 민원에 대처할 수 있습니다.

과거에는 라운드 전에 캐디 수첩이라는 곳에 고객 클럽의 종류와 개수 등을 적었고, 라운드 후에도 그것을 보면서 고객과 확인하고 맞춰본 후 고객의 사인을 받았지만, 현재는 태블릿PC라는 캐디 근무용 태블릿에 고객의 라운드 전, 라운드 후 사진을 알맞게 촬영을 하고 마무리할 때에도 정리정돈이 잘 되어 있는 클럽을 고객에게 클럽의 개수와 상태를 확인을 받은 후 태블릿에 사진으로 기록에 남겨두고 있습니다.

사진을 찍을 때에는 4명의 고객 백 전체 샷과 각각 2명의 골프 백 샷을 찍어 저장해야 합니다. 또한 클럽의 개수와 상태를 확인 받은 후 고객 서명란에 네 사람의 서명까지 받아야 합니다. 마무리 과정은 이 순서대로 하게 되는데, 먼저 골프클럽 세척 방법과 정리에 대해서 알아보겠습니다.

첫 번째, 골프클럽 세척 및 정리

1. 18홀 라운드를 종료한 후 골프 백을 정리할 수 있는 광장으로 이동합니다.
2. 고객들이 사용한 클럽의 청결 상태를 확인합니다.
3. 드라이버는 볼 타월에 물을 적셔 클럽 페이스 부분에 흠집이 나지 않도록 잘 닦아 제자리에 꽂아 넣어 줍니다.
4. 우드도 볼 타월에 물을 적셔서 클럽 페이스 부분에 흠집이 나지 않도록 잘 닦아 제자리에 꽂아 넣어 줍니다. 이때 흙 등으로 오염이 되어있는 우드는 클럽 세척 통에 살짝 담아서 물을 적신 후 클럽 솔로 클럽 페이스를 부드럽게 닦아주며 볼 타월로 물기를 제거한 후 꽂아 넣어 줍니다.

> 5. 아이언 및 웨지 개수를 확인한 후 클럽 페이스 부분에 진흙과 잔디의 오염 정도를 확인하여 우드 세척과 같은 방법으로 세척 통에 넣다가 꺼낸 후 클럽 페이스 부분에 묻어있는 것들을 잘 닦아내며 볼 타월을 이용하여 물기를 잘 닦아줍니다.
> 6. 퍼터의 경우에는 물에 젖은 볼 타월을 이용하여 오염된 부분을 잘 닦아서 클럽 백에 잘 정리하여 넣어줍니다.
> 7. 다 닦아서 골프 백에 넣은 후 클럽 커버를 씌워주어야 하는데, 클럽 커버를 분실하는 경우도 있기 때문에 처음부터 클럽 커버는 잘 보관해야 합니다.

위의 순서대로 고객의 클럽을 정리한 후에 바로 클럽 커버 및 클럽의 상태를 재확인해야 합니다.

[그림 29-2] 라운드 후 고객의 클럽을 정리하는 장면

고객 골프용품 전달하기 II

두 번째, 클럽 커버 및 클럽의 상태 재확인

위 순서대로 정리된 클럽은 최초 고객에게 전달 받은 골프 백 상태로 돌려야 하는 과정 중에 클럽 커버를 확인하여 다시 씌워놓아야 하는 작업이 있습니다.

라운드 전에 고객의 클럽을 정리하는 과정에 있어서 라운드에 사용하기 위해 벗겨 놓은 클럽 커버를 다시 씌우는 과정인데요. 이는 마찬가지로 사용한 클럽에 맞는 커버를 제자리에 알맞게 씌워드림으로 하여 클럽 정리의 마무리 과정이 되는 것입니다. 이 작업까지 마무리 하게 되면 고객에게 클럽 확인을 요청합니다.

1. 라운드 전 클럽을 사용하기 위해 벗겨놓은 드라이버 커버 및 아이언 커버를 꺼냅니다.
2. 드라이버 및 우드 아이언에 맞는 커버를 구분합니다.
3. 커버를 씌울 때에는 브랜드와 아이언에 적혀 있는 번호에 맞게 확인을 하여 씌울 수 있도록 합니다.
4. 아이언 커버를 씌울 때에는 아이언의 브랜드와 번호를 확인하여 최초에 씌워진 상태대로 커버를 알맞게 씌워줍니다.
5. 퍼터 또한 마찬가지로 브랜드와 클럽에 맞게 커버를 씌우고 고객의 골프 백에 잘 정리해서 넣어줍니다.

세 번째, 클럽 개수 확인 및 태블릿 사진 촬영

마지막으로 고객에게 클럽의 상태를 확인시켜 드리고 서명을 받고 그에 맞는 사진을 촬영하여 기록에 남겨두는 순서에 대하여 설명드리도록 하겠습니다. 앞서 말씀드린 것처럼 예전에는 라운드 전에 작성해야 하는 캐디 수첩에 적어놓은 클럽의 종류와 개수를 확인하고 맞춰보고 고객님들께 사인을 받았었다 하면 현재는 태블릿PC에 고객님의 라운드 전, 후 사진을 알맞게 촬영을 하고 마무리할 때 고객님들께 클럽의 개수와 상태를 확인 받아야 하므로 태블릿PC에 사진을 남겨두어야 합니다. 아울러 골프 백 클럽 확인에 대한 태블릿 촬영에 대하여 알아보도록 하겠습니다.

> 1. 정리가 끝난 고객의 골프 백 중 두 사람의 골프 백 사진을 클럽의 번호와 브랜드가 잘 보이도록 가로로 사진 촬영을 합니다. 이때 사진에 담겨야 하는 퍼터를 포함하여 클럽의 브랜드와 커버 및 클럽의 번호 역시 잘 보일 수 있도록 촬영해야 합니다.
> 2. 1번과 같은 방법으로 나머지 고객 두 사람의 골프 백을 촬영합니다.
> 3. 마지막으로 전체 샷으로 고객 네 사람의 골프 백이 잘 나오도록 촬영하여 저장합니다.

사진 촬영 후 클럽의 개수와 상태를 고객에게 확인 받은 캐디는 태블릿에 띄어져 있는 고객 서명란에 고객 네 사람의 서명을 받아야 합니다.

2. 고객별 골프용품 및 소지품 전달

태블릿 사진 촬영 및 확인을 끝내고 나면 고객들은 클럽하우스로 이동하거나 자신이 타고 온 자동차로 이동하게 됩니다. 같은 차로 왔을 경우에는 고객 한 사람과 같이 자동차로 이동을 하게 되고, 단체로 왔을 경우에는 고객은 클럽하우스로 골프 백은 현관으로 이동하게 됩니다.

고객과 마지막으로 헤어지기 전에 고객이 가지고 왔던 소지품을 확인해야 합니다. 이렇게 하지 않고 카트에 놓고 가는 경우에는 반드시 전화로 연락이 와서 소지품을 보내달라는 요청을 받게 되면 그 용품을 캐디가 보내드려야 하기

고객 골프용품 전달하기 II

때문에, 카트 내에 놓고가는 물건이 없는지 혹은 라운드 중에 바람에 날아간 고객의 옷가지가 없는지 다시 한번 확인을 해야 합니다. 고객 소지품 확인은 고객이 클럽하우스에 들어가기 이전에 반드시 해야 합니다.

고객 소지품이 주로 발견되는 장소로는 카트의 천장 망 주머니, 카트의 앞 바구니(캐디의 운전석 쪽), 카트의 뒤 망 주머니, 혹은 다른 동반자가 챙겨가서 잊어버리고 안 준 경우도 있으며, 자신의 골프 백에 넣어 둔 사실을 잊어 버리고 분실했다고 하는 경우도 있습니다.

고객이 클럽하우스에 들어간 후에 고객의 소지품이 발견되는 경우도 있는데, 이 경우에는 어떻게 대처를 하는지 알아보도록 하겠습니다.

1. 고객이 놔두고 간 물품을 들고 프론트로 이동합니다.
2. 프론트로 이동한 캐디는 고객 티 업의 정보 "금일 08시 14분 티오프 팀이며 예약자 성창호 님과 함께 오신 고객이 놓고 간 물건입니다."라고 말하고 프론트에 정보를 전달하고 놓고 간 물건을 맡겨 놓습니다.
3. 체크아웃을 위하여 고객이 프런트 방문 시 프런트 직원들은 고객의 정보를 확인한 후에 캐디에게 전달 받은 물건을 다시 한번 확인하고 전달해 줍니다.

고객이 체크 아웃한 후에 발견된 소지품의 경우에는 다음과 같이 대처합니다.

고객이 전화로 티오프 날과 시간을 이야기하고 잃어버린 물품을 확인해 달라고 합니다.

1. 고객이 전화로 티오프 날과 시간을 이야기하고 잃어버린 물품을 확인해 달라고 합니다.
2. 잃어버린 장소를 정확히 파악하여 확인 후 프론트에 전달합니다.
3. 확인된 소지품 전달을 위하여 고객의 전화 번호 및 주소를 받습니다.
4. 잃어버린 소지품의 전달을 위하여 고객과 함께 라운드를 돌았던 캐디에게 물품을 전달하여 택배로 발송할 수 있도록 합니다.

이처럼 처음 고객의 내장과 함께 마무리인 귀가까지도 고객의 소지품을 내 것과 같이 생각하고 잘 챙겨야 합니다. 고객의 물품을 잘 챙기지 못했을 경우에 골프장마다 다르지만 캐디의 상벌 제도도 있다는 것을 꼭 유념하시길 바랍니다.

3. 운영 시스템에 따라 고객에게 골프 백 전달

클럽 확인과 소지품 확인 절차가 마무리되면 고객의 골프 백을 고객의 차량에 실어 드리거나 혹은 기사에게 전달해야 하는 경우 등 여러가지의 경우가 발생하게 됩니다. 고객의 차량 유무를 확인하고 고객의 골프 백을 전달하는 과정을 지금부터 알려드리도록 하겠습니다.

캐디는 라운드 후반 15번 홀 정도가 되면 고객의 차량 유무와 발렛 파킹 유무 등의 정보를 고객에게 전달을 받게 됩니다.

고객 골프용품 전달하기 II

(홍길동 고객님/ G80 제네시스 /검정색/ 39너 1961/ 기사 유)

(홍길동 고객님/ G80 제네시스 /검정색/ 39너 1961/ 발렛 파킹)

(홍길동 고객님/ G80 제네시스 /검정색/ 39너 1961/ 자차)

(홍길동 고객님/ G80 제네시스 /검정색/ 39너 1961/ 현관 보관)

로 나뉘어집니다. 위의 네 가지의 경우에 맞는 캐디의 업무에 대하여 알아보도록 하겠습니다.

- *발렛 유무 확인*

(홍길동 고객님/ G80 제네시스 / 검정색/ 39너 1961/ 발렛 파킹)

고객의 차량 정보를 확인한 후에 백을 싣고 주차장 발렛 파킹 직원들에게 고객의 골프 백을 전달해 주거나 혹은 발렛 파킹을 요청하여 고객의 차량을 임의로 주차 이동시켜 놓은 정보를 확인하여 고객 차량의 키를 소지한 후에 고객의 차량으로 이동하여 고객의 백을 실어 드리는 경우를 말합니다.

- *기사 유무 확인*

(홍길동 고객님/ G80 제네시스 / 검정색/ 39너 1961/ 기사 유)

고객의 차량 정보를 확인한 후에 백을 싣고 고객 차량의 기사에게 전달하기 위하여 기사 대기실에 해당 차량의 기사가 있는지 여부를 먼저 확인합니다. 만일 기사 대기실에도 기사가 없을 경우는 골프장의 방송 시스템을 활용하여 차량 번호에 맞는 기사를 찾는 방송을 하고 기사가 확인이 되면 골프 백을 전달해 주고 전달했다는 사인을 받아야 합니다.

- *자차 확인*

(홍길동 고객님/ G80 제네시스 / 검정색/ 39너 1961/ 자차)

고객이 자신의 자동차로 왔을 경우 골프 백을 모두 정리한 후 고객을 직접 태우고 고객의 차량이 주차되어 있는 곳으로 이동하여 고객에게 직접 전달을 해 주는 방법입니다.

- *현관 보관 확인*

(홍길동 고객님/ G80 제네시스 / 검정색/ 39너 1961/ 현관 보관)

현관 보관은 실외에 보관이 되기 때문에 분실의 우려에 대한 안내 멘트를 꼭 해야 합니다. 안내 멘트에도 불구하고 현관 보관하기를 원할 경우에는 고객의 정보 즉, 08시 14분 티오프 팀 /예약자 명, 차량 번호, 차 종류, 고객의 성함을 현관에 배치된 택에 작성한 후에 고객의 골프 백에 메모해 놓는 방법입니다. 고객이 체크아웃하면서 본인의 가방을 찾아갈 수 있게 만든 시스템입니다.

현관 보관의 경우에는 단체 팀일 경우가 많기 때문에 현관 보관보다는 단체로 타고 온 차량에 직접 실어 드리거나 확인을 통하여 차량에 잘 실려 있는지를 살피는 것이 가장 안전하고 좋은 방법입니다. 캐디는 이처럼 해야할 일들이 많지만 이것이 습관화가 되면 캐디의 업무의 한가지에 불과하다는 점을 잘 알아주시기를 바라며 모든 확인절차를 통해 사건 사고를 사전에 미리 대비할 수 있다는 점 꼭 참고하시길 바랍니다.

고객 골프용품 전달하기 II

SECTION 30
캐디 근무 용품 정리하기

강의주제
1. 청결한 카트 관리
2. 다음 근무에 필요한 근무 용품 파악 보충
3. 캐디 근무 용품 정리하기

강의내용

벌써 이번 교육을 마무리하는 마지막 30차시 시간이 되었습니다. 청결한 카트 관리에 관한 강의를 시작하도록 하겠습니다.

라운드 후 고객 골프 백을 고객이 원하는 장소까지 전달한 후 캐디는 라운드를 함께한 카드 관리에 들어가야 합니다. 카트를 청소하는 곳은 골프장마다 다른데, 주로 카트 고에 가까운 곳에 카트 청소하는 곳이 있습니다. 카트를 청소하는 곳에는 물이 나오는 곳과 컴프레셔(Air Compressor), 분리 수거 통이 있습니다.

고객은 라운드 중에 음식물을 섭취하거나 음료수를 마시거나 흡연을 하게 되며, 여기에서 발생하는 쓰레기를 카트에 비치된 쓰레기 통에 넣습니다. 또한 잔디나 흙을 밟은 신발을 신은 채 카트에 타게 됩니다. 1라운드에 소요되는 시간은 4시 30분에서 5시간 정도인데 이 시간 동안 주로 카트로 이동을 하게 되면서 카트는 더러워지게 됩니다.

하루 동안 사용한 카트를 청소하는 방법은 다음과 같습니다.

카트 청소방법

1. 카트 쓰레기통에 있는 것을 재활용이 가능한 플라스틱, 병, 종이로 나누고 재활용할 수 없는 쓰레기를 분류하여 버립니다.
2. 분류된 쓰레기가 정리가 된다면 클럽 세척에 사용된 오염된 물을 하수구에 버린 다음 다음날 사용할 물을 다시 세척 통에 담아 놓습니다. 이때 근무자 특성과 취향에 따라 미리 물을 담아 두지 않고 다음날 담아 두는 경우도 있습니다.
3. 카트 바닥에 묻어 있는 잔디를 제거해야 합니다. 이때 세차장에 구비가 되어 있는 대걸레 및 빗자루로 쓸어내리기 위하여 먼저 수도를 틀어 수압 조절이 된 물을 카트 바닥면과 타이어 및 카트 범퍼를 향해 뿌려준 뒤에 빗자루로 이물질을 제거합니다.
4. 카트 범퍼 아래 및 타이어와 카트 뒤 거치대에 묻어 있는 잔디를 위와 같은 방법으로 청소합니다.
5. 카트를 물 청소한 후 세차장에 구비가 된 에어 건(Air Gun)을 이용해서 건의 방향이 안에서 밖으로 향하게 한 후 바람을 불어주어 물기와 물에 흘러 내려가지 못했던 남은 잔여물인 잔디 및 이물질 등을 카트 바깥쪽으로 바람을 불어 정리합니다.
6. 근무 시에 사용하였던 볼 타월이나 새로운 볼 타월을 이용하여 카트 내부에 묻어있는 물기를 잘 닦아줍니다. 이때 카트 내부는 물론이며 카트의 외부에 묻은 물기를 모두 제거해줄 수 있어야 합니다. 다만 유리창을 닦을 때에는 면의 재질인 볼 타월보다는 극세사 재질을 사용하여 닦아야 유리창에 흠집이 나지 않고 깨끗하게 잘 닦입니다.

SECTION 30

 이렇게 세차가 마무리된 카트는 본인 카트의 지정 자리로 이동을 하여 주차를 해 놓은 다음 반드시 충전을 해 놓아야 합니다. 카트 충전은 매우 중요한 일이라서 대충 충전 선만 연결해 놓는 것이 아니라 카트의 이상 유무 및 카트 충전이 되고 있는지도 확인해야 합니다. 카트 충전이 안될 경우 그 다음 날 근무에 지장이 생기기 때문에 반드시 체크해야 합니다.

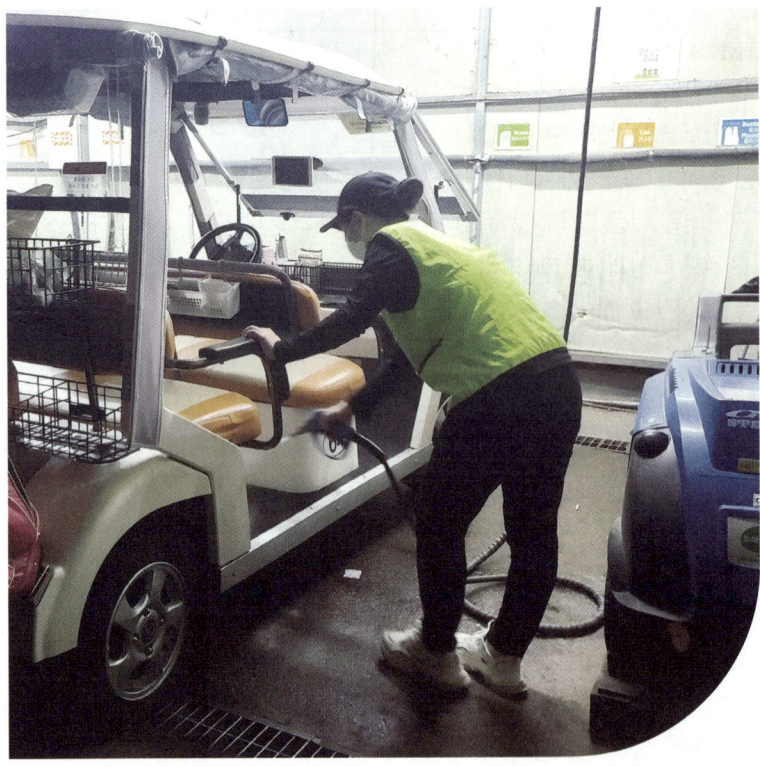

[그림 30-1]
세차장에서 에어건을 사용해서 청소하는 모습

> 세차가 마무리된 카트는 카트의 지정 자리로 이동하여 주차를 해 놓은 다음 반드시 충전을 해 놓아야 합니다.

캐디 근무 용품 정리하기

세차를 마치고, 카트 고의 자기 자리로 이동하여 주차를 마치면, 기본적으로 다음날 근무에 필요한 근무 용품을 파악하여 보충을 해두어야 하는데요. 이때 캐디 업무에 있어서 가장 기본적인 근무 용품을 다시 한번 알아 볼 수 있도록 하겠습니다. 이 강의는 1차시에 이미 강의했던 내용이지만 다시 한번 간단하게 정리해 보도록 하겠습니다. 캐디의 기본적인 근무 용품에는 캐디가 사용하는 물품과 고객이 사용하는 물품으로 나눌 수 있습니다.

캐디가 준비해야 하는 근무 용품에는 볼 타월, 볼 마크, 숏 티, 롱 티 및 미들 티, 캐디가 땀의 흐름을 방지하기 위해 착용을 해야하는 헤어 두건, 고객의 상처 및 타박상 등에 응급처치를 위한 비상 약품인 에어 파스와 밴드 등이 있습니다.

고객이 마실 물을 담은 물통과 종이컵, 고객이 땀을 닦을 땀 타월도 미리 준비하는 것이 좋습니다. 그리고 마지막으로 위에 말씀드렸던 클럽 세척 통에 클럽을 닦기 위한 물도 준비가 되어 있어야 합니다.

여분의 볼이 얼마나 남았는지도 체크해 봐야 합니다. 대개 캐디가 왜 여분의 볼을 갖고 있어야 하며 챙겨야 하는지 의문이 드실 겁니다. 캐디가 라운드를 나갈 때에는 만약의 사태를 항상 대비해야 하는데, 고객 중에서 자신이 준비한 볼이 계속해서 로스트 볼이 나올 경우 캐디에게 여분의 볼이 있는지를 묻는 경우도 있습니다. 그래서 캐디는 항상 라운드를 돌면서 카트 도로 쪽이나 우리 고객의 볼이 아닌 화단 및 카트 도로 혹은 산악지대에서 발견된 로스트 볼을 모아 두기도 합니다.

SECTION 30

　　캐디 근무 장갑 재배치 및 캐디 두건 준비입니다. 앞서 말씀드린 대로 캐디가 다음날 업무를 위하여 준비해야 하는 물품 중에는 오늘 내가 사용한 더러워진 캐디용 근무 장갑과 두건은 반드시 세탁하기 위하여 잘 챙겨 두어야 하며 다음날 내가 사용해야 할 볼 타월과 근무 장갑, 캐디 두건 및 헤어 밴드는 보통 전날 준비를 해두며 혹은 준비가 되지 않았을 시에는 다음날 근무 전에 새것으로 교체하여 착용하고 근무에 투입이 되어야 합니다.

　　이제 마지막 과정인 캐디 물품이 아닌 캐디 근무 용품에 대한 정리에 대하여 알아보겠습니다. 캐디 근무 전 물품과 캐디 근무 후 물품 정리에 대하여 명확한 차이점을 잘 알아 두시기 바랍니다.

첫 번째, 지정된 자리에 카트 주차 충전 및 유도 리모컨을 반납해야 합니다.

　　카트가 지정제인지 순번제인지에 따라 조금 다릅니다. 카트 지정제는 나만 사용하는 카트가 정해져 있는 것을 말하며, 순번제 카트는 카트를 관리하고 사용할 캐디가 순번에 의해서 결정되는 것을 말합니다.

　　캐디가 오늘 사용한 카트가 지정제에 의한 카트라면, 내가 사용한 카트를 다음날 또 내가 사용하게 됩니다. 순번제인 경우에는 내가 오늘은 100번 카트를 이용하였지만 다음날에는 내가 100번을 사용할 수 없고 다른 번호의 카트를 사용해야 하며 다른 순번의 캐디가 100번의 카트를 이용하게 되는 것을 뜻합니다.

　　이는 매일매일 카트 사용 순번이 순환제로 바뀌는 것을 뜻합니다. 이때 내가 사용한 카트가 제자리에 있어야 다음날 순번제에 의해서 내가 탔던 카트를 사용

캐디 근무 용품 정리하기

해야 하는 캐디가 큰 어려움과 불편함이 없이 찾을 수 있는 것이며 내가 탔던 카트가 깨끗한 상태가 유지가 되어 있어야지만 다음날 배정받은 캐디는 불편함 없이 카트를 이용하여 근무를 나갈 수 있는 것입니다.

카트 청소가 불량인 경우에는 다음날 배정된 캐디가 다시 카트 청소를 해도 무관하나 이것은 캐디들 간의 예의에 벗어난 행위이기 때문에 반드시 내가 사용한 카트는 제자리에 두며 꼭 다음날 근무를 위하여 카트 릴 선을 충전을 하여 카트 충전 표시등에 불이 들어와 있는 상태를 점검하고 내가 사용한 카트의 유도 리모컨은 해당 번호에 맞는 자리에 올려두는 일까지 나의 업무가 되는 것입니다.

만약 근무 시에 리모컨의 불량을 발견하였다면 다음날 사용해야 하는 배정된 인원이 불편함이 없도록 꼭 경기과에 이를 신고하여 조치를 취할 수 있도록 해 주어야 합니다.

[그림 30-2]
유도 리모컨
수납하는 곳

두 번째, 사용한 무전기는 지정된 장소에 놓아야 하며 반드시 충전해야 합니다.

위와 마찬가지로 내가 사용한 용품에 대하여 다른 캐디가 사용할 때 불편이 없도록 해야 합니다. 캐디는 라운드 전 배치표를 받기 전에 배정 받는 것들이 있는데, 바로 카트, 카트 리모컨, 무전기, 태블릿PC가 있습니다.

그 중 하나인 무전기는 캐디와 캐디, 캐디와 경기과 간의 원활한 커뮤니케이션을 위한 가장 중요한 수단입니다. 캐디가 무전기 없이 근무한다는 것은 상상할 수도 없는 일이기 때문에 자신이 사용한 무전기는 항상 원 위치에 놓아야 하며, 다음 사용자를 위해서 반드시 충전을 해야만 합니다. 그래서 오늘 사용한 충전기의 배터리의 양이 아무리 많이 남아 있다고 하더라도 사용한 무전기 전원을 OFF 시켜놓은 상태에서 내 무전기와 맞는 번호의 충전기에다 꽂아두고 충전 여부를 살펴보고 정리를 마무리해야 합니다.

[그림 30-3]
충전하고 있는
무전기 전체 모습

캐디 근무 용품 정리하기

세 번째, 사용한 태블릿은 지정된 장소에 놓고 충전해야 합니다.

위에서 설명한 대로 태블릿의 역할은 라운드를 함께 하는 고객의 정보를 담고 고객의 클럽을 촬영을 하며 고객의 스코어를 기록하고 그늘집이나 광장에서 먹을 음식을 주문하며 GPS를 활용해서 경기과는 경기 진행 상황을 실시간으로 확인하고, 경기 진행에 이상유무를 체크합니다. 태블릿은 라운드가 끝난 후 원하는 고객의 스코어를 전송해주면 그 역할이 끝나게 되는데, 모든 일을 마치고 경기과에 태블릿을 반납할 때 전원을 OFF하여 내가 배정받은 태블릿의 원 자리에 놓고 충전선을 잘 꽂아 놓아야 합니다.

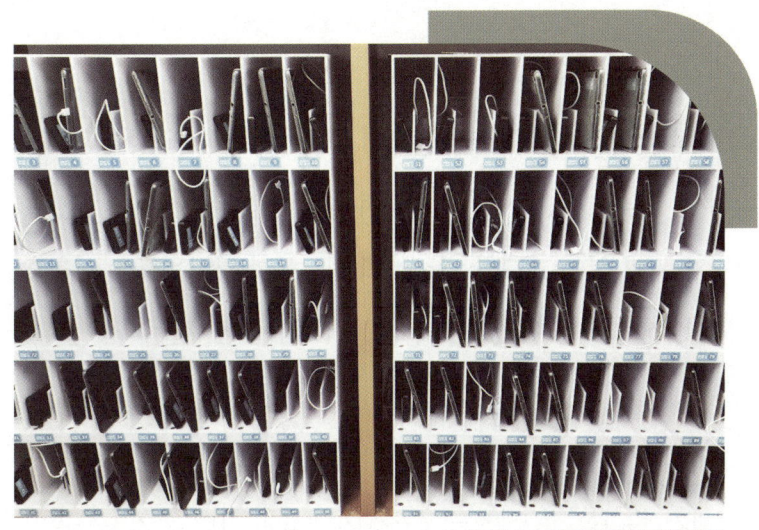

[그림 30-4] 태블릿 정리 및 충전

네 번째, 근무용품 정리 정돈입니다.

태블릿까지 충전하고 나면 이제 캐디는 퇴근이 가까워지게 되는데, 마지막에 캐디 락커를 사용한 근무복 및 근무 용품 정리정돈이 남습니다. 캐디 근무복의 정리에는 근무복과 캐디 신발이 있는데요. 근무를 마치고 돌아온 캐디들은 사복으로 갈아입기 위하여 캐디 락커로 갑니다. 이때 락커에서 사복으로 갈아입은 캐디들은 이너 웨어(근무용 캐디 목티)는 벗어서 세탁을 위하여 잘 챙겨 두고 근무복 상의와 하의를 지정된 락커에 잘 걸어서 놓습니다.

이때 근무 모자는 챙이 구부러지지 않도록 걸림이 없이 잘 걸어두어야 합니다. 근무복 세탁은 근무복을 집으로 가져가서 세탁해 오는 경우도 있지만 그렇지 않은 경우에는 근무복에 주름이 잡히지 않도록 잘 정리를 하여 걸어두어야 합니다. 다음날 근무를 위하여 입어야 하는 근무복에 구김이 있다면 안 되기 때문입니다.

캐디 신발을 캐디화라고도 합니다. 1라운드에 5시간 가량 내가 땀을 흘리며 신고 있었던 신발의 청결함을 잘 유지하기 위해서는 매번 세탁을 할 수 없기 때문에 골프장에 배치가 되어 있는 캐디화 건조기에 정리해서 넣어두고 전원을 눌러서 캐디화가 소독 및 건조가 될 수 있도록 조치를 취해 놓아야 합니다.

항상 골프장에서 내가 사용하는 모든 것들에 대한 위생과 청결은 나의 얼굴이 될 테니 꼭 깔끔하게 준비할 수 있는 캐디가 되시기를 바라며 30차시를 이만 마치도록 하겠습니다.

각주

12) 회원제로 운영되는 골프장을 회원제 골프장이라고 하며, 회원이 아닌 일반인을 대상으로 운영되는 곳을 퍼블릭 또는 대중제 골프장이라고 한다.

13) 각 홀의 경기 소요 시간
파3_9분~10분, **파4**_11분~12분, **파5**_13분~15분
- 첫 팀 기준 9홀 경기 소요 시간: 1시간 50분
- 막 팀 기준 9홀 경기 소요 시간: 2시간~2시간 10분
- 9홀 중 5번홀까지의 소요 시간: 1시간~1시간 05분

Part 1

1) 고객의 골프 백을 다른 말로 캐디들이 들고 다닌다는 의미로 캐디 백이라고도 한다.

2) 스트로크(Stroke)란 골프 볼을 치기 위해서 골프클럽을 앞으로 움직이는 행위 즉, 자신의 클럽으로 골프 볼을 치는 것을 말한다.

3) 다이(だい[台])는 일본어로 물건을 얹어 놓는 곳을 말한다.

4) 라운드란 골프에서 플레이어가, 위원회가 정한 홀(18홀이나 그 이하)을 한 바퀴 도는 것을 말한다.

5) 그린피란 한 라운드를 하는데 드는 비용으로 골프장에 지불하는 코스 사용료를 뜻한다. 카트피란 라운드 중에 사용하게 될 카트의 대여비용을 말한다. 캐디피란 캐디가 플레이어의 경기를 도와준 대가로 받는 돈을 말한다.

6) 홀 아웃(Hole out)이란 골프에서, 홀에 대한 플레이를 끝내는 것을 말한다.

7) 수리지란 코스 내에 수리하거나 보수지역을 말한다.

8) 티잉 구역(Teeing Area)이란 매 홀 경기를 시작할 때 볼을 치는 구역을 말한다.

9) 그린이란 코스 안에서 잔디가 가장 짧게 정돈되어 있는 지역으로 지면을 따라 볼이 홀 컵에 들어가기 위한 퍼팅(Putting)을 하는 구역을 의미한다.

10) 이 자료는 미국 홀인원 등록처(National Hole-in-one Registry)에서 제공한 것이며, 아래 자료는 2021년 4월 19일 pga.com에서 인용한 것이다. 출처: PGA. "Odds of a Hole-in One, Albatross, Condor and Golf's Other Unlikely Shots". http://www.pga.com. (2021.04.19)

11) 스타트 하우스란 9홀을 돌고 쉬는 장소를 말한다.

Part 2

14) 출처: 김대중, 캐디학개론, 조세금융신문(2021)

15) 출처: 김대중, 캐디학개론, 조세금융신문(2021)

16) 오너(Honour)란 홀마다 첫 샷을 하는 사람을 말한다.

17) 루스 임페디먼트(Loose Impediment)란 다음과 같이 어딘가에 붙어 있지 않은 모든 자연물을 말한다. 돌멩이, 붙어있지 않은 풀, 낙엽, 나뭇가지, 나무토막, 동물의 사체와 배설물, 벌레와 곤충, 벌레나 곤충처럼 쉽게 제거할 수 있는 동물, 그런 동물들이 만든 흙더미나 거미줄, 뭉쳐진 흙덩어리(에어레이션 찌꺼기 포함) 등

18) 마샬(Marshal)이란 경기 위원회로부터 임명된 광장 정리 및 코스 진행 요원을 말한다.

19) 티오프(Tee off)란 첫 홀에서 볼을 처음으로 치는 행위로 라운드를 시작하는 것을 뜻한다.

20) 어프로치(Approach)는 '접근하다'의 뜻으로 가까운 거리(일반적으로 80m 이내)에서 핀을 향해 가깝게 붙이는 샷을 말한다.

21) 캐리(Carry)란 공을 친 지점에서 그 볼이 처음 바운드된 지점까지의 거리를 말하며, 런(Run)이란 볼이 떨어져 지면에 구르는 것을 말한다.

22) 공수(拱手)는 두 손을 어긋나게 해서 마주 잡는 것을 말하며, 이를 차수(叉手)라고도 한다. 평상시에는 남자는 왼손이, 여자는 오른손이 위로 가도록 두 손을 포

개어 잡지만, 흉사시(凶事時)에는 반대로, 남자는 오른손이, 여자는 왼손이 위로 가도록 잡는다.
출처: 위키백과

23) 인사하는 방식에는 목례, 보통례, 정중례 이렇게 3가지가 있다. 목례는 상체를 15도 정도 숙여서 하는 인사로 가볍게 마주쳤을 때 하는 인사다. 보통례는 30도 정도 정중하지만 지나치지 않은 감사의 인사정도라고 생각하면 되고, 정중례는 45도로 상체를 숙이는 아주 정중한 인사다. 어렵고, 중요한 손님을 맞이할 때 하는 인사이기 때문에 캐디가 광장에서 손님을 처음 대할 때 정중례로 인사하는 것이 좋다.

24) 티 업(Tee Up)이란 볼을 티에 올려놓는다는 뜻이다.

25) 티 샷(Tee Shot)이란 티잉 구역에서 처음 볼을 치는 샷을 말한다.

26) 나인 턴(Nine Turn)이란 전반 코스를 돌고 광장으로 들어온다는 의미로, 9개의 홀을 마치는 것을 전반을 마쳤다고도 말한다.

27) 포어 캐디(Forecaddie)란 코스내에서 볼이 잘 안보이는 지역에서 플레이어를 위해 볼을 찾기 쉽게끔 날아오는 볼을 봐주는 사람을 뜻한다.

28) 타임 테이블(Time table)이란 골프장에서 고객들의 라운드 시간을 정해 놓은 시간표를 말한다.

29) 9홀 추가란 원래 1라운드는 18홀 기준이지만 고객들이 돈을 더 지불하면서 9홀을 추가하여 27홀을 플레이 하는 것을 뜻한다. 기본적으로 예약은 전날까지 받지만, 그날 당일 예약하는 것을 당일추가라고 부른다.

30) 크로스 벙커(Cross bunker)란 일반구역에 있는 벙커를 말한다.

31) 블라인드 홀(Blind hole)이란 티잉 구역에서 그린이나 세컨 지역이 보이지 않는 홀을 뜻한다.

32) 도그 렉 홀(Dogleg hole)이란 개다리처럼 휘어진 홀, 즉 왼쪽이나 오른쪽으로 홀이 휘어져 있는 형태의 홀을 뜻한다.

33) 온 그린(On green)이란 볼이 그린에 올라가는 것을 말한다.

34) 홀 아웃이란 각 홀에서 마무리 후 다른 홀 혹은 광장으로 이동한다는 의미다.

Part 4

35) 넥(Neck)은 클럽 헤드와 샤프트를 접착시키는 부분을 말한다.

36) 슬라이스란 타구한 볼이 오른쪽으로 심하게 휘는 구질을 말한다.

37) 훅이란 타구한 볼이 왼쪽으로 심하게 휘는 구질을 말한다.

각주

Part 5

38) 풍우막이란 카트 양 사이드와 뒤쪽 위에 평상시에는 접어 두었다가 바람과 비가 많이 올 때 카트 내에서 바람과 비를 막을 수 있게 펼치는 커버를 뜻한다.

39) 비커버란 카트 뒤 거치대에 고객들의 골프 백을 비에 젖지 않도록 펼칠 수 있는 커버를 뜻한다.

Part 6

40) 1744년 에딘버러에서 만든 최초의 골프 규칙 4조에는 '페어 그린(Fair Green)'이라는 말이 등장하는데, 이 말이 바로 페어웨이를 뜻한다. 페어웨이는 18세가 되어서야 본격적으로 사용된 용어다. 아시다시피 대부분 초기 골프장은 스코틀랜드 바닷가에 있었고, 바닷가에는 당연하게 부두가 있고, 선박과 선원들이 있었을 것이다. 선원들이 쓰는 항해용 용어인 페어웨이는 암초가 없는 안전한 길을 뜻하는 용어인데, 이 용어가 골퍼들이 사용하는 언어가 되었으며, 지금은 티잉 구역과 그린 사이에 있는 잔디를 짧게 깎아서 잘 정돈된 구역을 말하며, 잔디가 페어웨이보다 긴 구역을 러프(Rough)라고 하여, 페어웨이와 구별해서 사용한다.

41) 참고로, 군산CC의 경우 거리 말뚝은 중 핀의 위치까지를 나타내는 것이 아니라, 그린의 엣지까지의 거리를 나타낸다.

42) 생크(Shank)는 원래 정강이, 정강이 뼈, 양말의 목 윗부분을 뜻하는 것으로, 임팩트 시 클럽페이스(Club Face) 정 중앙(Sweet Spot)에 맞지 않고, 헤드(Head)와 샤프트(Shaft)의 접합 부분에 맞아 엉뚱한 방향으로 날아가는 볼을 말한다.

43) 루스 임페디먼트(Loose impediment)란 자연물로서 ① 고정되어 있지 않거나 생장하지 않고 ② 땅에 단단히 박혀 있지 않고 ③ 공에 붙어 있지 않은 것으로서 돌, 나뭇잎, 나무의 잔가지, 나뭇가지, 동물의 똥, 벌레와 곤충 그리고 그것들이 만들어 쌓인 흙과 퇴적물 등을 뜻한다. 벙커 플레이 시 작은 돌이나 나뭇가지가 샷을 하는데 방해를 할 경우 치우고 칠 수 있다는 뜻이다.

44) 일반 페널티는 매치 플레이에서는 홀 패, 스트로크 플레이에서는 2벌타를 의미한다.

45) 리플레이스(Replace)란 볼을 닦거나 그 밖의 행위를 목적으로 주운 볼을 원래 있던 자리에 다시 놓는 것을 말한다.

46) 스트로크(Stroke)란 플레이어가 볼을 칠 의사로 행한 동작을 말한다.

47) 스탠스(Stance)란 플레이어가 스트로크를 위하여 발을 제 위치에 정하는 준비 자세로 특히 발의 위치를 뜻한다.

48) 언플레이어블 볼(Unplayable Ball)이란 페널티 구역을 제외하고 플레이어가 플레이 할 수 없는 구역에 볼이 있을 때 페널티를 받고 홀 컵과 가깝지 않게 2클럽 이내에 드롭하여 플레이 할 수 있도록 하는 것을 말한다.

49) 숏 게임이란 홀 컵과의 거리가 약 100m 이내에서 플레이 하는 것을 말하며, 어프로치 샷과 퍼팅을 뜻한다.

50) 에이프런은 페어웨이와 그린을 경계하는 30~50cm 넓이의 띠 형태로 되어 있는 지역을 말한다. 에이프런은 그린이 아니고 코스의 일부분이며, 에이프런에서 퍼터를 사용하여 홀 컵을 공략할 수 있지만, 볼을 집어 들거나 라인을 읽고 라이를 놓을 수 없다. 에이프런을 다른 말로 프린지(Fringe), 에지(Edge), 칼라(Collar), 서라운드(Surround), 로그 헤어(Frog Hair)라고 부른다. 에이프런을 만든 이유는 온 그린을 했지만, 그린 스피드가 너무 빨라 그린을 벗어나 러프까지 굴러가는 것을 막아 주기 위해서 만들었다. 반대로 운이 좋아서 그린 주변에 떨어진 볼이 굴러서 그린으로 들어가는 것을 막아 주기도 한다.